KB253414

우리집 인문학

일러두기

1. 단행본은 《 》, 신문·잡지·시·영화·그림·노래·글 등은 〈 〉로 표기했습니다.

2. 작품의 원문과 서술 방식을 살리고자 구어체 표현을 사용했습니다.

3. 독자의 이해를 돕기 위해 인용문은 현대어로 풀어서 번역했습니다.

4. 출처 표기가 없는 이미지는 저작권이 없는 이미지입니다.

5. 이미지마다 저작권 표기를 했으나 저작자 정보가 없는 경우 사이트명으로 대체했음을 밝힙니다. 추후
   저작자의 요청이 올 경우 증쇄에 반영하겠습니다.

우리 집 인문학: 철학

초판 1쇄 인쇄 2026년 1월 28일
초판 1쇄 발행 2026년 2월 11일

지은이 박시몽
감　수 임기환
펴낸이 고영성

책임편집 하선연 ｜ **디자인** studio forb
본문 일러스트 불곰

펴낸곳　주식회사 상상스퀘어
출판등록　2021년 4월 29일 제2021-000079호
주소　경기도 성남시 분당구 성남대로 52, 그랜드프라자 604호
팩스　02-6499-3031
이메일　publication@sangsangsquare.com
홈페이지　www.sangsangsquare-books.com

ISBN　979-11-24248-01-0 (세트)
ISBN　979-11-24248-04-1 44300

우리집 인문학

철학

철학이 묻고
역사가 답하다

박시몽 지음

임기환 감수

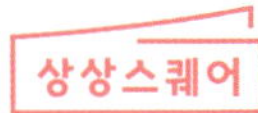

함께 읽는 인문학, 함께 자라는 우리

요즘 아이들은 발표도 잘하고 자신을 드러내는 데 주저함이 없습니다. 어릴 때부터 활동 중심 수업과 다양한 체험을 통해 표현 능력을 키워 왔기 때문입니다. 그런데 교실에서 아이들과 조금만 깊은 이야기를 나눠 보면 이상한 공백이 느껴질 때가 있습니다. 말은 그럴듯한데 그 안에 담긴 생각은 어딘가 비어 있는 듯한 느낌. 겉은 화려하지만 속은 텅 빈 말들이 교실을 떠다닙니다.

왜 이런 일이 벌어질까요? 단지 훈련이 부족해서일까요? 아닙니다. 문제는 '내용', 다시 말해 생각의 깊이와 방향을 잡아 주는 인문학적 소양의 부족입니다. 아이들은 말할 수 있는 기술은 배웠지만 무엇을 말할지, 왜 그런 생각을 하는지는 충분히 고민해 보지 못한 경우가 많습니다. 그래서 지금 아이들에게 철학이 필요합니다.

이 책은 그런 문제의식에서 출발했습니다. 〈우리 집 인문학〉 시리즈는 아이들이 철학과 인문학을 부담 없이 접하고 스스로 생각의 근육을 키울 수 있도록 돕기 위한 책입니다. 하지만 단지 아이들을 위한 책만은 아닙니다. 부모와 아이가 함께 읽을 수 있도록 기획했습니다.

부모와 함께 책을 읽는다는 것은 서로의 관계에서 귀한 순간이 될 수 있습니다. 아이에게는 '나의 생각을 들어주는 어른'이 있다는 안정감을, 부모에게는 '같이 자라는 아이'를 발견하는 기쁨을 줍니다. 이 짧은 독서의 순간이 애착을 형성하고, 공부에 대한 거부감을 낮추며, 일방적인 교육이 아닌 '함께하는 학습'의 첫걸음이 되기를 바랍니다.

물론 꼭 부모와 함께 읽지 않아도 괜찮습니다. 이 책은 누구든 철학을 조금이라도 더 알고 싶은 마음만 있다면 충분히 시작할 수 있습니다. 혼자 읽어도, 함께 읽어도, 인문학은 늘 당신 곁에 있습니다.

아이와 부모가 나란히 앉아 한 문장을 함께 읽고 고개를 끄덕이며 웃을 수 있는 그런 시간이 더 많아졌으면 좋겠습니다. 그런 장면이 이 책의 첫 문장을 쓰게 만든 이유였습니다.

철학을 비롯한 모든 학문은 갑자기 출현한 게 아닙니다. 그 학문이 등장하게 된 이유, 문제의식, 시대적 맥락이 존재합니다. 예를 들어 플라톤은 왜 '이데아'라는 개념을 만들어 냈을까요? 아무 이유 없이 머릿속에서 우연히 떠올린 개념이 아닙니다. 당시 아테네 사회의 혼란, 소크라테스의 죽음, 진리와 정의에 대한 고민 같은 시대적 서사와 철학자의 개인적 경험이 하나로 얽혀 만들어진 결과입니다.

이처럼 철학은 물론이고 문학, 과학, 예술 등 모든 학문은 역사라는 토양 위에서 자랍니다. 이 책은 철학적 개념이나 인물을 단순히 설명하는 데 그치지 않고, 그것이 등장하게 된 시대의 고민과 배경을 함께 담았습니다. 왜냐하면 그 맥락을 이해하는 순간 철학은 더 이상 어려운 개념이 아니라 생생한 이야기로 다가오기 때문입니다.

예컨대 한국 소설도 배경이 되는 시대의 역사나 사회적 상황을 알고 나면 작가가 왜 그런 인물을 설정하고, 왜 그런 결말을 썼는지를 훨씬 쉽게 이해할 수 있습니다. 철학도 마찬가지입니다. 배경을 알면 철학자의 생각이 이해되고, 철학자의 생각을 알면 오늘날 우리의 삶도 다시 보이게 됩니다.

그리고 이 책은 철학적으로 생각하는 힘, 창의적인 사고를 마련하는 데 목적이 있습니다. 인공지능이 발달함에 따라 요즘 인간의 본질에 대한 고민이 많아지고 있습니다. 특히 '창의성'에 관한 요구들이 늘어나고 있지요. 창의성이라 하면 독특한 아이디어를 떠올리는 능력을 생각하지만, 진짜 창의성은 맥락을 이해하고 기존의 개념을 비틀며 논리적인 근거 위에서 새로운 관점을 만들어 내는 능력입니다. 철학적 사고는 바로 이러한 창의성의 기초 체력을 키우는 과정입니다.

이 책은 '묻다 → 답하다 → 연결하다'라는 구조를 통해 아이들이 스스로 질문하고, 깊이 생각하며, 논리적으로 말하는 힘을 기를 수 있도록 도와줍니다. 그리고 그 여정에서 철학은 지식을 넘어선 생각의 도구, 삶의 기술로 자리 잡게 될 것입니다.

차례

중세

근대

2부
서양철학, 생각의 길을 걷다

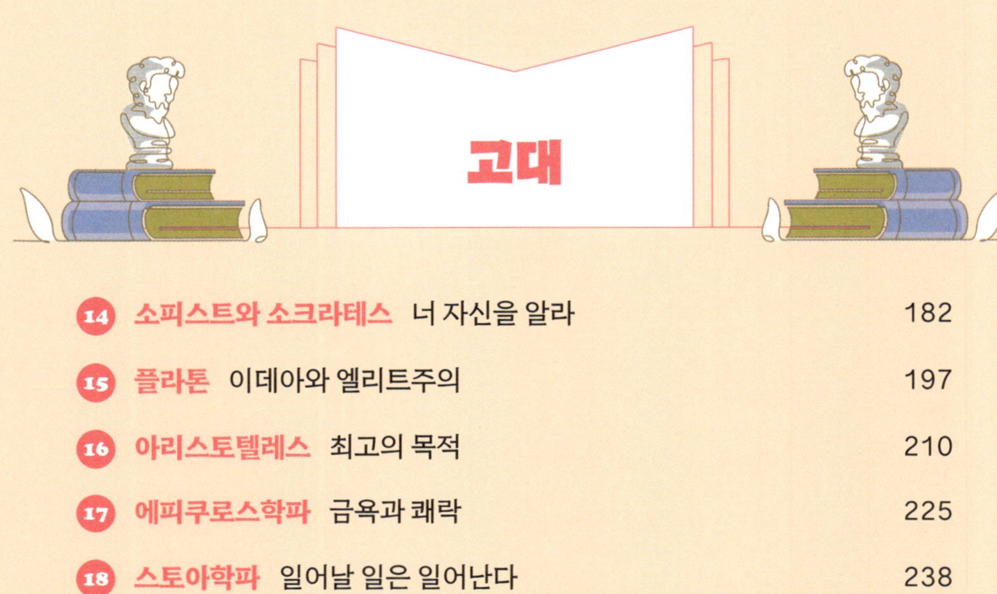

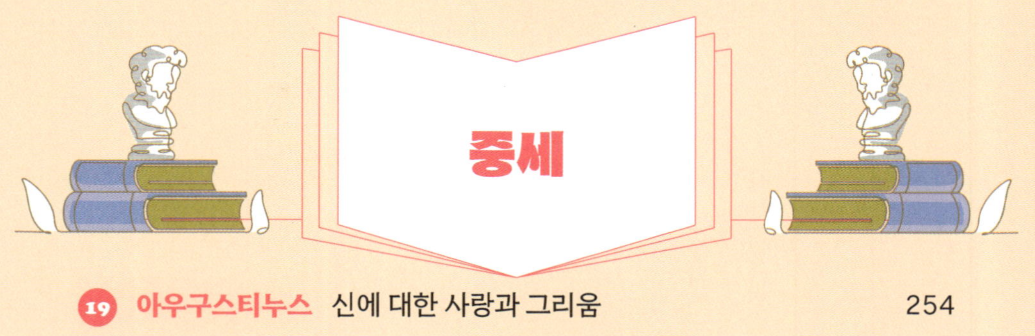

근대

현대

1부

동양철학,
마음의 길을
걷다

고대

노자
도를 아십니까?

도道는 모든 존재를 낳고, 덕德은 그것들을 자라게 한다. 이로 인해 만물은 다양한 모습으로 나타나며 각기 다른 환경 속에 놓이게 된다. 그래서 만물은 자연스럽게 도를 존중하고 덕을 소중히 여긴다. 그것은 강요되어서가 아니라, 스스로 그러한 것이다. 도는 만물을 탄생시키고, 덕은 그것들을 양육한다. 만물을 키우고 자라게 하며, 안정과 평안을 주고, 보살피며 보호한다. 그러나 도는 낳아 놓고도 소유하려 하지 않고, 돌보되 보답을 바라지 않으며, 자라게 하면서도 통제하려 들지 않는다. 이것이야말로 깊고도 신비한 덕의 작용이다.

《도덕경》 51장, 노자

도: 우주 만물의 근원

여러분, '도道'라는 말을 들어 본 적 있나요? 우리는 일상에서 '도'라는 단어를 종종 접하지만 그 의미를 깊이 생각해 보는 일은 드물어요. 일반적으로 '도'는 '길,' '방법', '진리' 등으로 해석되지만 노자老子가 말하는 도는 만물의 근원, 우주의 운행 원리까지 포괄하는 개념이죠. 《도덕경》 51장의 내용을 현대 우리들의 말과 뜻으로 해석해 봅시다.

노자가 말한 '도'는 우주 만물의 시작이자, 모든 변화의 법칙이에요. 우리가 사는 세상의 원인과 결과, 시간과 공간의 규칙 너머에 있는 근본적인 원리죠. 또한 모든 것을 만들어 내고 변화시키는 힘을 가지고 있어요. 그래서 '도'는 우주 만물의 근원이자, 만물이 따라야 할 법칙이며 기준이라고 할 수 있죠.

또한 '도'는 우리가 눈으로 보거나 손으로 만질 수 없고, 말로 설명하기도 힘든 것이에요. 노자는 '도'가 존재하는 것과 존재하지 않는 것을 모두 품고 있다고 말해요. 존재하지 않는 것은 도의 본래 모습이고,

존재하는 것은 도가 세상에 드러나는 방식이에요. 그래서 '도'는 인간 세상에서 통용되는 일반적인 지식으로는 이해하기 어렵고 세상에 대한 깊은 통찰이 필요하답니다. 노자의 가르침을 좀 더 들어 볼까요?

> 평온할 때는 유지하기 쉽고, 징조가 나타나기 전에는 대비하기 쉽다. 사물이 약할 때는 끊기 쉬우며, 아직 미세할 때는 흩뜨리기 쉽다. 그러므로 일이 발생하기 전에 미리 다스리고, 혼란해지기 전에 정비해야 한다. 거대한 나무도 머리카락처럼 가는 씨앗에서 자라나고, 높은 누각도 한 줌 흙을 쌓는 것에서 시작되며, 천 리 길도 결국 한 걸음을 내딛는 데서 비롯된다. 인위적으로 일을 이루려는 이는 실패하고, 억지로 움켜쥐려는 자는 끝내 놓치게 된다. 그러므로 성인聖人*은 억지로 하지 않기에 실패하지 않으며, 집착하지 않기에 잃지 않는다. 사람들이 하는 일은 대개 거의 이루어질 무렵에 실패하곤 한다. 처음처럼 끝까지 조심스럽게 임한다면 실패는 피할 수 있다. 이렇듯 성인은 욕심이 없고, 귀한 재물을 탐하지 않으며, 세상이 외면하는 배움에 힘쓰고, 사람들이 저지르는 잘못을 바로잡으며, 만물을 도우되 간섭하지 않는다.

《도덕경》 64장, 노자

★ **성인**: 도의 흐름을 깨닫고 욕심과 인위적 개입을 줄이며 자연의 질서에 맞게 살아가는 사람을 뜻한다.

이런 '도'의 움직임과 변화의 원리를 '므위자연無爲自然'이라고 해요. '무위無爲'는 '아무것도 하지 않음'을 뜻하는데, 구체적으로는 억지로 무언가를 하거나 인위적으로 조작하지 않는 태도를 말해요. 이는 '도'가 어떤 목적이나 의지 없이 우주 단물을 만들어 내는 것을 의미해요. 이렇게 하는 것이 인간과 만물이 참된 모습으로 돌아가는 데 필요한 방법이에요. '자연自然'은 일반적으로 산, 강, 바다, 식물, 동물 등을 가리키는 의미로 쓰고 있지만, 본 뜻은 '스스로 그러하다'예요. 즉, 스스로 존재하는 상태를 의미해요. 이는 '도'가 꾸밈이 없고, 다른 것에 의지하지 않는다는 뜻이죠. 따라서 노자에게 자연이란 인간이 본받아야 할 참된 모습이에요. 이렇게 모든 것은 각자 고유한 방식으로 스스로 그러하게 자신의 활동을 하고 있어요.

수컷다움을 알되 암컷의 기질을 지키면, 천하가 드나드는 통로가 된다. 천하의 통로가 되면 언제나 덕이 떠나지 않아, 다시 갓난아기와 같은 순수함으로 돌아간다. 흰 것을 알되 검은 것을 지키면, 세상의 법도가 된다. 세상의 법도가 되면 항상 덕에 어긋나지 않아, 본래의 순박함으로 되돌아간다. 영화로움을 알되 욕됨을 지키면, 만물을 낳는 골짜기와 같아진다. 세상의 골짜기가 되면 항상 덕으로 충만해져, 다시 순박한 상태로 돌아간다. 통나무가 쪼개지면 그릇이 된다. 성인은 이 통나무의 이치를 따라 다스린다. 그러므로 큰 통치는 나누지 않는다.

《도덕경》 28장, 노자

노자는 이런 무위자연의 '도'를 통나무, 어린아이, 골짜기와 계곡, 그리고 물에 비유해 설명해요. 통나무는 인위적인 것이 전혀 없는 자연스럽고 소박한 모습을 나타내요. 어린아이는 어떤 인위적인 작용도 없는, '스스로 그러한' 모습을 보여 줘요. 어린아이는 가르치지 않아도 본성을 따르고, 계산 없이 움직이며, 자연스러운 생명의 흐름에 몸을 맡기는 존재예요. 이것은 '도'의 순수하고 꾸밈없는 삶을 뜻하죠. 골짜기와 계곡은 낮은 곳에 머물며 모든 것을 품는 성질로, '도'의 겸손하고 수용적인 모습을 상징해요.

최고의 선은 물과 같다. 물은 모든 것을 이롭게 하면서도 다투지 않는다. 또한 사람들이 기피하는 낮은 자리에 기꺼이 머무르니, 이것이 바로 도에 가장 가까운 모습이다. 그래서 물을 본받는 군자, 즉 성인은 거처를 현명하게 선택하고, 마음을 깊고 평온하게 유지한다. 사람을 대할 때는 자애롭고, 말은 진실하며, 일은 질서 있게 다스리고, 맡은 일은 능숙하게 처리한다. 상황에 따라 알맞게 행동하며, 어떤 일에서도 다투지 않기에 책잡힐 일이 없다.

《도덕경》 8장, 노자

또한 '도'는 물과도 같아요. 물은 항상 낮은 곳으로 흘러가면서 모든 것을 도와주고, 세상 어디에나 있으며, 만물을 키우면서도 다툼이 없이 겸손한 모습을 보여 줘요.

노자는 누구였을까

노자라는 인물에 대해서는 구체적으로 알려진 기록이 없어요. 그의 활동 시기도 춘추전국시대*로 추정되고 있을 뿐이지요. 사마천은《사기》에서 노자로 볼 수 있는 인물 세 사람을 꼽았어요. 첫 번째는 이이라는 초나라 사람으로, 공자가 노자에게 예禮를 배웠다고 전해지는 인물이에요. 두 번째는 공자와 동시대 사람인 노래자이며, 세 번째는 주나라의 태사담이라는 사람으로, 공자가 죽은 지 100년 뒤에 진秦나라 헌공과 회담했다는 인물을 꼽고 있어요. 이 중에서 공자에게 예를 가르쳤다고 하는 이이를 노자로 보는 게 후세 사람들의 일반적인 생각이에요.

물론 도가 사상이 크게 일어났을 때, 공자보다 더 뛰어난 '이이'라는 인물이 만들어졌다고 보기도 하지요. 이렇듯 노자는 구체적으로 누구

★ **춘추전국시대:** 춘추시대(기원전 770~기원전 403년)와 전국시대(기원전 403~기원전 221년)를 아우르는 말.

인지조차 알기 어려운 인물이에요. 하지만 그렇다고 해도 《도덕경》이라는 책을 통해서 가르침을 전하는 인물이 있었음은 분명하지요. 후세 사람들이 대체로 인정하듯이 '이이'라는 인물을 노자로 보자면, 공자와 노자 두 사람은 같은 춘추시대 말기에 살았던 인물이 되지요. 하지만 당시 사회를 바라보는 생각은 많이 달랐어요.

춘추시대는 주나라의 중앙 권력이 약해지고 제후국*들이 각자의 이익을 위해 싸우면서 나라와 사회의 질서가 무너져 가던 혼란의 시기였어요. 공자는 이런 현실을 한탄하며 실제 정치에 관해 이야기했어요. 반면, 노자는 다른 관점에서 질문하면서 혼란한 춘추시대를 바라보았죠. 노자는 사회의 혼란이 '도'를 잃어버린 것 때문이라고 생각했어요. 즉, 사람들이 자연스럽고 무위자연처럼 살지 않고, 여러 지식과 욕망에서 생긴 인위적인 규칙 때문에 혼란이 생긴다고 봤어요.

변화하는 사회와 노자의 문제의식

춘추시대 후반부터 농업과 상업이 발전하면서 사회와 경제 구조가 빠르게 변하기 시작했어요. 춘추시대 말기에 철기가 발명되면서 철제 농기구가 등장하고 농업기술이 향상되면서 농업 생산이 증가했고, 잉여 생산물**의 교환을 위해 상인들의 활동이 활발해지면서 상업이 활

★ **제후국:** 주나라 왕이 가까운 친척이나 신하에게 영지를 나눠 주어 나라를 다스리게 하는데, 이를 제후국이라고 한다.

★★ **잉여 생산물:** 사람이 자신의 생존에 필요한 것 이상으로 획득한 생산물.

성화되고 도시가 발전했어요. 이러한 변화 속에서 새로운 사회 계층이 생기고 부를 축적한 상인들이 등장하게 되었어요. 정치와 경제의 관계가 복잡해지면서 여러 가지 제도 등 인위적인 것들이 많아지기 시작했어요. 이 시기에는 군사 기술도 달라졌어요. 철제 무기와 전투 전략이 다양해지면서 제후국들이 전쟁에서 이기기 위해 진흙탕 싸움을 계속했죠.

노자는 이런 세상을 극복하기 위해 두 가지 방법을 제시했어요. 하나는 개인적으로 자신을 잘 다스리는 방법이고, 다른 하나는 정치를 통해 세상을 잘 다스리는 방법이에요.

첫째, 개인적으로 자신을 잘 다스리는 방법은 '도'를 따르기 위해 마음을 비우는 일부터 시작돼요. 비워야 할 것은 사람들이 만든 여러 가지 지식과 욕심이에요. 마음을 비우는 방법은 매일 인위적인 지식과 욕심을 조금씩 덜어 내는 거예요. 이렇게 하면 모든 것과 잘 어울리며 살아갈 수 있다고 해요.

둘째, 사회적으로는 '무위'의 정치가 필요하다고 주장해요. 노자는 자연스럽게 사람들이 살 수 있도록, 통치자가 아무것도 하지 않아야 한다고 강조해요. 반대로, 인위적으로 정치에 개입하는 것은 좋지 않다고 말하죠. 법과 규칙, 덕과 예절로 사람들을 끊임없이 통제하려는 통치는 오히려 사람들이 '도'를 잃게 만들어 사회를 혼란스럽게 만든다는 거예요.

노자가 꿈꾼 세상

가장 이상적인 지도자는 백성이 그가 있다는 사실만 어렴풋이 알 정도다. 그다음 단계의 지도자는 백성이 친애하고 칭찬하며, 그다음은 두려움의 대상이 되고, 마지막은 멸시받는다. 지도자가 믿음을 주지 않으면 백성은 그를 신뢰하지 않는다. 말과 행동을 조심스럽게 하면 큰일을 이루고도 백성은 "우리는 스스로 이렇게 한 거야"라고 느끼게 될 것이다.

《도덕경》17장, 노자

국가는 작고 백성은 적게 하라. 필요한 도구가 많더라도 쓸 일이 없도록 하고, 사람들이 삶과 죽음을 소중히 여겨 멀리 떠날 생각을 하지 않게 하라. 그러면 배와 수레가 있더라도 타는 일이 없고, 무기를 갖추고 있어도 전쟁을 치를 필요가 없다. 사람들은 예전처럼 끈을 묶어 약속의 표시로 삼으며, 단순한 삶을 즐긴다. 음식은 맛있고, 옷은 소박하지만 아름다우며, 집은 편안하고, 각자의 풍속을 즐기며 살아간다. 이웃 나라가 가까이 있어 서로 바라볼 수 있고, 닭 우는 소리와 개 짖는 소리가 들릴 만큼 가까워도 사람들은 평생토록 서로 왕래하지 않을 것이다.

《도덕경》80장, 노자

노자가 생각하는 이상적인 사회는 '작은 나라, 적은 백성', 즉 소국

과민小國寡民이에요. 여기서는 사람들이 자연스럽게 살아가고, 정치도 무위로 이루어져요. 이곳의 삶은 인위적인 것에서 벗어나서, 자연과 사람이 잘 어울리는 세상을 목표로 해요.

그래서 사람들은 자신의 생명을 잘 지키고 편안하게 살 수 있어요. 이 사회에는 편리한 도구나 상품을 교환하는 경제가 없어요. 사람들의 욕심을 자극해서 자연과 멀어지게 만드는 것들도 없어요. 이렇게 해서 사람들은 자연과 조화를 이루며, 스스로 잘 살아갈 수 있는 환경을 만든답니다.

용어 정리

도	- 노자나 장자 같은 사람들만의 특별한 개념이 아니에요. - 이는 춘추전국시대 여러 사상가 사이에서 널리 사용되던 개념이에요. - 도의 의미는 사람이나 학파에 따라 다르게 표현되지만, 보통은 '진리'나 '중요한 원리' 또는 '세상의 이치를 설명하는 기준' 같은 의미로 사용되었어요.
무위	- 아무것도 하지 않는다는 뜻이 아니라, 억지로 조작하거나 간섭하지 않는 태도를 말해요. - 간섭하지 않음으로써 자연스럽게 이루어지게 하는 태도예요.
자연	- '스스로 그러한 상태'라는 뜻이에요. - 누가 시키거나 억지로 만든 모습이 아니라, 본래 그대로 움직이고 살아가는 상태를 말해요.

현대 사회에서 사람들은 어떤 삶을 소중하다고 여길까요? 많은 사람이 유명해지고, 높은 지위에 오르고, 부를 쌓는 것 등을 가치 있는 목표로 삼곤 해요. 이런 기준은 끊임없이 비교하게 만들고, 성과를 더 요구하며, 마음을 쉬지 못하게 해요. 원하는 것을 이룬 순간에도 곧바로 다음 목표를 향해 달려가면서 삶의 만족은 쉽게 사라지죠.

세상을 얻기 위해 인위적으로 무언가를 하려고 해도, 나는 그것이 헛된 일임을 안다. 천하는 신비롭고 거룩한 그릇과 같아서, 억지로 소유하려 해도 가질 수 있는 것이 아니다. 자기 뜻대로 하려는 자는 실패하고, 억지로 붙잡으려는 자는 결국 놓치게 된다. 세상의 모든 존재는 앞서기도 하고 뒤처지기도 하며, 숨결이 느리기도 하고 가쁘기도 하다. 어떤 것은 강하고, 어떤 것은 약하며, 어떤 것은 안정되지만, 또 어떤 것은 위태롭다. 그러므로 성인은 지나치게 앞서려 하지 않고, 사치하거나 꾸며 내려 하지 않는다.

《도덕경》 29장, 노자

　노자는 사람들이 만들어 낸 인위적인 기준과 욕망이 삶을 풍요롭게 만들기보다 오히려 마음을 흐트러드린다고 보았어요. 여기서 인위적인 것이란 물질적인 소유뿐만 아니라, 끝없이 쌓아야 한다고 여겨지는 명예와 지식, 성취의 압박까지 포함해요. 노자는 이런 것들을 조금씩 덜어 낼 때 비로소 삶의 균형이 회복된다고 말해요. 겸손하고 소박한 태도, 스스로 그러한 상태로 돌아가는 일이 중요하다고 강조하죠.

　노자는 바깥세상의 혼란을 붙잡으려 애쓰기보다 자신의 마음을 돌아보는 일이 먼저라고 말해요. 지금의 사회는 정보와 자극이 넘쳐나서 생각이 쉴 틈 없이 흔들리기 쉬워요. 이럴수록 잠시 멈추고 자신의 감정과 욕망이 어디로 향하고 있는지 살펴보는 시간이 필요해요. 마음을 들여다보는 과정에서 우리는 남이 정해 준 기준이 아니라, 나에게 맞는 삶의 속도를 발견하게 돼요.

　또 노자는 관계의 방식도 다시 생각하게 해요. 자신의 성취를 드러내는 데 힘을 쏟기보다 곁에 있는 사람들과의 관계를 차분히 이어 가는 삶이 더 깊은 만족을 준다고 보았어요. 상대를 바꾸려 하거나 앞서 나가려 하지 않고, 함께 머물 수 있는 자리를 지키는 태도가 중요해요. 그렇게 인위적인 욕심을 덜어 낼수록 관계는 가벼워지고 오래 이어져요.

　노자가 말한 도는 특별한 기술이나 비법이 아니에요. 흐름을 거스르지 않고, 지나치게 개입하지 않으며, 삶을 있는 그대로 받아들이는 태도예요. 이런 태도 속에서 우리는 조급함에서 벗어나고 자유를 회복할 수 있어요. 자, 이제 누군가 "도를 아십니까?"라고 묻는다면, 여러분은 미소를 지으며 "조금은 알 것 같아요"라고 말할 수 있을 거예요.

공자
인, 사람을 사랑하는 마음

번지가 인仁에 대해 묻자, 공자가 이렇게 답했다.

"인은 곧 사람을 사랑하는 것이다."

《논어》, 〈안연〉 편, 공자

인: 사람을 사랑하는 마음

공자孔子는 춘추시대에 노나라에서 태어난 사람으로 어린 시절에 아버지를 잃고 가난하게 살았어요. 공자의 어머니는 혼자서 힘들고 어려웠으나 아들을 잘 키워 냈고, 공자는 부모님을 존경하고 사랑하는 마음[仁]과 예절[禮]을 아주 중요하게 생각하며 자라났답니다.

재아*가 공자에게 여쭈었다.

"삼년상**은 기간이 너무 깁니다. 1년 정도면 충분하지 않을까요? 군자가 3년 동안 예를 실천하지 않으면 예가 무너질 수 있고, 3년 동안 음악을 돌보지 않으면 악樂도 무너질 수 있습니다. 묵은 곡식이

★ **재아**: 공자의 제자. 공자의 제자들 가운데서도 가장 실리주의적인 인물로 알려졌다.

★★ **삼년상**: 부모가 돌아가셨을 때 자식이 약 3년 동안 상례를 치르며 슬픔과 효를 실천하던 유교적 장례 예절.

다하고 새 곡식이 나오며, 불을 지피는 도구도 해마다 새로 바꾸니, 1년을 기한으로 상을 마치는 것도 괜찮을 것 같습니다.”

공자가 말했다.

“쌀밥 먹고 비단옷 입는 것이 너는 편하단 말이냐?”

“예, 편합니다.”

“편하면 그렇게 하라. 하지만 군자는 부모상을 당했을 때 아무리 맛있는 음식을 먹어도 달지 않고, 음악을 들어도 즐겁지 않으며, 아무리 편한 집이라도 마음이 놓이지 않아 그 모든 것을 멀리하는 법이다. 하지만 네가 좋다면 그렇게 하라.”

재아가 자리를 뜨자, 공자가 제자들에게 말했다.

“재아는 참으로 인仁이 부족하구나. 자식은 태어나고 3년이 지나야 비로소 부모의 품을 떠날 수 있다. 삼년상이란 바로 그 사랑의 시간을 기리는, 세상 어디서나 통용되는 예다. 재아 또한 부모의 품 안에서 3년의 보살핌을 받지 않았겠느냐?”

《논어》, 〈양화〉 편, 공자

공자는 자신의 생각과 감정을 솔직하게 말하는 걸 중요하게 여겼어요. 그래서 그는 자신이 옳다고 믿는 것을 지키지 않는 제자가 있다면 그에게 솔직하게 말해 줬지요.

공자가 진나라와 채나라 사이에서 곤궁한 생활을 하고 있을 때였다. 너무 가난해 명아주 잎을 달인 물조차 얻기 힘들었고, 무려 일주일 동안 제대로 된 음식을 입에 대지 못하고 있었다.

어느 날, 공자가 지쳐 누워 있는 동안 제자 안회가 어렵게 쌀을 구해와 밥을 지었다. 밥이 거의 다 되어 뜸을 들일 무렵, 공자는 안회가 솥에서 밥을 조금 집어 먹는 모습을 보게 되었다.

잠시 후 안회가 밥을 차려 공자 앞에 내오자, 공자는 못 본 척하며 말했다.

"방금 꿈에 돌아가신 아버지를 뵈었구나. 이 밥으로 제사를 지내려 하니 괜찮겠느냐?"

그러자 안회가 머리를 숙이며 답했다.

"사부님, 실은 조금 전 솥 안에 재가 떨어졌습니다. 헛되이 버리는 것은 옳지 않아 제가 그 부분만 걷어 먹었습니다."

이 말을 들은 공자는 깊은 한숨을 내쉬며 말했다.

"믿음도 뒤집힐 수 있고 눈으로 본 것도 속을 수 있구나. 나는 안회를 믿었기에 밥을 집어 먹는 것을 의심하지 못했고 그가 밥을 집어 먹는 모습을 보았기에 그 마음을 의심했으니. 마음은 의지할 수 있는 것 같지만 그마저도 착오를 범할 수 있다. 너희들아, 명심하여라. 사람을 진심으로 안다는 것은 참으로 어려운 일이니라."

《공자가어》, 〈육행〉 편, 왕숙

공자는 처음에 안회가 나쁜 짓을 한 것이 아닌지 의심했어요. 하지만 그 이유를 듣고 나서 안도했죠. 이 이야기를 통해 공자가 얼마나 솔직하고 꾸밈없는 사람인지 알 수 있어요.

공자가 감정을 솔직하게 드러내는 이유는 '인'이라는 마음 때문이에요. 인은 사람들 사이에 있는 사랑의 마음을 뜻해요. 공자는 부모와 자식 간의 사랑이 이런 마음의 시작이라고 믿었어요. 부모는 자식을 사랑하고, 자식도 부모를 사랑하는 게 자연스럽다고 생각했죠. 부모를 사랑하고 존경하는 마음을 우리는 '효孝'라고 부르는데, 그건 억지로 하는 게 아니라 자연스럽게 나오는 거예요.

이렇게 공자는 우리가 부모를 사랑하는 마음이 진실해야 한다고 강조했어요. 그래서 재아가 "삼년상은 1년만 해도 충분해요"라고 말했을 때, 공자는 그가 부모의 사랑을 잊고 배은망덕하다고 생각했어요. 인을 잃어버리면 사회가 혼란스러워진다고 믿었으니까요.

공자는 사람을 사랑하는 마음인 '인'이 자발적으로 드러나 형식과 규범으로 구체화된 행동으로 나타나는 것을 '예'라고 했어요. 예절을 지킨다는 것은 그 사람을 사랑하는 마음을 보여 주는 거예요. 친구에게 친절하게 대하거나 어른께 공손하게 인사하는 것도 예절을 지키는 행동이에요. 그래서 공자는 우리가 서로 사랑하는 마음을 잘 표현하기 위해 예절을 중요하게 생각해야 한다고 강조했답니다.

사회 혼란과 정명

공자는 사람들이 서로를 사랑하는 마음인 '인'의 시작은 가족에서 나온다고 생각했어요. 부모에게 효도하고, 형제끼리 서로 잘 지내는 것을 중요하게 여겼죠. 이렇게 가족의 사랑과 윤리를 사회로 넓혀서, 다른 사람에게도 최선을 다하고 그들의 마음을 이해하는 것이 중요하다고 강조했어요.

　사람들이 자신의 역할을 제대로 해야 한다고 말했어요. 이를 '정명正名'이라고 하지요. 정명은 '이름을 바르게 한다'라는 뜻으로, **명분**[*]에 따라 각자가 맡은 역할을 잘 수행해야 한다는 의미예요. 즉, 자신의 이름에 맞는 의무를 다하는 것을 뜻해요.

　제나라의 경공이 공자에게 정치를 묻자, 공자가 이렇게 답했다.

　"임금은 임금다워야 하고, 신하는 신하다워야 하며, 아버지는 아버지다워야 하고, 자식은 자식다워야 합니다."

　그러자 경공이 말했다.

　"참으로 훌륭한 말씀이십니다. 만약 임금이 임금답지 않고, 신하가 신하답지 않으며, 아버지가 아버지답지 않고, 자식이 자식답지 않다면, 아무리 곡식이 있다 해도 저 같은 임금이 제대로 밥 한 끼 얻어먹을 수 있겠습니까?"

《논어》, 〈안연〉 편, 공자

　공자는 사회가 혼란스러워지지 않으려면 잘못된 정치와 사람들의 도덕적인 잘못을 고쳐야 한다고 생각했어요. 그리고 그 방법은 사랑하는 마음인 '인'을 회복하는 것이라고 믿었죠. 우리가 가족을 사랑하

★ **명분:** 사회적 지위와 역할에 걸맞은 책임과 의무를 충실히 이행해야 한다는 규범적 원칙을 의미한다.

는 마음을 바탕으로 서로 존중하고, 각자의 역할을 잘 수행해야 더 좋은 사회를 만들 수 있다고 강조했어요. 결국 공자는 사람을 사랑하는 마음이 삶의 중심에 있어야 개인도 사회도 조화롭게 살아갈 수 있다고 믿었답니다.

혼란의 시대에 등장한 공자

공자가 활동하던 춘추시대는 격동의 시기이자 커다란 전환점이었어요. 주나라의 초기 왕조인 서주가 쇠퇴하고 수도가 동쪽으로 옮겨지면서 시작된 춘추시대는 정치적 혼란과 사회적 분열이 본격화된 시기였어요. 왕의 권위는 크게 약화되었고, 제후들은 각자의 지역에서 독자적인 세력을 구축하며 '작은 왕'처럼 군림했어요.

천자天子는 '하늘의 아들'이라는 뜻으로, 중국에서는 하늘의 뜻에 따라 나라를 다스리는 가장 높은 통치자를 말해요. 그는 제후들에게 땅을 나눠 주어 다스리게 하고, 예절과 도덕의 모범이 되어 나라 전체의 질서를 유지하는 중심 역할을 했어요. 하지만 시간이 흐르면서 천자와 제후 사이의 신뢰와 결속은 점차 약해졌어요. 초기에는 친족처럼 가까운 관계였으나 나중에는 거의 남남처럼 덜어졌고 왕실은 점차 권력을 잃고 무시당하는 존재가 되었죠. 일부 권력자는 왕실을 이용해 자신의 부와 세력을 키웠고, 사회 질서와 도덕은 무너지기 시작했어요. 귀족과 농민 사이의 갈등도 점차 깊어지면서 사회 전반에 불안감이 퍼졌어요.

이러한 시대적 배경 속에서 공자가 등장합니다. 사람들은 새로운 질서와 도덕적 기준을 갈망했어요. 공자는 사회가 엉망이 된 이유를 사람들이 사람을 사랑하는 마음인 '인'과 서로를 존중하는 예절인 '예'를 잊었기 때문이라고 생각했어요. 또한 그는 사람들이 자기 이익만 생각하고 도덕적으로 나빠진 것을 한탄했고, 특히 제후들이 부모처럼 존경해야 할 주왕을 무시하고 자신들이 왕처럼 행동하는 것을 비판했어요.

공자는 더 나은 세상을 만들고 싶어 했어요. 그래서 자신의 사상을 실현하고자 노력했죠. 그는 자신의 고향인 노나라에서 벼슬에 올라 무너진 도덕과 질서를 회복하고자 했어요. '인'과 '예'를 바탕으로 한 이상 정치를 실현하려 했지만, 현실의 벽은 높았어요. 군주의 정치적 의지 부족, 신하들과의 갈등, 권력자들의 반발은 공자의 개혁 의지를 꺾었습니다. 결국 그는 벼슬을 버리고 이상 정치를 실현할 수 있는 나라를 찾아 천하를 떠돌기 시작했어요.

유랑과 교육을 통해 남긴 공자의 가르침

공자의 유랑은 50대 중반부터 10여 년간 이어졌어요. 그는 위나라, 송나라, 정나라, 진나라 등 여러 나라를 방문하며 자신의 이상을 펼칠 기회를 찾았습니다. 그러나 대부분의 군주는 공자의 높은 이상보다는 그의 명성만을 원했고, 그의 철학을 진심으로 받아들이지 않았어요. 난세에는 도덕보다 살아남는 것이 더 중요했기 때문이죠.

어느 나라에서도 환영받지 못한 공자의 유랑은 때로 위험하기도 했어요. 특히 초나라에서 그를 초청하려 하자, 이를 경계한 주변 세력들이 합심해 공자를 죽이려는 시도까지 있었을 정도였죠. 공자의 이상은 현실 정치와 충돌했고, 그가 걸어가는 길은 늘 위태로웠답니다.

그럼에도 불구하고 공자는 포기하지 않았어요. 그는 제자들과 함께 길을 떠나며 가르침을 멈추지 않았죠. 비록 어느 나라에서도 뜻을 이루지 못했지만, 그와 함께했던 제자들은 공자의 사상을 배우고 실천에 옮기며 각자의 자리에서 성장했습니다.

60대 후반, 공자는 다시 고향인 노나라로 돌아옵니다. 그의 제자 염구가 노나라의 실권자 곁에서 활동하며 입지를 굳히고 있었고, 제자들은 스승이 외롭고 힘들게 떠도는 모습을 더 이상 지켜볼 수 없었기 때문이었죠. 공자는 끝내 현실 정치를 바꾸지는 못했지만, 가르침을 통해 새로운 세대를 길러낸 스승으로서 자신의 역할을 끝까지 다했습니다.

공자의 가르침은 《논어》라는 책에 잘 담겨 오늘날까지도 전해지고 있어요. 그는 세상이 알아주지 않아도 자신의 이상을 포기하지 않고 묵묵히 실천한 철학자이자 교육자였답니다.

용어 정리

인	- 하늘에서 비롯돼 인간의 내면에 깃든 보편적 본성으로 가장 높은 덕목이에요. - 타인을 향한 이타적 마음으로, 관계의 친하고 가까움에 따라 깊이가 달라지는 사랑이에요.
예	- 사람으로서 지켜야 할 행동 규칙이에요. - 내면에 있는 사랑(인)이 자연스럽게 나타나서 행동으로 표현된 것이에요. - 사랑을 현실에서 실현하는 방법이죠.
정명	- 각자의 지위에 맞는 역할과 의무를 바로잡는 것이에요. - 자신의 이름에 걸맞게 말과 행동이 일치하도록 노력하는 것이 핵심이에요.

　살아가다 보면 이런 질문이 떠오를 때가 있어요. '무엇이 옳은 행동일까?', '왜 규칙과 예절을 지켜야 할까?', '내 마음과 사회의 기준이 어긋날 때, 나는 어떻게 해야 할까?' 하는 고민들 말이죠. 이런 질문 앞에서 공자의 생각은 지금 우리에게도 많은 가르침을 줍니다.

　공자는 세상을 바로 세우는 힘이 거창한 제도나 강한 법에서 시작된다고 보지 않았어요. 그 출발점은 아주 가까운 곳, 바로 가족을 향한 사랑이었어요. 그는 부모를 아끼고 존중하는 마음, 형제자매를 배려하는 태도에서 사람을 사랑하는 마음인 '인'이 자라난다고 믿었지요. 이 마음이 넓어질 때 우리는 친구를 존중하고, 낯선 사람의 입장도 헤아릴 수 있게 됩니다.

　공자가 예절을 중요하게 여긴 이유도 여기에 있어요. 예절은 겉으로 보이기 위한 규칙이 아니라 사람을 소중히 여기는 마음이 밖으로 드러난 모습이기 때문이에요. 친구에게 함부로 말하지 않는 것, 어른께 인사하는 것, 상대의 말을 끝까지 들어 주는 태도 모두 사람을 존중하는 마음에서 나옵니다. 그래서 예절은 오래된 습관이 아니라 지금도 필요한 삶의 태도라고 할 수 있어요.

또 공자는 각자가 맡은 역할을 책임 있게 살아가는 것이 사회를 안정되게 만든다고 보았어요. 이를 '정명'이라고 불렀지요. 학생은 학생답게 배울 책임이 있고, 어른은 어른답게 즈변을 돌볼 책임이 있으며, 각자의 자리에는 그에 맞는 역할이 따릅니다. 누군가 자신의 역할을 가볍게 여기면 그 영향은 주변으로 퍼지고, 결국 사회 전체가 흔들리게 됩니다.

오늘날 우리는 빠르게 변하는 사회 속에서 여러 역할을 맡고 살아가고 있어요. 학생이면서 친구이고, 온라인 공간에서는 또 다른 모습으로 존재하기도 하지요. 이런 상황일수록 공자가 말한 질문은 더 중요해집니다. 지금 나는 내 자리에서 사람을 존중하며 행동하고 있는지, 내 말과 행동에는 진심이 담겨 있는지 스스로 돌아볼 필요가 있어요.

공자의 가르침이 2500년이 지난 지금까지 읽히는 이유도 여기에 있습니다. 사람을 사랑하는 마음, 그 마음을 행동으로 옮기는 태도, 그리고 자신의 역할을 책임 있게 살아가려는 자세는 시대가 바뀌어도 여전히 삶의 중심을 잡아 주기 때문이에요.

오늘을 살아가는 우리 역시 이 질문을 가슴에 품고 하루를 살아가 본다면, 조금 더 따뜻한 세상에 가까워질 스 있을 거예요.

묵자
네 아버지를 내 아버지처럼

크고 작은 존재, 가난한 이와 부유한 이, 강한 자와 약한 자가 서로를 사랑하며, 모든 가정이 이웃을 아끼고, 나라마다 다른 나라를 존중하며, 인류 전체가 자기 자신을 사랑하듯 서로를 아끼고 사랑해야 한다. 그 사이에는 사랑에 있어서 털끝만큼의 차별도 있어서는 안 된다. 왜냐하면 남을 진심으로 사랑하는 사람은 반드시 다른 사람들의 사랑을 얻게 되며, 남을 이롭게 하는 사람은 결국 모든 이로부터 이로움을 되돌려받기 때문이다.

《묵자》, 〈겸애〉 편, 묵자

평등한 사랑과 차별 없는 이익

묵자墨子는 춘추시대에 공자보다 조금 늦게 활동했던 인물이에요. 공자는 사람을 사랑하는 마음인 '인'을 중요하게 생각했고, 먼저 부모와 형제를 사랑한 다음 다른 사람들을 사랑해야 한다고 말했죠. 하지만 묵자는 공자의 생각에 반대했어요. 묵자는 가족을 먼저 사랑하는 것이 사람들을 이기적으로 만들고, 그래서 사회가 혼란스러워질 거라고 생각했죠. 묵자는 모든 사람을 평등하게 사랑하고, 차별 없이 이익을 나누어야 한다고 주장했어요. 여기서 '차별 없는 이익'은 왕이나 귀족뿐만 아니라 모든 사람에게 이익이 돌아가야 한다는 뜻이에요.

묵자는 하늘이 우리에게 "모든 사람을 평등하게 사랑하고, 차별 없이 이익을 나누어라"라고 말한다고 믿었어요. 하늘의 뜻을 따르는 사람은 다른 사람을 사랑하고 돕기 때문에 좋은 일(상)을 받게 되고, 하늘의 뜻을 거스르는 사람은 서로를 미워하고 해치기 때문에 나쁜 일(벌)을 받게 된다고 생각했어요.

공자는 '정명'이라는 개념을 통해 각자가 맡은 역할과 의무를 잘 지켜야 하며, 그러면 사회의 혼란을 막을 수 있다고 믿었죠. 이와 달리 묵자는 사람을 역할이나 지위로 구별하는 기존의 관습과 생각(예를 들어 정명 사상)이 사회를 혼란스럽게 만든다고 생각했어요. 묵자는 하늘이 사람의 신분이나 지위에 상관없이 모두를 사랑한다고 믿었어요. 정해진 운명이나 계급 따윈 없고, 평민들도 하늘의 뜻에 따라 열심히 노력하면 자신의 운명을 바꿀 수 있다고 주장했지요.

백성을 위한 진짜 정치

묵자는 정치에서 가장 중요한 목표가 나라와 백성을 보호하고 이익을 늘리는 거라고 생각했어요. 그는 사람들이 서로 사랑하고 도와주는 사회를 만들고 싶어 했죠. 그래서 통치자는 항상 백성을 가장 먼저 생각해야 하고 백성의 의견을 잘 들어야 한다고 주장했어요. 사람들의 목소리를 듣고 그에 맞춰 정치를 해야 한다는 거예요. 또한 통치자가 일반 사람들과 똑같이, 항상 검소하게 살아야 한다고 강조했답니다.

옛날의 성왕聖王은 절약의 원칙에 따라 제도를 만들었다. 수레를 만드는 장인, 바퀴를 만드는 장인, 가죽 세공인, 도공, 대장장이, 목수 등 온갖 기술자에게 각자 자신의 일에만 전념하게 하되, 백성이 필요로 하는 만큼만 생산하도록 했다. 사람들에게 실제로 도움이 되지 않는 물자의 낭비는 철저히 금지되었다.

또한 의복에 관한 법도 제정하여, 겨울철에는 거친 베옷이나 두

꺼운 천의 옷처럼 가볍고 따뜻한 옷을 입게 하고, 여름에는 얇은 갈포나 삼베옷처럼 시원하고 가벼운 옷을 입도록 했다. 이 역시 백성의 생활에 꼭 필요한 선에서 그치게 했으며, 실용적이지 않은 사치와 장식을 엄격히 금지했다.

《묵자》, 〈절용〉 편, 묵자

묵자는 백성의 이익을 꼭 지켜야 한다고 믿었기에 이익을 방해하는 것들을 전부 반대했어요. 묵자가 생각한 방법은 두 가지예요.

첫째, 경제적으로 평등하게 만드는 것이었어요. 묵자는 몇몇 사람들이 많은 재산을 독차지하는 것이 사람들에게 큰 문제가 된다고 생각했어요. 그래서 자식에게 재산을 물려주는 것을 금지하고, 사람들이 자유롭게 신분을 바꿀 수 있도록 해야 한다고 주장했어요. 신분보다 행동과 노력이 더 중요하다고 생각한 것이죠. 그래서 그는 귀한 집안 출신이 아니더라도 바르게 살면 존중받아야 한다고 말했어요.

둘째, 사치를 줄이고 필요한 것만 만들자고 했어요. 예컨대 화려한 장례식 같은 것들이 사치라고 생각했기에 그런 것들을 줄여야 한다고 주장했어요. 또한 전쟁이 사람들에게 큰 피해를 주기 때문에, 전쟁을 최대한 막으려고 노력해야 한다고 강조했답니다.

만약 지금도 삼년상이라는 규칙이 계속된다면, 임금이 사망하면 3년, 부모가 사망하면 3년, 아내나 장자가 죽어도 3년간 상복을 입어야 한다. 이렇게 다섯 번의 삼년상을 치르고, 더 나아가 백부나 숙부, 형제, 다른 자식이 사망했을 때는 각각 1년, 고모·누이·조카·외삼촌 등에게도 수개월씩 상례를 치른다면, 이는 결국 사람을 뼈만 앙상하게 남게 만드는 제도일 수밖에 없다. 사람은 얼굴이 수척해지고, 눈은 움푹 들어가며 피부는 거무스름해지고, 시력은 흐려지고 청력도 약해진다. 손발에는 힘이 없고, 몸을 제대로 움직이기조차 어려워진다. 이른바 유가에서 말하는 최고의 선비라 해도, 오랜 상복 생활을 하면 부축을 받아야만 일어날 수 있고 지팡이에 의지해야 걸을 수 있을 만큼 쇠약해질 것이다. 그들의 주장을 따른다면, 굶주림과 피로 속에 사람의 모습은 그렇게 초췌하게 변할 수밖에 없다. 이러한 상례를 모든 백성에게 적용하면, 겨울에는 추위를 이기지 못하고 여름에는 더위에 지쳐 병들어 죽는 사람이 수없이 많아질 것이다.

《묵자》, 〈절장〉 편, 묵자

묵자와 공수반의 구름사다리 모의공방전

공수반은 초나라를 위해 '구름사다리'라는 공격용 무기를 제작했는데, 완성되자 이를 이용해 송나라를 침공하려 했다. 이 소식을 들은 묵자가 초나라로 직접 가서 공수반을 만났다.

묵자는 자신의 허리띠를 풀어 성의 형태를 만들고, 작은 막대기를 무기로 삼아 모의 전투를 벌이기 시작했다. 공수반이 공격 전략을 아홉 차례나 바꿔 가며 시도했지만, 그때마다 묵자는 빠짐없이 모두 막아 냈다. 공수반의 공격 수단은 다 소진되었지만, 묵자의 방어 전략은 여전히 여유가 있었다.

이후 묵자는 초나라 왕에게 이렇게 말했다.

"저의 제자 금활리 등 300명은 모두 이미 같은 방어 장비를 갖추고 송나라 성 위에서 초나라 군대를 막을 준비를 마친 상태입니다. 비록 제가 죽는다 하더라도, 그들을 모두 없애지는 못할 것입니다."

이에 초나라 왕은 말했다.

"좋다. 송나라는 공격하지 않도록 하겠다."

《묵자》, 〈비공〉 편, 묵자

묵자는 통치자가 사람들에게 정말 도움이 되는 정치를 하는 것이 얼마나 중요한지 강조했어요. 그는 모든 것이 평등한 사랑과 차별 없는 이익이라는 두 가지 가치에서 시작되어야 한다고 말했죠. 사람들이 이런 것들을 잘 지키면서 살아간다면, 전쟁을 막고 사회의 혼란을 해결할 수 있다고 꿈꿨답니다.

민중 속에서 등장한 실천적 사상가, 묵자

묵자는 춘추전국시대의 격동 속에 등장한 독창적이고 실천적인 사상가였어요. 그가 태어나고 죽은 해가 언제인지는 정확히 전해지지 않지만, 공자가 세상을 떠난 직후 태어나 맹자가 활동하기 전 무렵 세상을 떠난 것으로 여겨집니다.

'묵자'라는 이름의 '묵墨'은 그의 성이자 후대에서 부른 별호인데, 그 어원에는 여러 해석이 있습니다. 어떤 해석은 피부색이 검다는 데서 유래했다고 하고, 또 다른 해석은 묵형*을 받은 하층민 출신이라는 데서 유래했다고 보기도 합니다. 이러한 해석은 모두 그가 하층민 또는 서민 계급 출신으로 노동과 가까운 삶을 살았음을 보여 주지요. 실제로 묵자는 목수 출신이었으며 기계와 방어시설 제작에 뛰어난 기술자로도 활동했어요.

묵자는 초기에는 유교를 배웠지만, 점차 유가의 가족 중심주의, 형

★ **묵형**: 먹을 이마에 새기는 형벌.

식적인 예식, 운명론적 사고방식에 깊은 회의를 느꼈어요. 그는 권력과 질서를 용인하고 지나친 예법을 강조하여 민중의 삶을 해치는 유교의 방식에 반대하며, '묵가墨家'라는 새로운 학파를 세웠죠. 그의 사상은 당시 농민과 하층민의 현실을 대변하며 큰 호응을 얻었고, 일종의 민중 철학으로 자리 잡았습니다. 그 시대의 많은 지식인이 사상가나 장군이 되고 싶어 했는데, 묵자는 사상과 기술, 정치 활동을 모두 아우른 인물로, 그 시대에 매우 독보적인 존재였어요.

겸애 사상과 유교 비판

당시 사람들은 하늘을 존경하면서도 두려워했어요. 묵자는 특히 하늘이 우리에게 차별 없는 사랑을 베풀 듯, 인간 역시 서로를 차별 없이 사랑해야 한다고 주장했어요. 그는 이를 '겸애兼愛', 즉 모든 사람을 골고루 사랑하는 것이라고 불렀죠. 이 사랑은 상대에게 실제로 도움이 되는 사랑이어야 하며, 행동으로 드러나는 실천적 사랑이어야 했습니다.

묵자는 유교의 가족 중심 사랑을 비판하며, 가까운 사람만 사랑하게 되면 사회가 혈연이나 지연으로 뭉쳐서 혼란하게 된다고 경고했어요. 또한 유교의 장례식이나 궁중 음악 예식이 너무 비효율적이라고 생각했죠. 이 같은 묵자의 생각은 많은 사람에게 지지를 받았어요.

묵자의 실천과 한계

묵자는 이론만을 떠드는 인물이 아니었습니다. 실제로 그는 여러 나라를 돌아다니며 통치자들을 설득하고 전쟁을 막는 데 앞장섰죠. 초나라가 송나라를 공격하려 하자 10일간 걸어가 이를 막았고, 초나라의 전술가 공수반과 아홉 차례의 모의 전투에서 모두 승리해 전쟁을 철회시키는 데 성공했어요. 그 과정에서 그는 제자들을 조직해 전쟁 대비 전략과 실용 방어 기술을 보급하기도 했어요.

그는 말년까지 여러 지역을 떠돌며 통치자들을 설득하고 방어 전략을 제시했으나, 정복적 야욕이 지배하던 당시의 현실 속에서 평화와 방어를 중시한 그의 사상은 큰 호응을 얻지 못했어요. 그러나 그의 제자들은 조직적으로 사상을 전파하고 기술을 계승했으며,《묵자》라는 책에 그의 철학과 활동을 기록으로 남겼답니다.

용어 정리

겸애	- 모든 사람을 차별 없이 사랑하는 평등한 사랑으로, 사람들 사이에서 서로 이익을 주는 관계로 실현돼요.
묵가	- 묵자를 중심으로 형성된 학파로, 겸애와 비공을 주장하며 평등과 실천적 도덕을 강조한 사상 흐름이에요.

　오늘날 우리가 겪는 수많은 갈등은 사람을 나누고 구분하는 데서 시작돼요. 출신, 재산, 능력, 관계에 따라 사람을 다르게 대하는 태도는 경쟁을 키우고 불신을 쌓이게 해요. 모두가 평등하다고 말하면서도 실제 삶에서는 누가 더 가까운 관계인지, 누가 더 유리한 위치에 있는지가 끊임없이 작동해요. 이런 구조 속에서 사회는 쉽게 분열되고, 약한 사람일수록 더 큰 부담을 떠안게 돼요.

　묵자는 이런 현실을 이미 오래전에 꿰뚫어 보았어요. 그는 사회가 혼란스러워지는 이유를 인간이 사랑을 구분해서 주는 데서 찾았어요. 가족이나 친척 같은 소속 집단만 우선시하는 태도가 쌓이면 공동체 전체는 서로를 경계하는 관계로 변한다고 보았죠. 그래서 묵자는 "네 아버지를 내 아버지처럼 대하라"라고 말했어요. 이 말은 행동과 판단의 기준을 차별 없이 세우라는 뜻이에요.

　이 생각은 오늘의 사회 문제와도 깊이 맞닿아 있어요. 전쟁, 혐오, 차별, 불평등은 대부분 누군가를 덜 중요하게 여기는 순간부터 시작돼요. 묵자의 겸애는 제도와 정책, 일상의 선택에서 누구의 이익이 배제되고 소외되고 있는지를 묻는 태도에 가까워요. 내가 얻는 편리함이 다른 누군가의 희생 위에 놓여 있는지 돌아보는 일도 여기에 포함돼요.

묵자가 사치스러운 장례나 과도한 예식을 비판한 이유도 여기에 있어요. 그는 형식이 사람의 삶을 무겁게 만들고 실제로 도움이 되지 않는 관습이 백성을 지치게 한다고 보았어요. 오늘날에도 보여 주기식 행동, 과한 소비, 불필요한 기준은 많은 이에게 부담으로 남아 있어요. 묵자의 시선으로 보면 좋은 제도와 문화는 사람들의 삶을 가볍게 하고, 서로에게 이익이 돌아가게 만드는 방향으로 향해야 해요.

묵자가 강조한 사랑은 실제로 도움이 되는 행동, 위험을 줄이고 고통을 나누는 실천이에요. 그래서 그는 전쟁을 막기 위해 직접 길을 나섰고, 기술과 지식을 방어와 보호에 사용했어요. 이 모습은 우리가 우리의 능력과 선택을 누구를 위해 사용하고 있는지, 그 결과가 사회 전체에 어떤 영향을 남기는지 생각해 보게 해요.

묵자의 겸애는 모두를 평등하게 여기고 서로를 돌보는 삶을 살자는 주장이에요. 서로의 차이를 인정하면서도 이익과 존엄 앞에서는 누구도 밀려나지 않게 하자는 요청이죠. 이런 시선으로 세상을 바라볼 때 우리는 경쟁보다 협력을, 배제보다 돌봄을 선택할 수 있어요.

묵자의 철학은 오늘을 사는 우리에게 묻고 있어요. 자신의 선택이 정말로 모두에게 이익이 되는 선택인지 말이에요.

맹자

인간의 선한 본성을 되찾자

인仁은 사람의 본래 마음이고, 의義는 사람이 걸어가야 할 바른 길이다. 하지만 그 길을 저버리고도 따르지 않으며, 마음을 놓아 버리고도 다시 찾으려 하지 않으니, 이 얼마나 안타까운 일인가. 사람들은 닭이나 개가 달아나면 찾아 나설 줄 알면서도, 정작 자신의 마음을 잃어버리고도 그것을 되찾을 생각은 하지 않는다. 학문이란 거창한 것이 아니다. 바로 잃어버린 그 마음을 다시 찾는 과정일 뿐이다.

《맹자》, 〈고자〉 편, 맹자

성선설: 인간의 본성은 선하다

맹자孟子는 공자가 말한 '인', 즉 사람을 사랑하는 마음을 더 발전시켜서, 모든 사람은 태어날 때부터 선한 마음을 가지고 있다고 말했어요. 다른 사람이 아프거나 힘들어하는 모습을 보면 마음이 아프고, 그냥 지나칠 수가 없었답니다.

이런 마음은 네 가지로 나눌 수 있어요. 첫째, 남의 불행을 보고 불쌍히 여기는 마음(측은지심惻隱之心)이에요. 둘째, 자신의 잘못을 부끄러워하고 남의 악을 미워하는 마음(수오지심羞惡之心)이에요. 셋째, 남에게 양보하고 사양하려는 마음(사양지심辭讓之心)이에요. 넷째, 옳고 그름을 가릴 줄 아는 마음(시비지심是非之心)이에요. 이 네 가지 마음은 우리 모두가 타고난 성품이라고 맹자는 말했답니다.

사람이라면 누구나 타인에게 차마 모질게 하지 못하는 마음을 지니고 있다. 예를 들어, 한 아이가 막 우물에 빠지려는 순간을 본다면,

누구든 깜짝 놀라며 측은한 마음이 일어날 것이다. 그것은 그 아이의 부모와 어떤 약속을 했기 때문도 아니고, 이웃의 칭찬을 얻으려는 것도 아니며, 아이의 울음소리가 듣기 싫어서도 아니다. 이로 보건대, 측은지심이 없으면 사람이라 할 수 없고, 수오지심이 없으면 사람이라 할 수 없으며, 사양지심과 시비지심이 없어도 사람이라 할 수 없다.

이 네 가지 마음, 즉 사단四端은 각각 인仁, 의義, 예禮, 지智의 시작이며, 이것은 마치 사람에게 팔과 다리가 자연스럽게 있는 것처럼 누구에게나 본래 갖추어져 있다. 그럼에도 불구하고 "나는 어쩔 수 없다"라고 말하는 사람은 자신을 저버리는 사람이며, "우리 임금은 어쩔 수 없다"라고 말하는 자는 임금을 그르치는 사람이다. 그러므로 누구든 자기 안에 있는 사단을 넓히고 키울 줄 알아야 한다. 만약 이 마음들을 넓히고 충실히 할 수 있다면 온 세상을 보전할 수 있을 것이요, 그것조차 확장하지 못한다면 부모조차 섬기기 어려울 것이다.

《맹자》, 〈공손추〉 편, 맹자

위의 내용을 통해 사람은 태어날 때부터 선한 마음과 도덕성을 가지고 있다는 것을 알 수 있어요. 이를 '인의예지仁義禮智'라고 하는데, 이 네 가지 덕목은 공자가 말한 '인'을 더욱 발전시켜 확장한 가치입니다. 즉 우리는 태어날 때부터 남을 사랑하는 마음(인), 정의를 실천하려는 마음(의), 예의를 갖추려는 마음(예), 지혜롭게 생각할 수 있는 마음(지)을 가지고 있다는 뜻이에요. 이런 마음은 배우지 않아도 누구나 갖고 있는 것으로, 사람이 사람답게 살아가기 위한 기본이라고 할 수 있어요.

잃어버린 선한 본성을 되찾자

사람은 누구나 태어날 때부터 선한 마음을 갖고 있는데, 왜 사회는 혼란스러운 걸까요? 맹자는 사람의 마음속에는 선한 본성이 있지만, 항상 선한 행동을 하게 되는 건 아니라고 말해요. 선한 행동과 악한 행동은 결국 우리가 어떤 것을 선택하느냐에 따라 달라진다는 것이죠.

공도자가 맹자에게 물었다.

"같은 사람인데도 어떤 이는 대인大人이 되고, 어떤 이는 소인小人이 되는 이유는 무엇입니까?"

맹자가 대답했다.

"자신의 대체, 곧 본래의 바르고 선한 마음을 따르면 대인이 되고, 감각기관이나 욕망 같은 소체를 따르면 소인이 되는 것이다."

공도자가 다시 물었다.

"그렇다면 마찬가지로 사람인데도 어떤 이는 큰 본성을 따르고, 어떤 이는 작은 본성을 따르게 되는 까닭은 무엇입니까?"

맹자가 답했다.

"귀나 눈 같은 감각기관은 스스로 생각할 수 있는 능력이 없기 때문에, 외부 사물에 쉽게 영향을 받고 끌려다니기 마련이다. 하지만 마음은 사고의 기능을 가지고 있어, 깊이 생각하면 마땅함을 알 수 있고, 생각하지 않으면 알 수 없다. 이 사고하는 능력은 하늘이 인간에게 부여한 것이다. 먼저 마음속의 큰 본성을 바로 세우면, 작은 욕망이나 감각적 충동은 감히 그 안으로 침입하지 못한다. 그렇게 될 때 비로소 대인이 되는 것이다.”

《맹자》, 〈고자〉 편, 맹자

그 후 유학자들은 맹자의 생각을 바탕으로 사람에게는 두 가지 모습이 있다고 설명했어요. 하나는 마음으로 생각하고 옳고 그름을 따지며 행동하는 이성적인 나(대체)이고, 다른 하나는 감각과 욕심에 따라 움직이는 감각적인 나(소체)예요. 이성적인 나를 따르게 되면 도덕적인 사람, 즉 대인이 되고, 감각에 끌려 자기 이익만 생각하게 되면 소인이 되는 거예요.

사람들이 혼란한 사회 속에서 본래의 선한 마음을 잃고 욕심만 따르게 되면서 문제들이 생겼어요. 그래서 우리는 잊고 있던 선한 마음을 되찾아야 해요. 그것이 바로 맹자가 말한 ‘본성 회복’이랍니다.

전국시대와 맹자의 문제의식

맹자는 춘추시대가 끝나고 전국시대로 접어들 무렵에 활동했어요. 전국시대는 나라들이 살아남기 위해 군사력을 키우고 전쟁이 끊이지 않던 혼란의 시기였죠.

전국시대에는 유가(공자의 사상), 법가(법과 규칙을 중요하게 여기는 사상), 도가(자연과 조화를 중요시하는 사상) 같은 다양한 사상이 크게 번성했어요. 당시 사상가들은 도덕과 인간관계에 대해 많이 생각하게 되었고, 이런 생각들은 지금까지도 영향을 주고 있어요.

맹자는 이런 시기에 살면서 사람의 본성과 도덕에 대해 깊이 고민했어요. 그는 사람이 원래 선한 마음을 가지고 있다고 믿었어요. 전국시대의 혼란 속에서도 사람의 선한 본성을 믿고, 도덕적인 삶을 강조한 그의 생각은 많은 사람에게 큰 영향을 주었죠.

양주와 묵자에 대한 비판

맹자는 '자기 자신만을 위해 살아야 한다'라고 말한 양주와, '모든 사람을 똑같이 사랑해야 한다'라고 말한 묵자의 생각을 비판하면서, 공자의 사상을 더 깊이 있게 발전시켰어요.

> 양씨[*]는 위아爲我, 즉 자기 이익만을 중시하는 태도를 주장했다. 그는 한 올의 머리카락을 뽑는 사소한 희생으로 천하에 이로움을 줄 수 있다 하더라도, 오직 자신을 위한다는 이유로 그조차 행하지 않는 인물이다. 반면 묵씨^{**}는 '겸애', 곧 누구나 차별 없이 사랑해야 한다는 주장을 내세웠다. 자신의 몸이 머리끝부터 발뒤꿈치까지 닳아 없어질지라도, 그것이 세상을 이롭게 하는 일이라면 기꺼이 나서는 인물이다. 그러나 양씨의 위아는 임금이 없음을 뜻하고, 묵씨의 겸애는 부모가 없음을 뜻한다. 임금도 없고 부모도 없다면, 이는 짐승과 다를 바 없다.
>
> **《맹자》, 〈진심〉 편, 맹자**

맹자는 인간이 동물과 다른 이유는 '인륜'과 그에 기반한 도덕 원리가 있기 때문이라고 생각했어요. 그래서 가장 가까운 가족을 먼저 사랑하지 않는 묵자의 생각과, 나라와 공동체를 무시하는 양주의 주장은 짐승과도 같은 생각이라고 비판했답니다. 이러한 둘의 생각을 적극적으로 비판한 맹자의 사상을, 후대의 학자가 '근주자적 근묵자흑近朱者赤

★ **양씨**: 양주를 가리킨다.
★★ **묵씨**: 묵자를 가리킨다.

近墨者黑(붉은 것에 가까이 있으면 붉어지고, 먹에 가까이 있으면 검어진다)'이라고 고사성어를 만들기도 했어요. '근주자적 근묵자흑'이란 사람은 주변 사람들의 영향을 많이 받기 때문에 나의 도덕적 마음을 잘 지키고 살아야 한다는 뜻으로, 지금까지 널리 쓰이고 있죠.

인간 본성 논쟁: 맹자 vs 고자

맹자는 양주와 묵자만 비판한 것이 아니라, 고자의 인간 본성에 대한 생각도 비판했어요. 고자는 맹자 이전 시대에 활동한 사상가로, 인간의 본성에는 선과 악의 구분이 없으며 환경과 교육에 따라 후천적으로 달라질 수 있다고 보았어요. 그는 사람의 본성을 태어날 때부터 정해진 성질로 보지 않고, 어떤 환경에서 자라고 어떤 가르침을 받느냐에 따라 선해질 수도, 악해질 수도 있다고 생각했죠. 이러한 관점에서 고자는 인간의 본성을 '선악이 결정되지 않은 상태'라고 설명했습니다.

고자가 말했다.

"사람의 본성은 소용돌이치는 물과 같다. 동쪽으로 길이 나 있으면 동쪽으로 흘러가고, 서쪽으로 길을 터 주면 서쪽으로 흘러간다. 이처럼 사람의 본성에는 선과 악의 구별이 없는 것이다. 마치 물이 동쪽으로도, 서쪽으로도 흐를 수 있는 것처럼 말이다."

이에 맹자가 반박했다.

"물은 확실히 동쪽으로도 서쪽으로도 흘러갈 수 있다. 하지만 위로 흐르지 않고 아래로 흐른다는 점에서 분명한 방향이 있다. 사람의 본성이 선하다는 것도, 마치 물이 낮은 곳으로 흐르듯 자연스럽고 거스를 수 없는 성향이다. 사람에게 선하지 않은 이가 없듯이, 물도 아래로 흐르지 않는 법이 없다. 물에 힘을 가해 억지로 치면 이마보다 높이 솟구치게 할 수 있고, 억지로 퍼 올리면 산 위로도 흐르게 만들 수는 있지만, 그것은 본래의 성질이 아니다. 외부의 힘으로 인해 그렇게 되는 것이다. 사람 또한 본성상 선하지 않은 것이 아니라, 그런 악행은 외적인 영향으로 인해 벌어지는 일일 뿐이다.”

《맹자》, 〈고자〉 편, 맹자

고자는 인간의 본성이 주변 환경에 따라 선해지기도 하고 나쁘게 변할 수 있다고 말했어요. 하지만 맹자는 사람이 원래 선한 마음을 가지고 있다고 반박했답니다. 이렇듯 맹자는 인간의 본성에 대해서 깊이 고민했던 철학자였어요.

용어 정리

성선설	- 사람은 본래 선한 마음을 가지고 태어난다는 생각이에요. - 우리는 모두 본래 선한 성격을 지니고 있다는 거예요.
사덕(인의예지)	- ‘인’은 사람을 사랑하는 마음, ‘의’는 옳고 그른 것을 구분하는 것, ‘예’는 예의 바르게 행동하는 것, ‘지’는 지혜를 뜻해요. - 이 네 가지는 선한 사람이 되기 위해 꼭 필요한 것들이에요.

　맹자는 혼란이 가득한 시대 속에서도 인간을 믿고 긍정적으로 바라본 사람이에요. 그는 인간의 본성이 본래 선하다고 믿었고, 사회의 혼란은 선한 마음이 완전히 사라진 결과라기보다 가려지고 잊힌 상태에서 비롯된다고 보았어요. 이 생각은 우리가 언제든지 자신의 마음을 돌아보고 선함을 다시 키워 갈 수 있다는 희망을 전해 줘요. 맹자의 사상에는 인간을 쉽게 단정하지 않으려는 깊은 사랑과 신뢰가 담겨 있어요.

　맹자는 양주와 묵자, 고자의 사상을 비판하며 공자의 가르침을 바탕으로 자신만의 철학을 정립해 나갔어요. 그가 살던 전국시대는 전쟁과 경쟁이 끊이지 않던 불안한 시기였지만, 그는 사람 안에 남아 있는 도덕적 가능성을 끝까지 붙들었어요. 오늘을 살아가는 우리 역시 삶이 불안하고 마음이 흔들릴 때가 많지만, 인간 안에 여전히 선한 선택의 힘이 남아 있다고 본 맹자의 사상은 우리를 성찰하게 해요.

　또 맹자는 민본*의 가치를 강조하며 백성이 나라의 중심이 되어야

　★　**민본:** 백성이 나라의 근본이라는 뜻.

한다고 말했어요. 통치자는 권력을 추구하기보다는 먼저 도덕적인 삶을 실천하며 모범을 보여야 하는 사람이라고 보았어요. 백성을 해치는 권력은 정당성을 가질 수 없다는 그의 주장은, 오늘날에도 정치와 사회를 바라보는 중요한 기준이 돼요.

우리 자신의 모습을 돌아보면 욕심과 충동에 따라 행동하는 순간도 분명히 있어요. 동시에 다른 사람의 고통 앞에서 마음이 움직이고 부당한 상황을 그냥 넘기지 못하며 양보와 판단 사이에서 고민하는 경험도 하게 돼요. 맹자는 이런 마음이 바로 인의예지의 씨앗이라고 보았어요. 이 씨앗은 저절로 자라지 않지만 외면하지 않고 돌보면 점점 자라날 수 있어요.

맹자가 말한 본성의 회복은 거창한 결심에서 시작되는 일이 아니에요. 매 순간 어떤 마음을 따를 것인지 스스로에게 묻고 선한 쪽을 선택하려는 태도에서 출발해요. 맹자는 우리에게 인간을 믿으라고 말해요. 그리고 그 믿음은 다른 사람보다 먼저 내 안에 있는 선한 마음을 신뢰하고 옳은 행동을 실천하는 데서 시작된다고 전하고 있어요.

장자
절대 자유의 경지를 향해

어느 날 장자가 꿈에서 나비가 되었다. 훨훨 날아다니는 나비가 되어 기분 좋게 하늘을 떠다니며, 자신이 장자였다는 사실을 전혀 의식하지 못했다. 그러다 꿈에서 깨어나 보니 분명히 자신은 장자였다. 과연 장자가 나비가 되는 꿈을 꾼 것인지, 나비가 장자가 되는 꿈을 꾼 것인지 알 수 없는 일이다. 분명 장자와 나비는 겉보기엔 다르지만, 그사이의 경계는 고정된 것이 아니라 서로 바뀔 수 있는 것일 뿐이다. 이것을 사물 간의 경계가 허물어지는 '물화物化'라 부른다.

《장자》, 〈제물론〉 편, 장자

진정한 자유는 어떻게 이룰 수 있을까?

장자莊子는 노자의 '도'와 '무위자연'이라는 생각을 이어받았지만, 조금 다르게 생각했어요. 노자가 인위에서 벗어나 자연스러운 사회를 통해 평화로운 세상을 만들려 했다면, 장자는 개인의 자유로운 삶과 마음의 해방에 더 관심을 가졌어요. 그는 사람들이 세상의 욕심과 걱정에서 벗어나, 자연과 함께 자유롭고 평화롭게 살아가는 것이 진정한 행복이라고 말했어요.

소박한 인간과 거꾸로 매달린 인간

장자는 사람들이 태어날 때부터 가지고 있는 본래의 모습이 매우 중요하다고 생각했어요. 이 본래의 모습은 욕심이 없고 순수하고 자연스러운 상태예요. 사람들은 처음 태어날 때 정직하고 순수한 성격을 가지지만, 시간이 지나면서 사회의 규칙이나 교육, 다른 사람들의 기대 등의 영향을 받아 점점 자신의 본래 모습을 잃게 돼요. 장자는 이렇게 본성을 잃은 사람을 '거꾸로 매달려 세상을 거꾸로 보는 사람'에 비유

했어요. 외부의 것에 너무 집착하다 보면 진짜 자기 모습을 잃어버리게 된다는 것이지요

또 장자는 편협한 지식이 사람의 욕심을 만들어 내고, 그 욕심이 마음의 혼란으로 이어진다고 말했어요. 지식은 사람의 마음이 감각을 통해 외부 세계와 접촉하면서 생기지만, 시간이 지나면서 가치도 변하고 그것을 받아들이는 사람의 마음도 변하죠. 그래서 사람들은 세상을 자기 방식대로만 해석하고 판단하는 경향을 가지게 돼요. 그 결과 선과 악, 아름다움 같은 것들도 좁은 시각으로 판단하게 되고, 그런 분별심은 마음을 복잡하게 만들어요. 장자는 이런 마음의 복잡함이, 사람이 원래 가지고 있던 자연스럽고 순수한 마음을 흐리게 만든다고 말했어요. 그래서 그는 마음을 비우고 고정된 판단을 버리는 태도를 중요하게 여겼답니다.

원숭이는 긴팔원숭이를 좋아해서 짝을 이루고, 순록은 사슴과 어울리며, 미꾸라지는 물고기와 잘 지낸다. 모장이나 여희* 같은 여인은 인간들에게는 절세미인이라 여겨지지만, 물고기들이 그 모습을 보면 겁을 먹고 도망친다. 이처럼 아름다움조차 보는 관점에 따라 천차만별이다. 내 눈으로 보기엔, 세상 사람들이 말하는 '인의仁義의 실마리'나 '옳고 그름의 도리'라는 것도 온통 뒤죽박죽 엉켜 있어서, 그 경계를 분명하게 나눌 수가 없다.

《장자》, 〈제물론〉 편, 장자

당신과 내가 어떤 문제를 두고 논쟁을 벌인다고 해 보자. 만약 당신이 나를 이겼고 내가 졌다면, 그것이 곧 당신이 옳고 내가 틀렸다는 뜻일까? 반대로 내가 당신을 이기면, 내가 옳고 당신이 그른 것일까? 도대체 어느 쪽이 옳고, 어느 쪽이 그른 것일까? 혹시 우리 둘 다 옳은 걸까? 아니면 둘 다 틀렸을 수도 있지 않을까? 당사자인 당신과 나조차 서로의 옳고 그름을 가리기 어렵다면, 제삼자가 나서서 판단하는 것은 오히려 더 어렵지 않겠는가?

《장자》, 〈제물론〉 편, 장자

장자는 세상에는 다양한 사물과 생각이 존재하고, 사람들의 주장과 의견도 서로 다를 수 있다고 말해요. 이런 관점에서 보면 우리가 아는 지식은 진짜 지식이 아닐 수 있고, 누구도 옳고 그름을 판단할 수 있는 절대적인 기준은 없다고 해요. 그는 사람들이 감각이나 생각으로는 사물의 본질을 알 수 없다고 믿어요. 그래서 인간의 지식에는 한계가 있고 참된 지식은 쉽게 얻는 것은 불가능하다고 생각해요. 장자에게 참된 지식은 '도'와 하나가 되는 것을 뜻해요. 그는 도와 하나가 되는 참된 지식은 언어나 배움을 통해서는 얻을 수 없다고 말해요. 그래서 장자는 지식을 억지로 쌓으려 하기보다 마음을 비우고 도에 가까워져 하나가 되려는 태도를 중요하게 여겼어요.

★ **모장이나 여희:** 전설적인 미인.

절대적인 자유의 경지, 소요유

장자는 우리가 '도'와 하나가 되어 참된 지식을 얻는 것이 중요하다고 주장했어요. 세상의 기준이나 거꾸로 매달린 상태에서 벗어나 본래의 자연스러운 모습으로 되돌아가려면 도의 흐름에 따라야 해요. 그래서 우리는 사물의 차이를 억지로 나누지 않은 채 모든 것을 가지런히 놓고 평등하게 바라볼 수 있는 상태에 도달해야 해요. 장자는 세속적인 차별에서 벗어나 모든 것을 같은 시각으로 보는 것이 필요하다고 말했어요. 이것은 결국 '모든 것이 하나'라는 뜻이에요. 선과 악, 아름다움과 추함, 부자와 가난한 사람 같은 구분은 고정된 것이 아니라 상대적인 거예요. 부자가 있을 때 더 부자인 사람이 있고, 아름다운 사람이 있을 때 더 아름다운 사람이 있는 것처럼 말이죠.

어떤 사람이 원숭이를 기르며 도토리를 나눠 주면서 말했다.

"아침에 세 개, 저녁에 네 개를 주겠다."

그러자 원숭이들이 몹시 화를 냈다. 그 말을 들은 사람이 다시 말했다.

"그렇다면 아침에 네 개, 저녁에 세 개를 주겠다."

그러자 원숭이들이 모두 기뻐했다.

실제로 주는 양은 전혀 달라지지 않았는데도, 원숭이들은 바뀐 표현에 따라 화를 내기도 하고 기뻐하기도 했다. 이는 단지 원숭이의 마음을 있는 그대로 따라 준 것일 뿐이다. 이와 같이 성인은 옳고 그름, 시비의 양극단을 억지로 나누지 않고 조화롭게 어우르며, 사물의 이치가 스스로 균형을 이루는 자연스러운 상태를 지킨다.

《장자》, 〈제물론〉 편, 장자

유명한 이야기인 '조삼모사朝三暮四'에는 같은 것을 다르게 보지 말라는 '도'의 시각이 담겨 있어요. 결과는 똑같지만, 사람들은 겉모습과 말의 표현에 따라 기뻐하거나 화내기도 하죠. 그래서 장자는 '이것이냐 저것이냐'라는 단순한 이분법적인 생각에서 벗어나 모든 것을 평등하게 바라봐야 한다고 말해요. 만물과 나 사이의 구분이 없어지면, 결국 모든 것이 하나가 된다는 거예요.

장자는 나비 꿈 이야기에서, 자신이 나비인지 인간인지 구분할 수 없는 상태를 통해 참된 자유의 경지인 '제물齊物'을 설명했어요. 이렇게 제물의 상태에서 세상을 인식해야 진정한 자유를 누릴 수 있다고 보았죠. 이러한 인식에 도달하게 된다면 도와 하나가 되어 절대적인 자유의 경지인 '소요逍遙'에 이를 수 있어요. 소요는 마음이 자유롭고 편안한 상태예요. 소요유逍遙遊는 삶과 죽음의 차이마저 초월한, 어떤 외부의 속박도 없는 절대적인 정신적 자유를 누리는 것을 말해요. 이는 인간이 자연스럽고 자유롭게 살아가는 모습이에요. 장자는 이렇게 도와 하나가 된 자유의 중요성을 강조하며, 진정한 자유는 바로 그런 경지에 머무는 것이라고 말했어요.

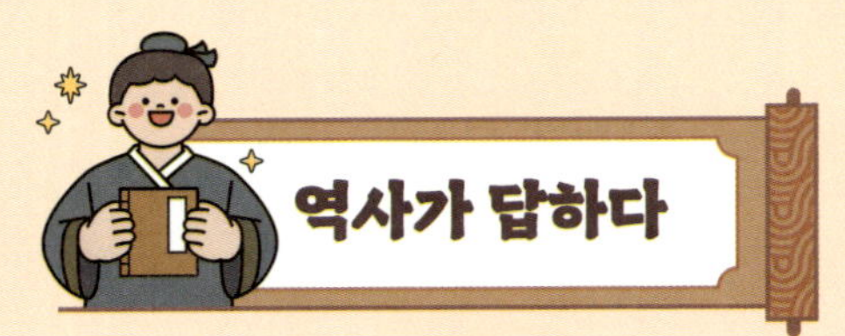

노자의 사상을 잇는 철학자, 장자

장자는 전국시대의 혼란 속에서 노자의 사상을 계승하고, 이를 바탕으로 새로운 철학적 관점을 제시한 인물입니다. 그가 태어나고 죽은 연대에 대해서는 정확하게 알려져 있지 않으나, 대략 기원전 370년이나 369년에 태어나서 기원전 300년에서 280년 사이에 죽었다고 전해지고 있어요. 장자는 송나라에서 태어났으며 이 나라에서 잠깐 하급관리를 지냈지만, 그 후에는 평생 벼슬길에 나서지 않았어요. 곡식을 빌리러 다녀야 할 정도로 가난했지만, 초나라 위왕이 후하게 예를 갖추어 재상으로 맞으려고 했어도 이를 사양했죠. 그는 평생을 진리를 탐구하는 데만 몰두하면서 지냈으며, 10만 자 분량의 책을 썼어요.

전국시대의 혼란과 장자의 문제의식

장자는 맹자와 같은 시대를 살았지만, 유가와는 전혀 다른 방식으로 세상과 인간을 이해하려 했어요. 맹자와 유가는 질서와 명분을 중시하는 정치철학을 펼쳤지만, 장자는 그와 반대로 모든 구별에서 벗어나 자유로운 삶을 추구했답니다.

장자가 살았던 전국시대는 진·초·한·위·조·송·제의 7대 강국이 패권을 놓고 끊임없이 싸우던 전쟁의 시대였어요. 전쟁은 끝날 기미가 보이지 않았고, 백성은 물자와 생명을 잃으며 하루하루를 불안 속에서 살아야 했죠. 각국의 왕들은 권력을 쥐기 위해 동맹을 맺고 적을 공격하며 끝없는 다툼을 벌였고, 이로 인해 통치자에 대한 신뢰가 흔들리기 시작했죠. 이에 사람들 사이에서 부와 권력의 가치에 대한 회의감이 퍼져 나가게 됩니다. 백성은 생존과 자유를 동시에 갈망했어요. 특히 장자가 태어난 송나라는 약소국인 탓에, 주변 강대국에게 끊임없이 침략을 당해 사회는 더욱 불안정했어요.

이러한 시대적 배경은 장자의 철학에 큰 영향을 주었어요. 그는 정치적 이상이나 제도적인 개혁보다는, 근본적으로 인간의 내면과 존재 방식을 성찰해야 한다고 보았어요.

절대적 자유를 꿈꾼 장자

장자의 사상은 백성에게 희망을 주었어요. 그는 '도'의 관점에서 모든 존재가 평등하다고 보았죠. 사회적 신분, 물질의 많고 적음, 권력의 크고 작음은 본질적인 가치와는 무관하다고 여긴 거예요. 그는 사람들이 자신의 마음을 잘 다스리고 '무위자연의 도'를 깨달으면 자연과 조화롭게 살아갈 수 있다고 보았어요. 장자에게 이상적인 삶이란 인위적인 구별이나 욕망에서 벗어나 자연과 어우러져 사는 것이었죠. 그렇게 되면 세상의 기준에서 벗어나 진정한 정신적 자유와 평온을 누릴 수 있다고 장자는 생각했답니다.

장자가 호수에서 낚시를 하고 있을 때, 초나라 왕이 두 명의 신하를 보내 벼슬을 제안했다. 장자는 낚싯대를 손에 든 채 고개도 돌리지 않고 이렇게 말했다.

"초나라 왕궁에 신성한 거북 하나가 있다는 이야기를 들은 적이 있다. 죽은 뒤 비단으로 싸여 상자에 담긴 채 제단 위에 모셔져 있다고 들었는데, 그 거북은 죽어서 그렇게 귀한 대접을 받는 것을 원했을까? 아니면 살아서 진흙 속을 기어다니는 것을 더 원했을까?"

신하들이 대답했다.

"살아서 진흙 속을 기어다니는 편을 택했을 것입니다."

장자가 고개를 끄덕이며 말했다.

"그렇다면 나도 마찬가지다. 돌아가라. 나는 진흙 속에서 꼬리를 끌며 자유롭게 살고 싶다."

《장자》, 〈추수〉 편, 장자

장자는 권력과 명예에 초연한 인물이었습니다. 위 인용문 '예미도중 曳尾塗中'의 내용은 장자의 그러한 성향을 아주 잘 보여 주죠. 장자는 초나라 왕이 높은 관직을 제안했을 때 이를 단호히 거절했어요. 그는 '진흙 속에서 꼬리를 끌며 살아가는 거북이 낫다'며, 자유로운 삶의 가치를 정치적 성공보다 더 소중하게 여겼습니다. 장자는 현실에 집착하지 않는 유쾌한 우화와 비유를 통해 사람들에게 삶의 본질을 돌아보게 했어요. 그의 사상은《장자》라는 책에 담겨 오늘날까지도 인간의 자유와 자아에 대한 깊은 울림을 주고 있답니다.

용어 정리

제물	- 세속적 차별을 넘어 만물과 나를 동등하게 바라보는 경지예요. - 선과 악, 아름다움과 추함 등의 구분을 상대적인 것으로 이해하며 외물의 속박에서 벗어나 절대적 소요게 이르는 상태를 뜻해요.
소요유	- 자유롭고 한가하게 이리저리 오가면서 노니는 삶이에요. - 도와 하나가 되어 다른 것들에 얽매이지 않고, 삶과 죽음의 차이도 넘어서서 진짜 자유롭게 사는 상태를 뜻해요.

　사람들은 항상 무언가를 구분하면서 그중 더 나은 것을 찾고 더 좋은 것을 원하며 살아가죠. 때로는 실제로 큰 차이가 없음에도 불구하고 억지로 나누고 비교하려 해요. 이런 마음은 사소한 차이에 집착하게 만들고, 결국 진짜 중요한 것을 놓치게 할 수도 있어요. 예를 들어 친구가 입은 옷이 브랜드 제품인지 아닌지를 따지거나, 누가 더 비싼 물건을 가졌는지를 비교하느라 정작 그 친구의 성격이나 마음씨는 잘 보지 못하는 경우가 있어요. 겉모습에만 집중하다 보면 사람이나 사물의 진짜 가치를 알아보지 못하게 되는 거죠.

　이 같은 끊임없는 구분과 비교는 세상을 혼란스럽게 만들어요. 사람들은 더 잘 살기 위해, 더 많은 것을 가지기 위해 서로를 경쟁 상대로 여깁니다. 전국시대에도 그런 욕심 때문에 각국의 권력자들은 끊임없이 다투었고, 많은 사람에게 고통과 슬픔을 안겼어요.

　장자의 '조삼모사' 이야기에서, 원숭이들이 말의 표현에 따라 기뻐하거나 화내는 모습은 우리의 모습과 닮아 있어요. 우리도 종종 눈앞의 이익에만 마음을 빼앗긴 채, 전체의 흐름이나 진짜 가치를 놓치곤 하니까요. 장자는 그런 어리석음을 비유로 보여 주며, 겉모습에 집착하지 말고 사물의 본질을 보라고 말하고 있어요.

어느 날 친구가 장자에게 말했다. "내 집 앞에 큰 가죽나무 한 그루가 있는데, 줄기는 비틀어지고 옹이가 많아서 먹줄*을 댈 수 없고, 가지들도 이리저리 뒤틀려 자로 잴 수도 없어. 길가에 서 있는데도 누구 하나 관심조차 두지 않아. 지금 자네 말이 그 나무와 같으니, 사람들이 외면하고 거들떠보지 않는 걸세."

그러자 장자가 대답했다. "그렇다면 왜 그 큰 나무를 사람이 살지 않는 넓은 들판에 심어 두지 않나? 그 아래에서 여유롭게 쉬거나, 그 곁을 거닐며 소요하면 되지 않겠는가? 그러면 도끼에 찍혀 잘리지도 않고, 다른 해를 입을 일도 없을 텐데 말이야. 산에 있는 나무는 좋은 재목이 되기에 찍히고, 호롱불은 자기 몸을 태워 빛을 내지. 계수나무는 향이 좋아 베이고, 옻나무는 쓰임이 많아 베어지기 마련이야. 하지만 옛말에 '신인은 재목이 되지 않는다'고 했지. 쓸모 있어 보이는 것이 해를 불러오기도 하고, 겉보기에는 쓸모없어 보여도 오히려 그것이 오래 살아남는 길일 수 있다네. 문제는 이 '쓸모없음의 쓸모'를 아는 사람이 거의 없다는 거야."

《장자》, 〈인간세人間世〉 편, 장자

★ **먹줄:** 목수가 재료에 곧은 선을 긋기 위해 쓰는 도구.

이처럼 우리가 쓸모없다고 생각하는 나무도, 자기 방식대로 살아가며 자리를 지키고 있어요. 그 나무는 도끼에 찍히지도 않고 해를 입을 일도 없어 오히려 더 오래 살아가죠. 장자는 이렇게 겉보기에는 쓸모없어 보이지만, 바로 그 쓸모없음 덕분에 해로움을 피하고 생명을 끝까지 누릴 수 있다고 말했어요.

참새는 하늘을 날며 눈앞에 보이는 세상이 전부라고 생각하지만, 붕새는 더 높이 날아 훨씬 넓은 세상을 볼 수 있어요. 우리가 사는 세상도, 우리의 삶도 마찬가지예요. 눈앞에 보이는 것만이 전부는 아니에요. 사람들은 늘 서로를 비교하고 무엇이 더 나은지 따지려 하죠. 그 과정에서 스스로를 지치게 만들고 마음의 평화를 잃어버리기도 해요. 장자는 그런 구분과 비교에서 벗어나야만 참된 자유에 이를 수 있다고 보았어요.

대도大道의 관점에서 보면 모든 존재는 평등하다는 사실을 깨달아야 해요. 모든 만물은 '도'를 가지고 있어서 본질적으로 같고, 너와 나는 본질적으로 동일하답니다. 장자의 '호접몽'처럼 도의 관점에서는 나와 너, 꿈과 현실, 참과 거짓의 구분이 사라져요. 이런 깨달음은 마음의 평화를 가져다주고, 다른 사람과의 관계에서도 더 깊은 이해와 연민을 가질 수 있도록 해 줄 거예요.

지금 우리의 삶은 여전히 바쁘고, 비교와 경쟁 속에서 쉽게 지치곤 해요. 그래서 장자가 2300년 전 남긴 지혜를 오늘날 다시 돌아볼 필요가 있어요. 자연스러운 삶, 비교하지 않는 마음, 도와 일치함으로써 얻는 자유. 그것이 장자가 전하고 싶었던 가장 큰 가르침이 아닐까요?

순자

인간의 본성은 악하나,
착하게 만들 수 있다

학문은 잠시라도 손에서 놓아서는 안 된다. 푸른 빛은 쪽빛에서 나왔지만 쪽빛보다 더 푸르고, 얼음은 물에서 만들어졌지만 물보다 더 차다. 먹줄을 대어 곧은 나무도 불에 쬐어 휘게 하여 수레바퀴를 만들면, 그 모양은 마치 원을 그린 듯 둥글고, 아무리 다시 햇볕에 말려도 원래의 곧은 모습으로는 돌아가지 않는다. 이는 사람이 그것을 억지로 구부렸기 때문이다. 이처럼 나무는 먹줄을 통해 곧게 될 수 있고, 쇠붙이는 숫돌에 갈아야 날카로워지듯, 군자도 학문을 넓리 배우고 날마다 스스로를 성찰한다면 지혜가 밝아지고 행동에 잘못이 없게 된다.

《순자》, 〈권학〉 편, 순자

사람은 착해질 수 있을까?

성악설: 인간의 본성은 악하다

사람의 본성은 악하다. 선이란 후천적으로 형성된 인위적인 것이다. 인간은 태어날 때부터 이익을 좇는 본성을 지니고 있다. 이러한 본성을 그대로 따르게 되면 서로 다투고 빼앗는 일이 생기며, 겸양하고 양보하는 마음은 사라진다.

또한 사람은 태어나면서부터 감각적인 욕망을 지니고 있다. 이 본성대로 행동하면 음탕해지고, 예의나 규범이 무너지게 된다. 그러므로 본성에 따라 감정대로 살아간다면 필연적으로 싸움과 다툼이 일어나고, 예와 도리는 깨어지며, 사회의 질서 역시 무너지게 된다. 결국 천하는 혼란에 빠지게 된다.

《순자》, 〈성악〉 편, 순자

순자荀子는 사람의 본성이 악하다고 생각했어요. 그는 사람들이 본래 이익을 좇고 질투와 명예욕, 쾌락 같은 본능적인 욕망을 가지고 있다고 말했어요. 이러한 욕망이 동물과 비슷하지만 그대로 따를 경우 사회는 혼란에 빠지고 갈등이 생길 거라고 경고했죠.

반면 맹자는 사람의 본성이 본래 선하다고 믿었어요. 그는 사람에게는 측은지심이나 부끄러움을 아는 마음 같은 선한 성정이 이미 갖추어져 있고, 교육은 그것을 지켜 주고 바르게 키워 주는 역할을 한다고 보았죠. 순자는 이러한 맹자의 주장에 반대하며, 사람의 본성은 자연적으로 타고난 것으로, 교육과 같은 인위적인 노력의 결과가 아니라고 말했어요. 도덕적인 규칙은 자연스럽게 생기는 것이 아니라 사람들이 만들어 낸 것이라고 설명했죠.

하지만 순자는 사람의 악한 본성이 외부의 교육과 규칙을 통해 바뀔 수 있다고도 믿었어요. 그래서 반드시 예절과 도덕 규범을 배워야 한다고 강조했죠. 그는 사람에게는 총명한 마음이 있어 짐승과는 다르며, 이런 점이 사람들이 변화할 가능성을 열어 준다고 주장했어요.

사람은 태어날 때부터 사물을 인식할 수 있는 능력을 지니고 있다. 이 능력을 통해 우리는 사물의 차이나 특징을 이해하고, 그것들을 구별할 수 있게 된다. 또한, 사람은 태어날 때부터 '지각'이라는 능력을 갖추고 있으며, 이를 통해 외부 대상을 느끼고 받아들이게 되고, 자각된 내용은 마음속에 저장되어 기억이 된다. 마음에는 본래 무엇인가를 인식할 수 있는 능력이 있으며, 이 인식에는 여러 가지를 구별하는 것도 포함된다. 구별하는 것은 여러 가지를 동시에 아는 것을 뜻하며, 이렇게 동시에 알아내는 것이 서로 다른 내용을 이해하는 방법이 된다.

《순자》, 〈해폐〉 편, 순자

예절: 성인이 만든 외적인 행동 규칙

예의란 인간의 본성에서 저절로 나오는 것이 아니라, 성인의 지혜와 인위적인 노력으로 오랜 시간에 걸쳐 만들어진 결과물이다. 마치 질그릇이 옹기장이의 손을 거쳐 빚어지고, 나무 그릇이 목수의 기술로 깎여 만들어지듯, 예의와 법도 또한 성인의 교육과 경험, 깊은 사려 끝에 만들어진 것이다. 따라서 예의나 법도는 인간의 본성에서 비롯된 자연스러운 것이 아니라, 후천적 교화와 인위적 노력의 산물이다.

《순자》, 〈예론〉 편, 순자

예는 성인이 만든 도덕적인 규칙이자 사회 질서의 규범으로, 사람들이 함께 살아가기 위해 꼭 지켜야 하는 중요한 기준이에요. 이는 단순한 행동 규칙이 아니라, 서로 조화롭게 살아가는 데 필요한 질서와 규범이죠. 예는 사람들의 행동을 이끌고, 타고난 욕심과 감정을 다스리는 데 도움을 주며, 사회적인 조화를 가능하게 해 줘요. 예는 사회와 정치에서 중요한 원칙으로 작용해요.

혼란의 시대와 순자의 문제의식

순자는 전국시대 후기에 살았던 사람이에요. 이 시기에는 끊임없이 이어지는 전쟁으로 엄청난 물자가 소모되고, 헤아릴 수 없이 많은 사람이 희생되었어요. 이런 세상에서 순자가 사람이 도덕적 분별 없이 살면 짐승처럼 된다고 본 것은 놀라운 일이 아니에요. 하지만 그는 사람의 가능성을 믿었고, 예절을 통해 사람의 본성을 바꿀 수 있다고 생각했어요. 그러기 위해서는 자기 수양이 필요하며, 성격을 바꾸는 것에서 멈추지 않고 도덕적으로 더 나은 사람이 되고자 성장해야 한다고 강조했죠.

인간다움의 기준: 분별과 예

인간이 인간다운 까닭은 무엇인가? 그것은 '분별'이 있기 때문이다. 배고프면 음식을 찾고, 추우면 따뜻함을 구하며, 피곤하면 쉬고 싶어 하는 것은 인간이라면 누구나 지닌 본능적인 욕구다. 선한 사람이든 악한 사람이든, 이익을 좋아하고 해로움을 싫어하는 것은 타고난 본성이다. 하지만 인간이 인간인 이유는 단순히 두 발로 걷고 털이 없기 때문이 아니라, 바로 분별하는 능력, 곧 이성과 도리를 알고 구분할 줄 알기 때문이다. 오랑우탄처럼 생긴 짐승도 두 발로 걷고 털이 적지만, 군자는 그것을 잡아 국을 끓이고 고기로 쓴다. 겉모습은 사람과 다르지 않지만, 도덕적 분별이 없는 존재는 결국 금수와 같다. 짐승에게도 부모와 자식은 있으나 친애가 없고, 암수는 있으나 남녀의 도리가 없다. 따라서 인간의 도는 반드시 분별 위에 서야 하며, 그 분별 중에서도 가장 중요한 것은 역할과 지위에 따른 질서다. 그리고 그 질서를 바르게 세우는 것이 예이며, 그 예를 세우는 최고의 존재가 바로 성왕*이다.

《순자》, 〈예론〉 편, 순자

우리는 성인이나 스승을 본받아 악한 본성을 고치고, 선하고 도덕적인 인격을 만들 수 있어요. 이런 배움의 과정은 '청출어람靑出於藍'이라는 말로 설명할 수 있죠. 이 말은 제자가 스승보다 나아질 수 있다는 의미이기도 하지만, 본래는 인간이 학문과 수양을 통해 자신의 본성을 뛰어넘어 더 나은 존재가 될 수 있다는 뜻이에요. 도덕적인 인격을 완성하는 것이 우리의 목표이므로, 예절을 열심히 배우고 실제 생활에서 실천하는 것이 중요해요.

★ **성왕:** 성인과 같은 왕.

예와 법으로 질서를 세우는 정치

순자는 혼란과 갈등의 시대를 극복하기 위해 예절이 중심이 되는 사회를 만들고 싶어 했어요. 그는 예절이 개인의 품위를 나타내는 것뿐만 아니라, 사회 전체의 평화와 안녕을 유지하는 데 꼭 필요하다고 믿었어요. 그래서 순자는 예절을 정치의 기본 원칙으로 삼아 이를 통해 사람들을 올바르게 이끌고 좋은 정치를 실현해야 한다고 주장했죠.

또 순자는 정치에 대해 다른 유학자들과 다르게 생각했어요. 공자와 맹자는 정치가 도덕에 기반해야 한다고 강조했지만, 순자가 살던 전국 시대 후기는 전쟁과 분열이 더욱 심화된 혼란의 시기였기에 그는 도덕적인 가치로 사람들을 잘 다스리기 어렵다고 생각했어요. 그래서 순자는 사람의 본성이 원래 악하다고 보고, 예절만으로는 좋은 사회를 만들 수 없다고 강조하며 법도 필요하다고 주장했죠.

순자는 법이 예절을 보완해야 하고, 법을 통해 사람들의 행동을 올바르게 이끌어야 한다고 믿었어요. 순자는 법이 예절과 함께 어우러져야만 올바른 정치가 실현된다고 생각했어요.

용어 정리	
성악설	- 사람이 태어날 때부터 욕망을 지닌 존재라고 보는 생각이에요. - 순자는 예와 교육을 통해 그 욕망을 바로잡아야 한다고 보았어요.

순자가 살던 전국시대 후기는 전쟁과 혼란이 끊이지 않던 시기였어요. 이런 두려운 현실 속에서는 사람을 쉽게 믿기 어려웠을 거예요. 그럼에도 순자는 인간에 대한 희망을 끝까지 놓지 않았어요. 그는 인간의 본성이 욕망과 이익을 향해 기울어져 있더라도 지혜로운 마음과 배움을 통해 충분히 바뀔 수 있다고 믿었어요. 그래서 예절과 도덕을 배우는 일이 얼마나 중요한지를 거듭 강조했어요.

직하학궁의 모습 (출처: 제나라 역사박물관)

실제로 순자는 제나라의 학술기관인 직하학궁에서 제자들을 가르친 훌륭한 스승이었고, 교육의 힘을 깊이 신뢰했어요. 사람은 저절로 착해지지 않고 배움과 훈련을 통해 스스로를 다듬어 가는 존재라고 보았어요. 그의 생각에서 예절은 형식적인 규칙을 넘어서 욕망을 조절하고 공동체를 지켜 주는 실천의 기준이었어요.

오늘을 살아가는 우리 역시 늘 평온한 상황에 놓여 있지는 않아요. 예상하지 못한 사건을 마주하고, 불안과 두려움에 흔들리기도 해요. 이런 상황에서 순자의 사상은 중요한 관점을 전해 줍니다. 인간의 본성은 완벽하지 않지만, 배움과 수양을 통해 스스로를 다듬고 더 나은 선택을 할 수 있다는 믿음이에요.

순자의 사상을 떠올리면 악한 행동이나 거친 모습을 마주했을 때 다른 시선으로 상황을 바라볼 수 있어요. 인간의 본성이 완벽하지 않다는 사실을 인정하면서도 규칙과 예절, 반복적인 수양을 통해 더 나은 선택을 할 수 있다는 가능성을 함께 보게 돼요. 그래서 학교에서 예절과 도덕을 배우는 일은 지식을 쌓는 것을 넘어 사람답게 살아가는 연습이 된답니다.

순자는 우리에게 묻고 있어요. 감정과 욕망에 이끌리는 삶을 살 것인지, 기준을 세우고 스스로를 다듬는 삶을 선택할 것인지 말이에요. 우리도 순자처럼 힘든 상황 속에서도 희망을 품고 배움과 실천을 통해 더 나은 사회를 만들기 위해 노력해 보는 건 어떨까요?

07

한비자
'수주대토'만 하는 사람들

송나라에 한 농부가 살고 있었다. 어느 날 들판에서 밭일을 하던 중, 갑자기 한 마리 토끼가 달려오더니 밭 가운데에 있던 나무를 베어 내고 남은 그루터기에 부딪혀 목이 부러져 죽고 말았다. 농부는 큰 수고 없이 토끼를 얻은 것에 기뻐하며, 그날 이후 쟁기를 놓고 매일 그 그루터기 곁에 앉아 또 다른 토끼가 나타나기를 기다렸다. 하지만 두 번째 토끼는 끝내 나타나지 않았고, 그는 온 나라 사람들의 웃음거리가 되고 말았다.

이처럼 지난 시대의 방식만을 답습해 오늘날의 백성을 다스리려는 것은, 그루터기를 지키며 토끼를 기다리는 일과 다를 바 없다. 시대가 바뀌면 상황도 달라지고, 해결책 또한 그 시대에 맞게 달라져야 한다.

《한비자》, 〈오두〉 편, 한비자

사람은 쉽게 변하는데 믿어야 할까?

인간의 본성은 악하고 선하게 바뀌지 않는다

부모가 자식을 대할 때조차도, 아들을 낳으면 기뻐하며 경축하지만, 딸을 낳으면 죽이는 일이 있다. 분경히 아들과 딸 모두 똑같이 부모의 몸에서 태어났건만, 아들은 살리고 딸은 죽이는 까닭은, 부모가 장차 누릴 이익과 현실적 편리함을 계산하기 때문이다.

이처럼 자식에게조차 사랑보다 이익을 우선시하는 계산적인 마음으로 대하는데, 하물며 은혜나 정이 없는 타인에게는 오죽하겠는가?

《한비자》, 〈육반〉 편, 한비자

한비자韓非子는 사람의 본성이 이기적이고 계산적이어서 항상 자기에게 이익이 되는 것을 먼저 생각한다고 즈장했어요. 한비자는 스승인 순자와 비슷한 생각을 했지만, 순자가 예절 교육이나 도덕적 교화를 통해 사람의 본성을 바꿀 수 있다고 믿은 데 반해, 한비자는 그런 것들이 실제로는 효과가 없다고 보았어요. 그는 사람들의 행동이 본성적으로 이익을 좇는 마음에서 비롯되며, 그런 이기심이 사회의 혼란을 일으키는 큰 원인이라고 강조했어요. 사람들이 자기 이익을 먼저 생각하면 갈등과 혼란이 생길 수밖에 없기 때문에 이런 혼란을 막고 사회 질서를 유지하려면 강력한 법과 엄격한 처벌이 필요하다고 주장했답니다.

법치, 인간의 악한 본성을 법으로 다스려야 한다

엄격한 집안에는 사나운 하인이 없고, 지나치게 자애로운 어머니 밑에서는 버릇없는 자식이 생긴다. 이런 예를 보면, 위엄과 제재가 난폭함을 억제할 수 있으며, 덕망이나 관용만으로는 혼란을 다스리기에 부족하다는 것을 알 수 있다.

성인은 나라를 다스릴 때, 백성이 스스로 선을 행할 것이라 믿고 맡겨 두지 않는다. 그들이 악을 저지를 수 없도록 만들어 버린다. 모든 국민 중에서 스스로 선하게 행동할 사람은 찾기 어렵지만, 법과 제도로 악을 막는 시스템을 만들면 나라 전체를 잘 다스릴 수 있다. 군주는 소수의 선한 사람에게 의지하는 게 아닌 다수의 백성을 기준으로 정치를 해야 하며, 덕에만 기대지 않고, 반드시 법과 제도에 힘써야 한다.

《한비자》, 〈현학〉 편, 한비자

한비자는 공자와 맹자가 말한 도덕적인 리더십이 실제로는 효과를 내기 어렵다고 비판했어요. 그는 전국시대 후기처럼 혼란스러운 시대에는 도덕보다 법으로 나라를 다스려야 한다고 주장했죠.

이를 설명하기 위해 한비자는 '수주대토守株待兎'라는 이야기를 예로 들었어요. 도덕적인 방법으로 나라를 안정시키려는 것은, 우연히 나무에 부딪혀 죽은 토끼를 기다리는 농부처럼 시대의 변화를 모르는 어리석은 행동이라고 했어요. 옛 방식에만 의존해서 나라를 다스리는 것은 위험하다는 것이죠.

한비자는 '인의'와 '자애' 같은 도덕적인 가치가 오히려 나라를 혼란스럽게 할 수도 있다고 주장했어요. 도덕적인 가치는 사람마다 다르게 해석될 수 있기 때문에, 이런 것들로 나라를 다스리면 불안정한 결과가 생길 것이라고 보았죠. 그래서 법을 통해 사람의 악한 본성을 억제하고, 사회를 안정시키는 것이 가장 효과적인 방법이라고 강조했답니다.

군주의 통치술: 법술세

성인의 다스림은 무엇보다 법과 금령*을 분명히 세우는 데 있다. 법과 금령이 명확해지면, 관료 조직은 제대로 움직이게 되고, 상벌이 공정하게 이루어지며 실질적인 효과를 발휘한다. 상벌이 공평무사하게 적용되면, 백성 역시 스스로 바르게 행동하고, 국가에 도움이

★ **금령:** 어떤 행위를 하지 못하게 하는 법령.

되는 방향으로 힘을 쓰게 된다.

《한비자》, 〈정법〉 편, 한비자

한비자는 나라를 안정시키려면 강한 군주가 법과 지혜, 권력을 적절히 활용해야 한다고 말했어요. 그는 이 세 가지를 '법술세法術勢'라고 부르며 이것이 나라를 다스리는 기본 원리라고 생각했답니다.

'법'은 나라를 다스리는 규칙과 기준이에요. 앞에서 말했듯이, 법은 선한 행동과 올바른 행동을 정해 주고, 악한 행동은 반드시 벌을 받게 해요. 왕은 법의 상징으로 존재하고, 모든 사람은 법 아래에서 평등하게 대우받아야 해요. 법은 왕의 권위와 결합되어 나라를 다스리는 기본이 되지요.

법은 사람들이 이기적으로 행동하지 않도록 하고, 국가 전체의 이익을 높이는 방향으로 이끌어 줘요. 또한 악한 행동을 막는 데도 중요한 역할을 하죠. 이렇게 법은 나라의 안정과 발전에 꼭 필요한 요소가 되지요.

군주는 마음을 비우고 조용히 지켜보는 태도를 가져야 한다. 그러면 신하는 스스로 말과 행동의 명분을 드러내고, 그 말과 실제 행위가 일치하는지를 통해 실상을 알 수 있게 된다. 군주가 직접 나서서 판단하고 지시하지 않아도 신하의 말과 실제 행동을 비교해 보면 누구의 말이 진실한지, 누가 충성스럽고 유능한지를 자연히 파악할 수 있다. 결국 군주는 아무것도 하지 않으면서도 모든 상황을 정확히 꿰뚫어 볼 수 있고, 이는 곧 정치의 가장 이상적인 형태다.

《한비자》, 〈주도〉 편, 한비자

'술'은 군주가 신하를 다루는 지혜를 말해요. 왕이 신하와 백성을 감시하고 통제하기 위해 사용하는 방법이죠. 왕의 술수는 신하를 잘 다루는 방법으로, 왕이 아무것도 하지 않고도 통치할 수 있게 해 줘요.

구체적인 방법으로는 왕과 법이 하나가 되는 방법, 신하에게 상과 벌을 명확히 하는 방법, 신하가 두려워할 수 있도록 덕과 법을 잘 활용하는 방법, 나쁜 신하를 막는 방법 등이 있어요. 이런 방법들은 왕이 자신의 권위를 지키고, 나라를 안정시키는 데 중요한 역할을 해요.

'세'는 왕의 지위와 권력을 뜻해요. 백성이 왕의 명령을 따르는 이유는 왕의 도덕성이 아니라 강력한 권력 때문이에요. 역사적으로 현명한 왕은 드물고, 대부분의 왕은 평범하기 때문에 강력한 권력과 세력을 바탕으로 법에 따라 통치하는 것이 올바른 방법으로 여겨져요.

활이 약해도 화살이 멀리 날아가는 이유는 바람을 등에 업었기 때문이듯, 사람의 능력이 부족하더라도 명령이 시행되는 것은 대중의 지지가 뒷받침되기 때문이다. 요임금*이 일개 백성일 때는 아무도 그의 말을 따르지 않았지만, 그가 천자의 자리에 오르자 명령은 즉시 실행되고, 금령은 곧바로 지켜졌다. 이로 보건대 지혜나 인격만

★ **요임금**: 중국 신화 속 군주로, 순임금과 함께 '요순'이라 불리는 성군의 대명사다.

으로는 사람을 다스리기 어렵고, 권위와 지위가 있어야 비로소 현
자마저도 복종하게 되는 것이다.

《한비자》, 〈세난〉 편, 한비자

법과 술은 나라를 다스리는 데 아주 중요한 것이지만, 힘과 권위가
없으면 법술만으로는 잘 다스리기 어려워요. 왕의 세력은 법을 통해
나타나고, 법 안에서 지혜와 권위를 이용해 세력을 유지해야 하죠.

그래서 나라를 잘 다스리려면 세력을 만드는 것이 꼭 필요해요. 이
런 점에서 한비자의 통치 방법은 단순히 법과 세력을 합친 것이 아니
라, 나라를 계속 발전하고 안정되게 하는 방법이라고 할 수 있어요.

법가 사상을 정립한 한비자

한비자가 살았던 전국시대 말은 중국 역사에서 가장 혼란스럽고 힘든 시기였어요. 각 나라의 왕들은 더 많은 땅을 차지하기 위해 끊임없이 전쟁을 벌였고, 그 때문에 백성은 큰 고통을 겪으며 목숨을 잃기도 했죠. 이런 불안하고 위험한 세상 속에서 한비자는 사람의 본성이 악하다고 생각하게 되었어요. 그래서 그는 사람들이 왜 이렇게 복잡하고 악한 행동을 하는지를 깊이 연구했답니다.

한비자는 스승 순자 밑에서 공부하며 많은 지식을 쌓았어요. 순자가 말한 인간 본성에 대한 부정적인 생각과 노자가 말한 무위 사상도 그에게 큰 영향을 주었죠. 이런 사상적 배경을 바탕으로, 한비자는 법가 사상을 발전시키기 위해 상앙과 신불해*의 법술을 배우며 자신의 생각을 정리했어요. 그는 법이 사회를 잘 운영하고 질서를 유지하는 데 꼭 필요하다고 믿었죠.

★ **상앙과 신불해**: 한비자 이전의 법가 사상가. 상앙은 법을 강조했고, 신불해는 술을 강조했다.

한비자의 생애와 비극적인 죽음

한비자는 말을 더듬었지만 글을 매우 잘 썼어요. 논리적이고 날카로운 글로 유명했죠. 그는 한나라에서 왕족으로 태어났어요. 그런데 한나라는 비교적 작은 나라여서 힘이 강력한 나라인 진秦나라와 초나라의 끊임없는 공격을 받는 처지였어요. 그는 한나라의 왕에게 여러 가지 법과 정책을 제안했지만, 왕은 한비자의 생각을 받아들이지 않았어요. 자신이 생각하는 방법으로 나라를 구할 수 있을 거라고 믿었으나, 결국 큰 실망을 하게 되었죠.

그의 뛰어난 글은 여러 나라에 퍼졌고 진나라의 왕 영정(훗날 진시황)도 그의 글을 읽고 감탄했어요. 진왕은 한비자를 불러 함께 일하고 싶어 했지만, 한비자는 한나라의 왕족이어서 쉽게 받아들일 수 없었어요. 그를 얻기 위해 진왕은 한나라를 공격했고, 결국 진나라에 간 한비자는 같은 스승 밑에서 공부했던 친구 이사의 모함으로 생을 마감했어요. 그의 죽음은 비극적이었지만 그의 사상은 진시황이 중국을 통일하는 데 큰 영향을 미쳤답니다.

법가 정치의 영향과 한계

진시황은 한비자의 법가 사상을 바탕으로 강력한 법률 체계를 만들었어요. 그는 법으로 나라를 통제하고, 백성의 행동을 법으로 규제하며 효율적인 행정을 펼쳤어요. 이렇게 만들어진 법체계는 백성에게 명확한 기준을 제공하여 혼란을 줄이고 강력한 통치의 기반이 되었어요.

하지만 진시황은 통치를 강화하기 위해 '분서갱유'라는 극단적인 조

분서갱유(프랑스 국립도서관 소장)

치를 취했어요. 분서갱유는 진시황이 사상을 통제하기 위해 제자백가들을 생매장하고 그와 관련된 서적들을 불태운 사건입니다. 이때 많은 책이 불태워지고, 유학자들은 무서운 방법으로 죽임을 당했죠. 이렇게 진시황의 억압 정책으로 책이 사라지고 또 사람들의 자유로운 생각과 배움의 길이 막히면서 지식 기반이 축소되고 부족해지는 결과가 되었어요. 시간이 지나면서 사람들은 잃어버린 학문과 사상을 되찾으려고 애썼지만, 그 과정은 매우 힘들었답니다.

이런 어려운 상황에서 사람들은 새로운 생각을 받아들이고 과거의 지혜를 다시 찾으려고 노력했어요. 시간이 지나면서 많은 사람은 한비자의 법가 사상뿐만 아니라 유교, 도가, 묵가 등 다양한 철학을 다시 연구하고, 각 사상이 세상을 더 나은 방향으로 이끌 방법에 대해 고민하기 시작했답니다. 이렇게 사람들은 어려운 시기를 극복하고 더 나은 세상을 만들기 위해 노력했어요.

법치
- 나라를 법으로 다스리는 것을 의미해요. 즉, 모든 사람이 법을 지켜야 하고, 법이 정해진 대로 행동해야 한다는 뜻이에요.
- 한비자는 법을 군주가 만들고 집행해야 한다고 말했어요.
- 오늘날 민주공화국에서 '법치'는 국민을 법으로 강제해서 다스린다는 뜻이 아니라, 국가의 운영과 통치가 법에 근거해 법의 범위 안에서 이루어져야 한다는 뜻이에요.

분서갱유
- 진시황이 많은 책을 불태우고, 유학자들을 무서운 방법으로 처형한 일이에요. 그는 사람들이 자신에게 반대하는 생각을 하지 못하게 하려고 이런 극단적인 방법을 썼어요.
- 진시황은 사상 통일을 꾀했지만, 이로 인해 춘추전국시대의 찬란했던 제자백가 사상이 소실되고 암흑기가 찾아왔어요. 이 사건은 후대에 폭정의 상징으로 기억돼요.
- 이 사건으로 많은 지식과 문화가 사라져 사람들은 큰 슬픔에 잠겼답니다.

한비자가 생각한 인간의 본성에 대한 이야기는 지금도 중요한 의미가 있어요. 그는 사람들이 자신의 이익과 욕구에 따라 행동한다고 분석했어요. 이런 생각은 인간의 행동을 이해하려는 현대 심리학의 관점과도 닮은 점이 있어요. 한비자는 전국시대의 혼란 속에서 많은 사람이 고통받고 죽어 가는 모습을 보며, 인간의 본성이 악하다고 자연스럽게 믿게 되었어요. 이런 현실적인 시각은 당시 참혹한 시대 상황을 반영한 것이었어요. 사람들이 권력과 재물을 차지하려고 경쟁하고, 심지어 서로를 속이고 배신하는 모습을 보며 한비자는 사람을 믿기보다 법과 제도로 통제해야 한다고 믿었어요.

오늘날에도 여전히 악하거나 불공평한 일이 많기 때문에, 한비자의 생각에 공감할 수 있는 부분이 많아요. 하지만 동시에 사람을 믿지 않고 강제로 통제하는 것이 좋은 방법인지에 대한 의문도 여전히 남아 있죠. 인간은 이기적인 면도 있지만, 서로 돕고 배려하는 마음도 가지고 있어요. 타인을 위해 자신을 희생하거나 공동체를 위해 노력하는 모습은 인간이 단지 욕심만으로 움직이지 않는다는 것을 보여 줍니다.

　　우리는 한비자가 살던 시대보다 훨씬 안정된 세상에 살고 있어요. 법과 제도 덕분에 사회가 질서 있게 운영되고 있답니다. 이러한 시스템이 인간의 본성을 긍정적으로 변화시키는 데 도움을 주고 있죠. 옳고 그름에 대한 논의는 여전히 계속되고 있고, 인간이 점점 더 선한 방향으로 나아가고 있다는 희망도 있어요. 그래서 우리는 강력한 법으로 사람들을 다스리지 않아도 된다고 생각하게 되었답니다. 사람들 간의 신뢰와 협력도 그 어느 때보다 중요해진 것이죠.

　　대한민국은 법치주의 사회로 발전했어요. 물론 한비자가 말했던 법치와는 많이 다른 모습이죠. 오늘날 우리는 왕이 만든 법을 억지로 따르는 타율적이고 수동적인 백성이 아니라, 스스로 법을 만들고 지키는 자율적이고 주체적인 시민으로 살아가고 있어요. 이러한 변화는 인간 본성에 대한 더 긍정적인 신뢰와 사람들 간의 협력과 책임 의식 덕분에 가능했어요.

　　한비자의 생각은 여전히 우리 사회에서 중요한 주제로 남아 있어요. 그의 사상을 통해 우리는 인간에게 왜 법이 필요한지, 그리고 법과 도덕이 함께 어우러져야 사회가 발전할 수 있다는 점을 다시 생각해 볼 수 있답니다.

석가모니
모든 것은 원인과 조건에 의해 생성되고 소멸한다

내가 깨달은 이 법은 매우 깊고 이해하기 어렵다. 조용하고도 숭고하여 단순한 사고로는 다가갈 수 없는 미묘한 경지에 있으므로, 오직 지혜로운 사람만이 이를 제대로 알 수 있다. 하지만 사람들은 본래 집착하기를 좋아하고, 오히려 그 집착 속에 안주하려 한다. 그런 이들이 '이것이 있으므로 저것이 있다'는 연기緣起의 이치를 올바로 이해하기란 참으로 어렵다. 뿐만 아니라 모든 행위가 멈춘 고요한 상태, 윤회輪廻의 뿌리가 끊어진 상태, 갈애渴愛가 사라진 상태, 집착에서 벗어난 상태, 고통이 소멸된 상태, 열반涅槃의 경지에 대해 아는 것 또한 매우 어려운 일이다

《마하박가》

어떻게 하면 인생이 괴롭지 않을 수 있을까?

인생은 고통

불교에서는 사람의 삶이 고통으로 가득 차 있다고 말해요. 사람은 태어나고, 늙고, 병들고, 결국 죽는 순간까지 힘든 일을 겪는다고 해요. 그런데 불교의 가르침에 따르면, 죽음이 끝이 아니라 죽음 이후에도 '윤회'를 통해 새로운 삶이 이어진다고 해요. 윤회란 우리가 죽은 후에 다시 태어나서 새로운 삶을 시작하는 거예요. 그러면 또다시 슬픔이나 아픔 같은 고통을 겪게 된답니다. 다시 말해 죽는다고 해서 고통에서 벗어나는 것이 아니라, 오히려 또 다른 고통이 시작된다는 거죠.

불교는 이런 고통을 줄일 방법도 알려 줘요. 세상에 대한 진리를 깨달으면, 집착이 줄어들고 고통도 덜하게 된다고 해요. 집착은 사람이나 물건, 감정에 지나치게 의존하는 마음이에요. 이런 집착을 내려놓으면, 우리는 고통에서 벗어나 '해탈'이라는 자유로운 상태에 이를 수 있어요. 해탈은 더 이상 고통이나 윤회에 얽매이지 않는 완전한 평화의 상태로, 불교의 가장 큰 목표예요. 이 모든 진리를 처음으로 깨달은 사람이 바로 석가모니입니다. 그는 우리에게 고통을 이해하고 극복할 방법을 가르쳐 주셨어요. 그럼, 석가모니가 가르쳐 준 진리를 한번 살펴볼까요?

인연생기

> 연기를 바르게 본 사람은 곧 법, 즉 진리를 본 것이며, 법을 본 사람은 연기의 이치를 본 것이다. 이 법이란 우주의 근본 이치이자 진리이며, 이 진리 자체가 바로 연기다. 이 연기의 법칙은 내가 만든 것도 아니고, 다른 누군가가 만들어 낸 것도 아니다. 그저 "저것이 있으므로 이것이 있고, 저것이 생기면 이것도 생기며, 저것이 없으면 이것도 없고, 저것이 사라지면 이것도 사라진다"라는 인연과 조건에 따른 생멸의 이치일 뿐이다.
>
> 《잡아함경》

우주에 있는 모든 것은 서로 연결되어 있어요. 어떤 일이 일어나면 다른 일이 생겨나죠. 하나의 원인이 다른 것의 원인이 되고, 한 존재 때문에 다른 존재가 만들어집니다. 예컨대 나무가 자라면 그 나무는 다른 생명체와 연결되어 있어요. 이런 관계를 불교에서는 '상의상관성相依相關性'이라고 해요. 상의상관성이란 어떤 결과가 생기면 그 결과가 또 다른 것과 연결된다는 뜻이에요. 우리게게 영향을 주는 모든 것은 똑같이 소중하기에 전부 소중하게 여겨야 합니다.

인생과 우주에 대한 가장 중요한 법칙은, 나와 다른 존재가 서로 다르지 않다는 거예요. 모든 것은 여러 가지 원인과 조건으로 생겨나고 소멸합니다. '인연생기因緣生起'는 여러 가지 원인으로 어떤 일이 생기는 것을 말해요. 직접적인 원인을 '인'이라고 하고, 간접적인 원인을 '연'이라고 하지요. 그리고 인연 때문에 생겨나는 것을 '생기'라고 한답니다. 세상에 있는 모든 것은 인연에 의해, 다시 말해 많은 원인과 조건 때문에 생겨나고 또 없어져요.

그래서 석가모니는 우리가 자비의 마음으로 주변의 모든 존재를 대해야 한다고 말했어요. 자비란 이런 연결을 깨닫고 나서 생기는 넓고 깊은 사랑이에요. 다른 사람을 사랑하고, 그들의 아픔을 안타깝게 여기는 마음을 뜻해요.

사법인, 네 가지의 중요한 가르침

스승이 제자에게 물었다.

"제자여, 너는 어떻게 생각하느냐? 이 물질적인 존재는 영원한 것인가, 아니면 무상한 것인가?"

제자가 대답했다.

"스승님, 그것은 무상*한 것입니다."

스승이 다시 물었다.

"그렇다면, 무상한 물질적 존재는 우리에게 있어 즐거운 것인가, 괴로운 것인가?"

제자는 말했다.

"스승님, 그것은 괴로움입니다."

《중아함경》

　사법인四法印은 불교에서 우주와 우리 삶을 설명하는 네 가지의 중요한 가르침이에요. 이 가르침들은 세상이 어떻게 돌아가는지를 이해하고, 고통에서 벗어나 평화롭고 행복한 상태에 도달하는 것을 목표로 하고 있어요.

　첫 번째 가르침은 모든 것이 항상 변하고 있다는 거예요. 우리가 보는 모든 것은 고정되어 있지 않고 계속 바뀌고 있어요. 세상은 만들어졌다가 사라지는 과정을 끊임없이 반복해요.

　두 번째 가르침은 '나'라는 존재도 고정된 것이 아니라는 거예요. 우리는 여러 가지 원인과 조건이 모여서 만들어진 것일 뿐, 진짜 '나'라는 것은 없어요. 그래서 자기에 대한 집착, 즉 나만 생각하는 마음을 버리는 것이 중요하죠.

　세 번째 가르침은 사람들이 잘못된 욕망과 지식 때문에 더 많은 고통을 겪고 있다는 거예요. 많은 사람은 현실이 영원히 존재한다고 착각하고 그것에 집착하기 때문에 고통이 생겨요. 세상에 있는 모든 것은 변하기 때문에 이를 받아들이지 못하면 더 힘들어지죠.

　마지막 가르침은 모든 존재가 변화하고 고정된 것이 없다는 것을 깨

★ **무상**: 세상에 있는 모든 것은 일정하지 않고 변한다는 가르침.

닿고 집착을 버리면 고통이 사라진다는 거예요. 그러면 마음이 편안해지고, 자유롭고 고요한 상태에 이르게 됩니다. 이 상태가 바로 '열반'이에요. 열반은 괴로움이 완전히 사라진 상태로, 마음의 평화와 행복을 느끼게 해 줘요.

이 네 가지 가르침은 모두 '인연생기'의 진리를 바탕으로 하고 있어요. 모든 존재가 어떤 모습인지 잘 알게 된다면, 더 이상 집착하지 않고 고통에서 벗어날 수 있답니다.

석가모니의 탄생과 성장

기원전 6세기 무렵, 히말라야 기슭에는 작은 나라 카필라국이 있었어요. 이 나라에는 샤카족이 살고 있었고, 왕의 이름은 슈도다나, 왕비는 마야 부인이었어요. 두 사람은 서로 깊이 사랑했지만, 결혼한 지 20년이 지나도 아이가 없어 매우 슬퍼했죠.

그러던 어느 날, 마야 부인은 꿈을 꾸었어요. 꿈에서 여섯 개의 상아를 가진 하얀 코끼리가 그녀의 옆구리로 들어왔어요. 그 꿈을 꾼 뒤, 마야 부인은 아기를 갖게 되었답니다.

마야 부인은 친정인 천비성으로 가는 길에 룸비니 동산에서 아름다운 나뭇가지를 잡고, 오른쪽 겨드랑이 아래로 아기를 낳았어요. 그 아기가 바로 '싯다르타'였죠.

싯다르타가 태어나자 놀라운 일이 벌어졌어요. 그는 사방으로 일곱 걸음을 걸어갔는데, 걸을 때마다 연꽃이 피어났어요. 그리고 오른손으로 하늘을, 왼손으로 땅을 가리키며 큰 소리로 외쳤어요.

"이 세상에서 나만이 특별하고, 모든 세계가 고통받고 있으니 내가 그들을 도와주겠다.”

하지만 안타깝게도 마야 부인은 아기를 낳은 지 일주일 만에 세상을 떠났어요. 그 후 싯다르타는 이모인 마하파자파티의 보살핌을 받으며 자랐죠.

싯다르타가 태어난 후, 히말라야에서 수행하던 예언자 아시타는 하늘에서 신들이 기뻐하는 모습을 보았어요. 아시타는 신들에게 “무슨 좋은 일이 있나요?”라고 물어보았고, 신들은 “석가모니가 태어나서 모든 사람에게 도움을 줄 것이라서 기뻐하고 있다”라고 대답했어요. 아시타는 즉시 카필라국으로 가서 왕과 신하들에게 석가모니의 탄생을 축하했어요. 그리고 왕에게 “싯다르타가 출가*하지 않으면 위대한 왕이 될 것이고, 출가한다면 부처가 되어 세상의 모든 사람을 구할 것입니다”라고 예언했죠.

그 말은 들은 부왕 슈도다나는 아들이 자라면서 출가할까 봐 염려되어 그에게 바깥세상의 고통을 보여 주지 않으려고 궁전 안에서만 살게 했어요. 그는 하나뿐인 아들이자 후계자인 싯다르타에게 가장 좋은 옷과 음식, 최고의 환경만을 보여 주려고 노력했죠. 심지어 아들에게 나이 드는 모습을 보이지 않으려고 자신의 머리를 염색하기까지 했어요.

싯다르타가 태자로 임명된 날, 왕은 성을 아주 멋지게 꾸몄어요. 하인과 사환**들도 모두 새 옷을 입고 궁전 안에 모였지요. 그때 어린 싯

★ **출가:** 세속적인 욕심과 집착을 버리고 진리를 찾는 길에 들어서는 것.

★★ **사환:** 심부름을 하거나 일을 배우는 사람.

다르타의 눈에 밭에서 힘들게 일하는 농부들과 고통받는 소들이 보였어요. 햇볕이 뜨거워서 사람과 소 도두 힘들어하고 있었죠. 소들은 채찍에 맞아 피가 나고, 벌레들은 흙이 갈릴 때마다 새에게 쪼여 먹히고 있었어요. 농부도 뼈만 남아 앙상해 보였고, 먼지와 흙으로 뒤덮여 볼품없었죠. 그 모습을 본 싯다르타는 생명이 고통받는 현실에 연민의 마음을 느꼈어요.

싯다르타는 태자로 임명하는 의식 자리를 떠나 자신의 말을 타고 깊은 숲으로 들어갔어요. 그는 조용히 숲으로 들어가 깊이 생각했어요. '이런 고통을 해결할 방법은 없을까?'

석가모니의 출가

29세가 되던 해, 싯다르타는 궁궐을 나가고 싶었어요. 그래서 아버지의 허락을 받고 마차를 타고 외출했답니다. 그는 네 개의 성문을 통해 세상을 보게 되었고, 그곳에서 사람들의 태어남과 늙음, 병듦, 죽음을 목격하게 되었어요.

첫 번째, 동쪽 성문에서 아주 늙은 사람을 보았어요. 그 노인은 얼굴에 주름이 많고, 힘이 없어 보였어요. 싯다르타는 그 모습을 보고 "사람이 늙는다는 건 무엇인가?"라고 물었어요. 그의 시종은 "늙음은 나이가 많아져서 힘이 빠지고, 몸이 아프며, 결국 죽음을 맞이하는 것입니다"라고 대답했어요. 이 모습을 보고 싯다르타는 "사람이 이렇게 늙어 간다면, 어떻게 즐겁게 살 수 있겠는가?"라며 슬퍼했어요.

두 번째, 남쪽 성문에서는 아픈 사람을 보았어요. 그 사람은 고통스러운 소리를 내고 있었어요. 싯다르타는 "병이란 무엇인가?"라고 물었고, 시종은 "병은 여러 가지 원인으로 인해 몸이 아프고 힘든 상태입니다"라고 설명했어요. 이 모습을 보면서 싯다르타는 "나는 부유한 곳에서 살고 있지만, 나 역시 병에 걸릴 수 있겠구나"라며 다시 슬퍼했어요.

세 번째, 서쪽 성문에서는 장례 행렬을 보았어요. 사람들이 죽은 사람을 관에 실어 나르며 울고 있었죠. 그는 "죽음이란 무엇인가?"라고 물었고, 시종은 "죽음은 삶이 끝나는 것입니다. 모든 사람은 결국 죽게 됩니다"라고 대답했어요. 이 사실에 싯다르타는 "부유한 사람이나 가난한 사람이나 모두 죽음을 피할 수 없구나"라며 큰 충격을 받았어요.

마지막으로, 북쪽 성문에서는 법복을 입고 지팡이를 든 수행자를 보았어요. 그 수행자는 조용하고 평화롭게 걷고 있었어요. 싯다르타는 "저 사람은 누구인가?"라고 물었고, 시종이 "그는 출가한 수행자입니다. 도를 닦는 사람입니다"라고 설명해 주었어요. 이 말을 듣고 싯다르타는 큰 감명을 받아 "나도 수행자가 되어 모든 고통에서 벗어나고 사람들을 구하는 길을 찾아야겠다"라고 결심했답니다.

궁으로 돌아온 싯다르타는 아버지에게 출가하고 싶다는 뜻을 전했어요. 하지만 아버지는 아들이 아직 어리다고 생각해 출가를 말리려 했죠. 왕은 "아들아, 아직 어린 네가 그런 힘든 삶을 어떻게 감당할 수 있겠느냐?"라고 말했어요. 그러나 싯다르타는 "아버지, 늙음, 병, 죽음, 이별은 피할 수 없는 것들입니다. 이 네 가지 소원을 들어주실 수 있나요?"라고 반문했어요. 결국 왕은 아들의 결정을 존중하기로 했고, 싯다르타가 왕위를 이을 후사를 낳으면 출가해도 좋다고 허락했어요.

그렇게 싯다르타는 왕궁을 떠났어요. 그는 사랑하는 아버지, 아내와 아들, 그리고 편안한 삶을 뒤로하고, 고통의 원인을 찾기 위해 긴 여행을 시작했답니다.

여행 중에 싯다르타는 여러 스승과 수행자를 만나며 다양한 방법으로 수행을 했어요. 이 과정에서 많은 어려움과 유혹을 이겨 내야 했고, 때로는 힘든 고행도 했어요. 하지만 포기하지 않고 자신의 마음을 깨끗하게 하려고 노력하며 진정한 평화와 깨달음을 찾고자 했답니다.

결국 싯다르타는 세상의 진리를 깨달았어요. 그는 명상 중에 모든 존재가 서로 연결되어 있다는 것을 알게 되었고, 고통은 우리가 집착하는 것에서 생긴다는 것을 알게 되었죠.

이후 싯다르타는 자신이 깨달은 진리를 세상 사람들에게 나누기 시작했어요. 그는 제자들에게 삶이 어떤 것인지, 왜 고통이 생기는지를 설명했죠. 그리고 다른 사람들도 고통에서 벗어나 행복하게 살 수 있도록 도와주고자 했고, 그 방법이 우리가 배운 '삶은 고통이다', '인연 생기' 그리고 '네 가지 가르침'이에요.

용어 정리	
인연	- '인연생기'의 줄임말로, 모든 것이 서로 연결되어 있고, 서로 영향을 미친다는 뜻이에요. - 어떤 사건이나 상황이 발생하는 데는 여러 가지 원인과 조건이 필요하다는 것을 나타내요. 모든 것은 서로의 관계 속에서 존재한다는 의미예요.
사법인	- 불교에서 세상의 모든 것이 공통으로 지니는 네 가지 진리를 말해요. - 모든 것은 변하고, 고정된 자아가 없으며, 집착하면 괴로움이 생기고, 집착을 내려놓으면 열반의 평정에 이른다고 가르쳐요.

우리는 불안과 걱정을 쉽게 느껴요. 미래는 어떻게 될지 알기 어렵고, 관계와 성취, 비교 속에서 마음이 흔들리기도 해요. 이런 괴로움은 누구에게나 찾아오는 경험이에요. 태어남과 늙음, 병듦과 죽음은 피할 수 없고, 그 과정에서 생기는 상실과 두려움도 삶의 일부예요.

석가모니는 이런 고통의 원인을 외부에서 찾지 않았어요. 그는 '집착'에서 괴로움이 시작된다고 보았죠. 원하는 대로 되지 않을 때의 분노, 사라질 것을 붙들려는 불안, 나만 특별하길 바라는 마음이 고통을 키운다고 가르쳤어요. 그래서 불교는 세상을 바꾸기보다 먼저 집착을 줄이는 연습이 필요하다고 말해요.

'인연생기'의 관점에서 보면, '나'라는 존재도 홀로 서 있는 존재가 아니에요. 우리는 가족, 친구, 사회, 자연과 함께 살아가며 서로 영향을 주고받아요. 내가 던진 말 한마디나 선택 하나가 다른 사람의 마음과 삶에 이어지고 다시 나에게 돌아오기도 해요. 이런 연결을 깨닫게 되면 함부로 행동하기보다 신중하게 행동하게 돼요.

그래서 불교는 '자비'를 중요하게 여겨요. 자비는 불쌍히 여기는 감정에서 그치지 않고 고통의 연결을 이해한 뒤 자연스럽게 생겨나는 태도예요. 다른 사람의 아픔을 외면하지 않고 나와 다르지 않은 존재로 바라보는 마음이에요. 내가 덜 집착하고 조금 더 배려할 때 나의 마음도 한결 가벼워져요.

석가모니가 살아 있다면, 아마 이렇게 말해 줄 것 같아요. 삶의 고통을 없애려 애쓰기보다 고통이 생겨나는 마음의 흐름을 살펴보라고요. 모든 것은 원인과 조건에 따라 생겨나고 사라지니, 붙들지 않고 흘려보내는 연습이 필요하다고요. 그렇게 마음을 다스리는 순간, 우리는 이미 괴로움에서 한 걸음 물러나 있으며 더 평온한 삶에 가까워질 거예요.

중세

원효
한 마음의 두 개의 문

일심—心이란 무엇인가. 더러움과 깨끗함은 본래 성품에서 나뉘지 않으며 참과 거짓 또한 서로 다른 실체로 존재하지 않는다. 이러한 까닭에 이를 하나라고 부른다. 그러나 차별이 사라진 그 자리에서 모든 법의 실체는 허공처럼 비어 있는 것이 아니라, 스스로 알아차리는 신령한 성품을 지닌다. 이것을 마음이라 한다. 다만 이미 둘로 나뉨이 없는 자리에서는 하나라는 말조차 성립하기 어렵다. 하나가 성립하지 않는데 무엇을 가리켜 마음이라 할 수 있겠는가. 이 마음의 이치는 말과 생각을 넘어선 것이어서 분명히 지목할 수 있는 대상이 없다. 그래서 어쩔 수 없이 이름을 붙여 하나인 마음, 곧 일심이라 부른다.

《대승기신론소》, 원효

일심

일심—心은 더러움과 깨끗함, 참과 거짓처럼 우리가 나누어 생각하는 모든 구분이 아직 갈라지기 전의 근본 자리를 뜻해요. 이 자리에서는 선과 악, 옳고 그름, 깨달음과 미혹*이 서로 다른 실체로 나뉘어 있지 않아요. 이러한 이유로 원효는 이 근본 자리를 '하나'라고 불렀어요.

그러나 이 하나는 아무것도 없는 빈 상태를 의미하지는 않아요. 차별이 사라졌다고 해서 모든 것이 허공처럼 텅 비어 있는 것은 아니에요. 그 자리에는 스스로를 알아차리는 성품이 있어요. 원효는 이 작용의 근원을 가리켜 '마음'이라고 불렀어요. 나뉘지 않은 근본 자리이며 모든 차별이 여기서 비롯되고 다시 이곳으로 돌아오기 때문에 이를 하나인 마음, 곧 '일심'이라고 부른 거예요. 일심은 모든 생각과 분별이 시작되고 사라지는 근원적인 자리를 가리키는 이름이에요.

★ **미혹**: 사물의 참된 이치를 알지 못해 잘못 보고 집착하는 마음의 상태.

일심이문 사상

신라의 승려 원효는 당나라로 유학을 가던 길에 밤중에 갈증을 느껴 물을 마셨다. 어둠 속에서 그 물은 매우 달고 시원하게 느껴졌다. 다음 날 아침 밝아진 뒤 보니 그 물은 해골에 고여 있던 빗물이었다. 원효는 같은 물도 마음의 상태에 따라 다르게 느껴진다는 것을 깨닫고 모든 것은 마음이 지어낸다는 '일체유심조一切唯心造'의 의미를 깊이 이해했다. 이 깨달음으로 그는 유학을 포기하고 돌아와 불교를 쉽게 풀어 백성에게 전했다.

《삼국유사》, 일연

원효는 해골 물을 마신 경험을 통해 마음이 얼마나 유동적으로 움직이며 그 움직임이 세계를 어떤 모습으로 드러내는지를 몸소 체험했어요. 밤중에 갈증을 느껴 마신 물은 생명을 살리는 **감로***처럼 느껴졌지만, 아침 햇살 아래에서 그 물이 해골 속의 물이라는 사실을 알게 되자 곧 혐오의 대상이 되었죠. 물은 변하지 않았지만 마음의 상태는 완전히 달라졌어요.

이 경험에서 출발한 생각이 바로 '일심이문一心二門 사상'이에요. 원효는 하나의 마음이 두 개의 문을 열어, 서로 다른 세계를 경험하게 만

★ **감로:** 신이나 부처가 마신다고 전해지는 단 이슬 같은 신성한 음료로, 생명과 깨달음을 상징한다.

든다고 설명했어요. 이때 말하는 마음이 곧 '일심'이에요. 일심 안에는 언제나 두 방향이 함께 열려 있으며, 마음이 어느 쪽을 향하느냐에 따라 세계는 전혀 다른 모습으로 드러난답니다.

진여문과 생멸문

일심법—心法에 따르면 두 가지 문이 있다. 첫째는 심진여문心眞如門이고, 둘째는 심생멸문心生滅門이다. 이 두 문은 각각 모든 법을 포함한다. 이는 두 문이 서로 분리된 체계가 아니기 때문이다. 다시 말해 심진여문과 심생멸문은 서로 갈라져 존재하는 것이 아니라, 하나의 마음을 서로 다른 측면에서 드러낸 것이다.

《대승기신론소》, 원효

일심이 여는 첫 번째 문은 '진여문'이에요. 진여문은 모든 존재를 분별 이전의 자리에서 이해하는 마음의 방향을 말해요. 이 문에서는 모든 법이 본래 생겨나지도 사라지지도 않는다고 봐요. 옳고 그름, 좋고 나쁨 같은 판단이 붙기 전의 상태이며, 모든 존재는 본질적으로 같다고 보는 것이죠. 차별은 존재 자체에 있는 것이 아니라 마음의 분별로 인해 드러나요. 즉 진여문은 변하지 않는 마음의 근본 성격을 드러내는 문이에요.

일심이 여는 두 번째 문은 '생멸문'이에요. 생멸문은 모든 존재가 인연에 의해 생겨나고 사라지는 모습을 설명하는 마음의 방향을 말해요.

이 문에서는 차별과 분별이 나타나고 모든 것은 조건에 따라 달라지는 것으로 봐요. 우리가 현실에서 경험하는 변화와 과정은 이 문을 통해 설명돼요. 생멸문은 현실 세계를 이해하는 데 필요한 인식의 구조를 보여 주는 문이에요.

원효는 진여문과 생멸문이 서로 다른 설명 방식이지만 완전히 나뉜 것은 아니라고 설명해요. 두 문은 서로 배타적이지 않고 함께 성립해요. 진여는 생멸을 떠나 존재하지 않고, 생멸 역시 진여를 바탕으로 드러나요. 그래서 두 문은 다르지만 끊어지지 않은 관계에 있어요.

또한 원효는 사람들 사이의 다툼이 서로 다른 마음에서 시작되지 않는다고 말해요. 오히려 모두가 같은 일심을 지니고 있음에도 자신이 어느 문에 서 있는지 자각하지 못할 때 갈등이 커지는 것이죠. 어떤 이는 진여문의 관점에서 본 세계를 전부라고 여기고, 어떤 이는 생멸문에서 경험한 분별과 판단을 현실의 전부로 믿어요. 이때 각자의 주장은 절대화되고 다른 관점에서 나온 말은 쉽게 틀린 것으로 규정돼요.

이러한 태도는 곧 교리적·사상적 논쟁으로 이어져요. 그러나 원효는 논쟁을 제거해야 할 오류로 보지 않았어요. 그는 모든 논쟁이 잘못된 주장이라서 생기는 것이 아니라, 일심이 서로 다른 방식으로 펼쳐진 결과라고 이해했죠. 문제는 논쟁 그 자체에 있지 않아요. 논쟁이 다시 돌아갈 자리인 일심을 잃어버릴 때 갈등은 깊어져요.

화쟁 사상

그래서 원효는 화쟁 사상을 통해 갈등을 해결하려 했어요. 화쟁은 서로 다른 주장을 부정하거나 무효화하는 방식이 아니에요. 하나의 입장으로 모두를 묶는 통일의 사유도 아니죠. 화쟁은 서로 다른 교리와 주장들이, 사실은 하나의 마음에서 나온 여러 모습임을 먼저 인정하는 생각이에요. 서로 다른 생각들이 싸우도록 두지 않고, 다시 같은 마음의 자리로 돌아오게 하는 과정이에요.

이때 중요한 관점이 '일즉다 다즉일—即多 多即—'이에요. 하나의 진리는 여럿으로 드러날 수 있고, 그 여럿은 다시 하나로 돌아갈 수 있어요. 그래서 서로 다른 교리와 사상은 같은 진리를 각기 다른 방식으로 설명한 것이라고 볼 수 있지요. 각각의 설명은 그대로 유지되지만 더 넓은 관점에서 보면 하나의 흐름으로 만날 수 있어요. 어느 하나가 다른 것을 이기거나 흡수하지 않기 때문에 그 안에서는 새로운 갈등이 생기지 않아요.

이처럼 하나의 마음이 두 문으로 드러난다는 생각은, 어떻게 서로 다른 교리와 주장이 동시에 옳을 수 있는지를 설명해 줘요. '진여'만을 붙잡거나 '생멸'만을 강조하면, 진리는 한쪽으로 기울어져요. 하지만 일심의 관점에서 두 문을 함께 바라보면 서로 다른 사상은 대립해야 할 것이 아니라 같은 진리를 각기 다른 말로 풀어낸 것으로 보이게 돼요. 이것이 바로 원효가 주장한 화쟁 사상의 핵심이에요.

분열의 시대에 등장한 승려 원효

원효는 7세기 신라에서 활동한 승려이자 사상가예요. 그는 불교 교리를 깊이 연구한 학자이자, 불교를 백성의 삶 속에서 풀어 전한 인물이에요. 사찰과 교단 안에 머무르기보다 사람들 사이로 들어가 불교를 설명했고, 서로 다른 생각과 갈등을 조정하려는 태도를 끝까지 유지했지요. 원효의 사상은 이러한 삶의 선택과 그가 살았던 시대의 조건 속에서 형성되었어요.

그가 살았던 7세기 신라는 큰 전환의 시기를 지나고 있었어요. 오랜 전쟁 끝에 백제와 고구려를 차례로 무너뜨리고 삼국통일을 앞두고 있었지만, 통일은 안정으로 이어지지 않았어요. 전쟁의 상처는 사회 곳곳에 남아 있었고 새로운 질서를 어떻게 세워야 할지를 두고 혼란이 이어졌지요.

불교 또한 이 흐름에서 벗어나지 못했어요. 삼국시대를 거치며 불교는 중국에서 다양한 교학을 받아들였고, 그 결과 여러 종파와 해석이 함께 전해졌어요. 각 교설은 나름의 논리를 갖추고 있었지만 서로를 인정하지 않으려는 태도가 문제로 드러났지요. 어떤 교리는 다른 교리를 그릇된 이해로 규정했고, 어떤 해석은 자신만을 정통으로 내세웠어요. 사람들을 하나로 묶어야 할 가르침이 오히려 분열의 언어로 작동하는 상황이었어요.

교단을 떠난 원효의 선택

원효는 이 지점에서 근본적인 질문을 던졌어요. 그는 어느 교설이 옳은지를 가르기보다 왜 같은 불교 안에서 이렇게 많은 말이 생겨났는지를 묻기 시작했어요. 그에게 중요한 것은 논쟁의 결과가 아니라 서로 다른 말이 생겨난 조건과 그 바탕이었어요.

당나라로 유학을 떠나던 길에 겪은 '해골 물' 사건은 이러한 문제의식을 삶의 경험으로 깨닫게 한 계기였어요. 같은 물이 마음의 상태에 따라 전혀 다르게 느껴졌다는 사실은, 세계를 바라보는 기준이 대상 그 자체에 있지 않고 사람의 인식에 달려 있음을 분명히 보여 주었죠. 이 경험 이후 원효는 외부의 권위나 새로운 교리를 찾아 나서지 않았어요. 대신 자신이 서 있는 자리와 사람들의 삶 속에서 불교를 다시 생각하기 시작했어요.

신라로 돌아온 뒤 원효는 전통적인 승려의 길에서 벗어난 선택을 합니다. 그는 사찰과 교단의 울타리를 떠나 거리로 나아갔고 노래와 이야기로 사람들과 어울리며 불교의 핵심을 전했어요. 이를 '무애행無碍行'이라 부르는데, 이는 규범을 무너뜨린 행동이 아니라 삶의 자리마다 다른 모습으로 드러나는 깨달음의 실천이었어요. 원효에게 불교는 고정된 형식을 초월해 살아 움직이며 사람을 살리는 가르침이었지요.

화쟁으로 본 갈등의 해결

이러한 삶의 태도 속에서 원효는 사상적 갈등을 제거해야 할 대상으로 보지 않았어요. 서로 다른 교리와 주장이 잘못에서 비롯된 것이 아니라 각기 다른 삶의 자리에서 나온 설명이라고 이해했지요. 그래서 하나의 입장을 세워 다른 설명을 밀어내기보다 서로 다른 말이 함께 서 있을 수 있는 길을 모색했어요.

이처럼 원효의 사상은 책 속에서 구성된 이론이 아니라 전쟁과 분열의 시대를 살아 낸 한 사상가가 현실 세계를 견디기 위해 선택한 방식이었어요. 그의 화쟁은 타협을 뜻하지 않았고 공존을 향한 시도였어요. 통일 또한 억압을 의미하지 않았죠. 이해를 향한 과정이었어요. 혼란의 시대 속에서 원효는 다름을 지우지 않고도 함께 설 수 있는 길을 보여 주려 했던 인물이었어요.

일체유심조 중세	- 세상의 모든 것이 마음의 작용에 따라 달라진다는 생각이에요. - 원효는 마음을 바르게 보면 세상에 대한 이해도 달라진다고 보았어요.
일즉다 다즉일	- '일즉다'는 하나 속에 많은 것이 들어 있다는 뜻이고, '다즉일'은 많은 것이 하나로 이어져 있다는 뜻이에요. - 원효는 서로 다른 것들이 결국 하나의 진리로 연결된다고 보았어요.
무애행	- 형식과 규칙에 얽매이지 않고 자유롭게 실천하는 삶의 태도예요. - 원효는 백성 속으로 들어가 삶 속에서 불교를 실천하려 했어요.
화쟁	- 서로 다른 생각이나 교리가 싸우는 것이 아니라, 조화롭게 어울릴 수 있다고 보는 태도예요. - 원효는 각 사상이 가진 의미를 인정하며 함께 이해하려 했어요.

　우리는 서로 다른 생각을 마주할 때 자연스럽게 옳고 그름부터 가르려 합니다. 친구의 말이 이해되지 않으면 '저건 틀렸어'라고 생각하고, 의견이 다르면 금세 마음의 거리를 두기도 하죠. 생각의 차이는 곧 갈등으로 이어지고 그 갈등은 쉽게 커집니다.

　원효는 이런 상황을 전혀 다른 시선으로 바라보았어요. 그는 서로 다른 생각이 전혀 다른 마음에서 나오는 것이 아니라 하나의 마음, 곧 일심이 서로 다른 방향으로 작용한 결과라고 보았어요. 누군가는 생멸문의 자리에서 현실의 감정과 이해관계를 먼저 보고, 누군가는 진여문의 관점에서 그 너머의 흐름을 바라볼 뿐이라는 것이죠. 문제는 어느 쪽에 서 있느냐보다 자신이 어디에 서 있는지를 자각하지 못할 때 생긴다고 말했어요.

　원효의 무애행은 이러한 생각이 삶에서 어떻게 실현되는지를 보여 줍니다. 그는 사찰에만 머무르지 않고 사람들 속으로 들어가 불교를 전했어요. 노래하고 이야기하며 각자의 삶의 자리에서 불교를 이해할 수 있도록 풀어냈죠. 이는 생각과 삶, 이상과 현실이 반드시 나뉘어야 하는 것은 아니라는 메시지이기도 합니다.

오늘날의 사회 역시 다양한 가치와 관점이 공존하는 공간이에요. 이때 원효의 화쟁 사상은 상대를 설득하거나 이기려는 태도에서 한 걸음 물러나, 서로 다른 말이 어디에서 비롯되었는지를 함께 바라보게 합니다. 의견의 차이를 줄이는 데 힘을 쏟기보다 그 차이가 생겨난 마음의 방향을 살피는 일이 더 중요하다고 말하죠.

원효가 말한 일체유심조는 세상을 마음대로 바꿀 수 있다는 뜻이 아니에요. 내가 어떤 마음의 방향에 서 있는지가, 같은 상황을 전혀 다르게 받아들이게 만든다는 깨달음에 가깝습니다. 그렇다면 지금 우리가 마주한 갈등 속에서 나는 어느 문에 서 있을까요? 그리고 그 자리를 한번쯤 바꿔 바라볼 여지는 없을까요?

주자

마음을 공손히 하고
세상의 이치를 탐구한다

성인이 되기 위해서는 먼저 자기 자신과 세상의 참된 모습을 올바르게 인식해야 한다. 이를 바탕으로 자신의 양심을 지키고 본성을 올곧게 길러야 하며, 사사로운 욕망이나 나쁜 마음이 스며들지 않도록 스스로를 끊임없이 살펴야 한다. 이러한 악한 마음이 틈타지 못하도록 단호하게 물리치는 태도가 중요하다. 아울러 천리天理, 즉 도리에 따라 살아가며 인간의 이기적인 욕망인 인욕人慾을 제거하는 수양을 지속해야 한다.

《대학장구》, 주자

하늘의 원리를 받은 내 마음, 어떻게 지켜야 할까?

이기론, 우주는 어떻게 이루어져 있을까?

모든 존재는 기氣를 바탕으로 이루어져 있으며, 그 안에 이理가 내재해 있다. 이는 독립적으로 존재하는 것이 아니라, 반드시 기를 통해 구체화되고 드러난다. 따라서 기가 없다면 이 또한 머물거나 작용할 자리가 없다. 이 관계는 마치 물이 있을 때만 달이 그 위에 비칠 수 있는 것과 같다. 달빛은 하늘에 있지만, 그것이 물에 비치기 위해서는 반드시 물이라는 매개가 필요하다. 물이 없으면 물에 비친 달도 존재할 수 없듯이, 기가 없으면 이 또한 구체화되지 못한다.

《주자어류》, 주자

주자朱熹는 '이기理氣'라는 개념으로 우주에 관해 이야기했어요. 그는 모든 것이 하나의 원리, 즉 하늘의 이치에서 시작한다고 믿었어요. 주자는 이 하나의 이치가, 우주와 자연의 모든 법칙과 질서를 포함하고 있다고 말했죠. 그래서 이 이치는 여러 가지 모습으로 나타날 수 있어요. 모든 것은 하나의 원리에서 시작하지만, 각각의 특징에 따라 다르게 보이는 거예요.

주자는 사물이 생기기 위해서는 '원리(이치)'와 '물질(기질)'이 필요하다고 말했어요. 이제 이 두 가지에 대해 간단히 설명해 볼게요.

이치[理]는 모든 것의 기본 원리예요. 눈에 보이지 않지만, 모든 것의 기본이 되는 아주 중요한 개념이죠. 또한 이치는 모든 것의 움직임과 변화를 이끄는 규칙이에요. 마치 우주의 법칙처럼, 모든 것이 어떻게 존재하고 변화하는지를 설명해 주죠.

반면 기질[氣]은 만물의 모양과 성질을 만드는 물질이에요. 우리가 볼 수 있는 것들이고, 움직이고 변하는 힘을 가지고 있어요. 이치가 기질의 원리를 설명하는 개념이라면, 기질은 이치의 원리를 실제로 보여 주는 역할을 해요.

이치와 기질은 서로 연결되어 있어요. 이치는 기질이 움직임을 밝혀 주는 원리이며, 기질은 이치의 원리를 표현하는 방법이에요.

성즉리, 우주로부터 온 선한 마음의 근원

본성에 대해 논하려면, 우선 본성이란 것이 무엇인지 분명히 아는 것이 중요하다. 정자*가 말한 "본성은 곧 이치다"라는 표현은 이를 가장 적절하게 설명한 말이다. 본성을 이치라고 한다면, 그 이치는 어떤 형태나 모양을 가진 것이 아니다. 다만 인간에게 있어 그것은

'인의예지'라는 도덕적 성향으로 나타나는 도리일 뿐이다. 그렇다면 인의예지는 구체적인 형상이 있을까? 그렇지 않다. 그것 역시 단지 하나의 도리일 뿐이다. 그러나 이 도리가 존재하면 인간은 다양한 도덕적 행동을 실천할 수 있게 된다. 예컨대 측은한 마음이 생기고, 부끄러움을 알며, 타인을 존중하고, 옳고 그름을 분별할 수 있는 것이다. 이 점은 약의 성질에 비유할 수 있다. 어떤 약은 차고, 어떤 약은 따뜻한 성질을 갖지만, 그 성질은 약 자체에서는 눈에 보이지 않는다. 그러나 사람이 그 약을 먹고 나면 그 작용을 통해 성질이 드러난다. 이처럼 본성도 겉으로 보이지 않지만, 행동을 통해 그 이치가 드러나는 것이다.

《주자어류》, 주자

동양철학에서는 주자의 학문을 '성리학'이라고 불러요. 성리학은 우주를 이루는 보편적인 이치와 인간의 본성을 연결하는 학문이지요. 주자는 우주에 질서를 부여하는 도덕적 원리인 '하늘의 이치'가 인간의 마음속에 깃들어 있으며, 이 이치가 곧 인간의 본성을 이룬다고 보았어요. 이를 "인간의 본성은 곧 이치다(성즉리性即理)"라고 설명했답니다.

이때 말하는 본성은 사람이 태어날 때부터 지닌 순수하고 선한 마음이에요. 주자는 누구나 이런 본성을 지니고 태어나며 수양을 통해 그 본

★ **정자:** 성리학에서 성性과 이理를 중시하며 도덕적 원리와 수양을 강조한 북송의 철학자 형제(정호·정이)를 가리키는 말.

성을 잘 보존하고 드러낼 때 도덕적인 삶을 살 수 있다고 주장했어요.

거경궁리, 나의 마음을 지키고 선한 본성을 기르는 방법

공부하는 이가 힘써야 할 바는 오직 거경과 궁리, 이 두 가지뿐이다. 이 두 길은 서로를 북돋아 주며 함께 나아간다. 이치를 탐구하면 마음가짐이 점점 깊어지고 맑아지며, 마음을 단정히 하면 이치를 탐구하는 것 또한 점차 정밀해진다. 이 둘은 마치 사람의 두 발처럼, 왼발과 오른발이 서로 번갈아 앞으로 나아가며 걸음을 돕는 것과 같다. 그러므로 함양과 궁리는 반드시 함께 실천해 나가야 한다.

《주자어류》, 주자

주자는 사람의 마음속에 선한 본성이 있다고 보았어요. 그러나 기질이 탁해지면 그 본성이 가려질 수 있다고 했지요. 우리의 선한 마음은 욕심이나 감정 때문에 흐려질 수 있어요. 그래서 기질을 바로잡는 것이 중요하죠. 그 과정을 '수양'이라고 한답니다.

주자의 수양 목표는 하늘의 이치와 사람의 마음이 하나가 되게 하는 것이었어요. 우리는 본래 깨끗하고 선한 마음을 가지고 태어나며, 그 마음을 잘 기르고 키우는 것이 중요하죠. 그렇게 하면 다양한 상황에서 올바르게 행동할 수 있는 능력을 가질 수 있어요.

주자가 말한 수양의 핵심 방법이 바로 '거경궁리居敬窮理'예요. 거경궁리는 마음을 바르게 지키는 공부와 사물의 이치를 깊이 탐구하는 공부를 함께 실천하는 수양의 태도를 뜻해요. 마음을 닦는 일과 앎을 기르는 일을 동시에 해야 본래의 선한 본성을 온전히 드러낼 수 있다고 본 것이죠.

주자는 수양의 한 축으로 '거경居敬'을 강조했어요. 거경은 몸과 마음을 깨끗하게 하는 공부예요. 즉 항상 마음을 바르게 유지하려고 노력하는 거죠. 우리는 매일의 삶 속에서 마음을 단정히 지켜야 하고, 그 마음이 하늘의 도리에 맞는지 계속해서 살펴야 해요. 그렇지 않으면 잘못된 길로 갈 수 있어요.

행동할 때는 마음을 한곳에 집중하고 다른 생각이 끼어들지 않게 하고, 스스로를 잘 통제하여 본래의 맑은 상태를 유지하는 것이 중요해요. 마음을 정리하고 방종하지 않도록 주의하는 것이 수양의 핵심이에요. 이렇게 하면 우리는 더 선한 사람이 될 수 있어요.

거경만큼 중요한 수양의 한 부분은 '궁리窮理'예요. 궁리는 사물의 본질을 이해하는 과정이에요. 우리가 알고 있는 것을 바탕으로 더 깊이 탐구해 진짜 지식을 얻는 것이죠. 주자는 우리가 하늘의 이치를 받았지만 기질의 영향을 받기 때문에 본성을 지키는 것이 쉽지 않다고 했어요. 그래서 우리는 다양한 사물을 통해 하늘의 이치와 원리를 배우는 공부를 해야 하죠.

이를 '격물치지格物致知'라고 해요. 격물치지는 만물 속에 스며 있는 하늘의 이치를 하나하나 탐구함으로써 올바른 지식을 얻는 공부예요. 이 과정을 통해 우리는 세상의 여러 가지 현상과 그 이면에 숨겨진 진리를 이해하게 된답니다. 그러면 우리의 마음과 행동을 되돌아볼 기회

를 가질 수 있어요. 이렇게 거경과 궁리를 함께 실천하는 수양의 과정
이야말로 우리의 본성을 지키고 하늘의 도리에 맞는 삶을 이루는 길이
에요.

유교·불교·도가가 함께 전개된 사상의 시대

분서갱유로 유교를 비롯한 제자백가 사상을 억압했던 진나라가 멸망한 뒤, 한나라는 한무제 시기(기원전 141~87년)에 강력한 중앙 집권 체제를 세웠어요. 이 과정에서 법과 제도를 정비하고, 나라를 하나로 다스리기 위한 사상으로 유교를 국가 통치 이념으로 채택하며 유교의 부흥을 이끌었어요. 이후 중국 역사에서 유교는 번성과 쇠퇴를 반복했지만, 전반적으로 국가와 사회를 이끄는 지배적 사상으로 지속되어 왔어요. 하지만 이 흐름이 언제나 한결같지는 않았어요.

위진남북조시대에는 유교와 더불어 도가와 불교도 함께 크게 일어났어요. 사람들은 여러 종교와 사상을 통해 삶의 의미를 찾으려 했어요. 이 과정에서 유교, 불교, 도가는 서로 영향을 주고받으며 새롭게 발전해 갔어요. 특히 불교는 많은 사람의 지지를 받으며 사회 전반에 큰 영향을 끼쳤지요. 이후 수당시대에는 불교가 크게 융성하면서, 유교는 이전과는 다른 위치에서 재정립의 필요성을 맞이하게 되었어요. 이러한 흐름 속에서 유학자들은 송나라에 이르러 유교 고전을 새롭게 해석했고, 그 결과 새로운 유학인 '성리학'이 형성되기 시작했어요.

주자의 생애와 학문적 문제의식

이런 흐름 속에서 주자가 등장했어요. 그가 살던 남송시대는 외세의 침략과 내부의 혼란이 계속되던 시기로, 유학자들은 고전 속에서 질서와 의미를 찾으려 애썼어요. 불교와 도가 사상이 크게 영향을 미치던 철학의 중심지이기도 했지요.

주자는 어려서부터 총명했으며, 19세에 과거에 응시했지만 합격하지는 못했어요. 이후 관직에도 나아갔지만 학문 연구에 더욱 전념했지요. 주돈이, 정호·정이 형제, 이동 등의 학통을 이어받아 이기론, 심성론, 우주론 등 유교의 철학적 기반을 체계화했답니다.

주자는 유교의 원리를 바탕으로 인간과 우주에 대한 깊은 이해를 추구했어요. 또한 유교의 현실적이고 실용적인 가치를 중요하게 생각했지만 그 한계를 알고 있었기에, 더 깊은 철학적 사고를 통해 유교의 가치를 새롭게 정립하고 싶어 했답니다.

유교를 철학으로 완성하다: 성리학과 그 영향

주자는 인간과 우주의 관계를 깊이 탐구하며, 유교의 도덕적 가치를 하늘의 운행 원리와 연결했어요. 그는 맹자의 "인간의 본성은 선하다"는 생각을 이어받아, 그 선함이 인간의 마음속 도덕성에 그치지 않고 우주 전체를 관통하는 원리라고 설명했어요. 이런 생각은 사람들에게 삶의 의미를 일깨워 주었어요. 또한 그는 도덕적 삶을 강조하며, 개인의 마음을 잘 다스리는 것이 중요하다고 말했어요. 사람들이 자신의 본성을 이해하고, 이를 바탕으로 올바른 행동을 해야 한다고 주장했죠. 이런 생각은 사람들에게 자신의 마음을 돌아보고, 자연과 사회의 조화를 깊이 생각하게 만들었답니다.

주자는 정계에서도 활동하며 황제에게 수많은 상소를 올렸지만, 보수적인 관료들과의 갈등 속에서 뜻을 이루지 못했고, 말년에는 정치적 탄압과 오해 속에서 외로운 학문 생활을 이어 갔어요. 1200년, 주자는 71세의 나이로 세상을 떠났고, 사후에는 '문공文公'이라는 시호를 받으며 최고의 존경을 받는 유학자가 되었지요.

그는 불교·도가 사상과 전통 유학을 비판적으로 아우르며 유교의 철학적 깊이를 완성한 사상가로 평가받고 있어요. 그의 사상은 동아시아 전반에 큰 영향을 주었고, 특히 조선시대에는 사회를 이끄는 중심 철학이 되었답니다.

용어 정리

이	- 우리가 이해할 수 있는 원리나 법칙이에요. - 모든 것의 시작과 끝을 가능하게 하는 근본 원리예요. - 기가 어떻게 움직이고 작용해야 하는지를 이끌어 주는 법칙이에요.
기	- 우리 주변에 있는 물질이나 에너지 같은 거예요. - 세상에 있는 모든 것의 모양을 만드는 힘이에요. - 이치를 담고 있으면서 그것을 세상에 드러내는 역할을 해요. - 성질이 밝고 고르면 세상이 조화롭고 탁하거나 흐트러지면 여러 갈등과 어려움이 생기기도 해요.
거경궁리	- '마음을 잘 다스리고, 사물을 깊이 연구하자'라는 뜻이에요. - 자기 마음을 잘 관리하고, 주변 사물이나 상황을 잘 살펴보는 것이 중요해요.
격물치지	- '사물을 탐구해서 그 안에 담긴 이치를 깨닫자'라는 뜻이에요. - 주위를 잘 살펴보고, 우리가 보는 것들이 왜 그런지 생각해 보는 거예요.

주자는 인간의 마음과 세상의 질서를 함께 바라본 철학자였어요. 그는 사람이 본래 하늘의 이치를 받은 존재이기 때문에 선한 가능성을 지니고 태어난다고 믿었어요. 문제는 그 마음이 욕심과 감정, 환경의 영향으로 흐려질 수 있다는 것이었죠. 그래서 주자는 선한 본성을 믿는 데서 멈추지 않고 그것을 어떻게 지키고 기를 것인가를 끝까지 고민했어요. 이 점에서 그의 철학은 인간에 대한 신뢰와 동시에 엄격한 자기 성찰을 함께 담고 있어요.

오늘날 우리는 빠르게 흘러가는 일상 속에서 마음을 돌볼 여유를 잃기 쉬워요. 정보는 넘쳐 나고 선택은 많아졌지만, 무엇이 옳은지 깊이 생각할 시간은 줄어들었어요. 이런 환경에서는 감정에 휩쓸리거나 순간적인 판단에 의존하기 쉬워요. 주자가 말한 '거경'은 이런 시대에 더욱 의미가 커요. 마음을 단정히 하고 스스로를 살피는 태도는 복잡한 현실 속에서 중심을 잃지 않게 도와줘요.

주자는 마음을 지키는 일과 세상의 이치를 탐구하는 일이 함께 가야 한다고 보았어요. 자기 마음만 들여다보는 데서 그치는 게 아니라, 사물과 관계 속에 담긴 원리를 이해하려는 노력이 필요하다고 생각했어요. 우리도 나의 감정과 생각을 돌아보는 일과 더불어, 사회의 구조와 타인의 입장을 함께 이해하려는 태도를 지녀야 해요.

또 주자의 철학은 변화의 출발점을 언제나 나 자신에게 두었어요. 세상이 어지럽다고 느낄수록 그는 바깥을 탓하기보다 마음이 어디에서 흐트러졌는지를 먼저 살펴야 한다고 말했지요. 관계가 어려울 때, 사회가 혼란스러울 때, 먼저 내 마음이 어떤 상태인지 돌아보는 일은 갈등을 키우기보다 다르게 대응할 흩을 길러 줘요.

주자는 세상을 바꾸는 가장 확실한 길이 마음을 바르게 세우는 데서 시작된다고 보았어요. 자신의 본성을 이해하고 욕심에 휘둘리지 않도록 자신을 다듬으며 사물의 이치를 차분히 탐구하는 삶은, 시간은 좀 걸릴지라도 흔들림이 적어요. 이런 삶의 태도는 나 자신을 지켜 줄 뿐 아니라 타인과의 관계와 공동체의 방향에도 좋은 영향을 남겨요. 그래서 주자의 철학은 오늘을 사는 우리에게 묻고 있어요. 지금 나는 내 마음을 얼마나 공손히 대하고 있는지, 그리그 세상을 얼마나 깊이 이해하려 애쓰고 있는지 말이에요.

양명

세상의 이치는 내 마음에 있던데?

사람의 마음은 본래 맑은 하늘의 연못과 같아서, 그 본질은 모든 것을 포용하는 성품을 지니고 있다. 애초에 마음은 하나의 순수한 하늘이었으나, 사사로운 욕망이 생기면 그것이 장애가 되어 마음이 흐려지고, 결국 본래의 맑은 하늘 연못을 잃고 만다. 그러므로 이러한 장애를 걷어 내기 위해서는 누구에게나 내재된 양지良知를 일깨우고 실천하는 것이 중요하다. 그렇게 할 때, 마음의 본래 모습을 되찾아 다시금 밝고 넓은 하늘 연못으로 돌아가게 된다.

《전습록》, 양명

심즉리, 내 마음이 곧 이치다

마음의 본체는 곧 본성이며, 이 본성은 이치와 다르지 않다. 이를테면, 부모에게 효도하려는 마음이 있으므로 효의 이치도 함께 존재하는 것이다. 만약 부모를 공경하려는 마음이 없다면, 그에 해당하는 이치도 있을 수 없다. 마찬가지로 임금에게 충성을 다하려는 마음이 있기 때문에 충의 이치가 생겨나는 것이며, 그런 마음이 없으면 그 이치도 존재하지 않게 된다. 이처럼 이치는 마음속에 내재해 있는 것이지, 마음 바깥에 따로 존재할 수는 없는 것이다.

《전습록》, 양명

양명陽明은 마음이 곧 이치라고 말했어요. 마음과 이치는 따로 떨어져 있는 것이 아니라 원래 하나라는 뜻이에요. 우리가 가진 본래의 마음은 '세상 모든 것의 주인'이라고 했어요. 여기서 '본래의 마음'이란 욕심이 없는 깨끗하고 순수한 마음을 의미해요. 이 선한 마음이 바로 '양지良知'이며, 양지는 하늘이 준 밝은 지혜와 같아요. 그래서 우리는 욕심을 버리고 본래의 마음을 지키려고 노력해야 해요.

양명은 '마음의 본체'가 곧 하늘의 이치라고 했어요. 이치는 마음 밖에서 따로 찾을 수 없으며 마음 안에서 스스로 드러난다고 보았지요. 그래서 그는 외부의 사물을 연구하기보다 자신의 마음을 바르게 다스려 그 안에서 하늘의 이치를 깨닫는 것이 더 중요하다고 강조했어요. 마음을 맑게 하면 세상의 이치도 더 잘 깨달을 수 있다고 했답니다.

그의 이런 생각은 주희의 이론과 달랐어요. 주희는 외부의 사물을 깊이 탐구해야 이치를 배울 수 있다고 했지만, 양명은 마음과 이치가 본래 하나라고 보았어요. 양명이 말한 '격물치지'는 자신의 마음을 바로잡고, 그 마음을 통해 사물의 이치를 이해하는 거예요. 즉 자신의 본래 마음을 회복해서 그것으로 사물의 이치를 깨닫는 것이죠. 그는 마음속 양지를 실현하면 세상 만물의 이치도 자연스럽게 알게 된다고 했어요. 마음을 바르게 하는 것이 곧 세상을 이해하는 길이라는 뜻이에요.

양지

'앎'은 마음의 본래 모습이기 때문에, 마음은 스스로 사물의 옳고 그름을 분별할 수 있는 능력을 지니고 있다. 예를 들어, 아버지를 보면 자연스럽게 효도의 마음이 생기고, 형을 보면 저절로 공손한 태도를 가지게 되며, 어린아이가 우물에 빠지려는 모습을 보면 본능적으로 측은한 마음이 생긴다. 이처럼 자연스럽고 타고난 도덕적 앎을 바로 '양지'라고 한다.

《전습록》, 양명

양명은 모든 사람이 양지를 가지고 있기 때문에 도덕적으로 훌륭한 사람이 될 수 있다고 믿었어요. 따라서 양지를 잘 활용하면, 우리는 도덕적으로 올바른 삶을 살 수 있어요. 누구나 자신의 양지를 발견하고 키울 가능성을 가지고 있죠. 그렇기에 각자가 자신의 양지를 깨닫고 실천한다면, 우리 사회도 함께 더 선해질 수 있어요.

인간은 누구나 선하게 살아갈 수 있는 도덕적 가능성을 지니고 있으며, 이러한 가능성은 타고난 순수한 양심, 즉 양지에 근거한다. 이 양지는 이론적인 학습이나 외부 지식을 따로 배우지 않아도 이미 마음속에 갖추어진 참된 앎이다. 그러므로 인간은 본래부터 지니고 있는 이 양지를 바르게 깨닫고, 그것에 따라 실천함으로써 자신의 본성을 완전히 구현할 수 있다.

《전습록》, 양명

마지막으로, 성인이 되기 위해서는 마음속 양지를 실현해야 해요. 이것은 '치양지致良知'라는 과정을 통해 이루어져요. 치양지는 욕심을 이겨 내고, 마음속 양지를 잘 활용하는 것을 말해요. 즉, 자신의 마음을 잘 다스려서 올바른 행동을 하는 것이 중요하다는 뜻이지요.

이 과정에서 우리는 마음속에 있는 욕심, 즉 개인적인 욕망이나 이기심을 버려야 해요. 그리고 양지를 통해 올바른 판단을 내릴 수 있어야 하죠. 이렇게 마음을 닦아 나가면 우리는 도덕적으로 성장하고 성인에 한 걸음 더 다가갈 수 있어요.

양명의 생애와 방황

양명은 중국 명나라 시대의 철학자예요. 그는 명문가 출신으로 태어났지요. 아버지 왕화는 고위 관직을 지낸 뛰어난 유학자였고, 조상 대대로 학문과 정치적 영향력을 겸비한 집안이었어요. 어린 양명은 총명하고 비판적인 사고를 갖고 있었으며, "책을 읽는 이유는 성인이 되기 위함이다"라고 말할 정도로 높은 이상을 품고 있었어요.

10대 시절에는 도가와 불교, 무예, 시문 등 다양한 분야를 탐구하며 폭넓은 관심을 보였고, 20대 초반에는 주자학을 배우며 성인이 되기 위한 길을 스스로 찾고자 노력했습니다. 하지만 주자학의 '격물치지'를 실제로 실천하다가 무리한 수행으로 병을 얻고 말았어요. 이때부터 그는 자신이 배우고 있던 학문에 대해 의문을 품으며 방황의 시기를 맞게 됩니다.

양명학의 형성

양명은 한동안 도가와 불교의 가르침에도 관심을 가졌어요. 하지만 인간의 감정과 도리를 초월할 것을 강조하는 그 사상들로는 오히려 비현실적이라고 생각했기에 흥미를 잃어버렸죠. 결국 고향 양명동에서 은둔하던 중, 그는 이치를 외부에서 찾는 기존 성리학의 한계를 깨닫고 "사람의 마음이 곧 이치다"라는 통찰에 이르렀습니다. 또한 도덕적 앎과 실천은 분리될 수 없고 하나로 이어진다는 '지행합일知行合一'을 주장했지요. 지행합일이란 내 마음에 있는 이치가 온전하다면 반드시 실천하게 된다는 뜻이랍니다.

양명의 사상은 37세 때 귀주 용장으로 유배되며 더욱 깊어졌습니다. 험한 산속 외딴 마을에서 그는 깊은 사색에 빠졌어요. 책도 없고 친구도 없는 곳에서 참된 앎은 자신의 '마음'을 통해 얻는 것임을 절감했고, 이후 양명학은 급속히 체계화되었습니다. 심지어 그는 무지한 오랑캐들에게 배움의 길을 열어 주며 교육을 실천했고, 그의 명성은 전국으로 퍼져 나갔습니다.

실천을 강조한 양명

유배에서 돌아온 뒤 양명은 관직에 복귀해 사상가이자 실천가로 활동했습니다. 그는 반란을 진압하고 지방 질서를 회복하며 당대 최고의 병법가이자 정치가로 인정받았지요. 특히 명나라 중앙 정부에 영왕의 반란을 평정한 공로를 크게 인정받았어요. 하지만 동시에 간신배들의 시기와 모함으로 인해 정치적 박해를 받기도 했답니다.

하지만 이런 정치적 굴곡 속에서도 그는 도덕과 학문의 길을 멈추지 않았어요. 전국을 돌며 제자들을 가르쳤고, 많은 사람이 그의 가르침을 따랐습니다. 그의 교육은 엄격한 위계보다 자유로운 토론과 야외 수업을 중시했어요. 이는 기존의 주자학과는 다른 새로운 학문 방식이었지요.

양명은 죽기 직전까지도 제자들과 학문을 나누며 하늘의 원리에 관해 이야기했습니다. 1529년, 57세의 나이로 세상을 떠나기 전 그가 남긴 마지막 말은 짧지만 강렬했어요. "마음이 밝은 빛인데 무엇을 더 말하겠는가."

> 주자가 말한 격물이란, 사물에 직접 나아가 그 속에 담긴 이치를 깊이 탐구하는 것을 뜻한다. 여기서 '사물에 나아간다'는 것은 구체적인 개별 사물마다 정해진 이치를 찾아내려는 노력을 의미한다. 이는 곧 내 마음을 바탕으로 외부의 사물 속에 존재하는 이치를 구하려는 것이므로, 마음과 이치를 서로 분리된 것으로 보는 관점에 해당한다.
>
> 《전습록》, 양명

양명은 주희의 사상에 대해 여러 가지 이유로 비판적이었어요. 첫째, 그는 주자학이 지나치게 형식과 이론에 치우쳐 있다고 생각했어요. 양명은 이론보다는 도덕적 행동을 실천하는 것이 훨씬 더 중요하다고 보았답니다. 둘째, 양명은 "마음이 곧 이치다"라는 주장을 통해 이치가 외부가 아닌 각자의 마음에 있다고 했어요. 이는 이치를 세상 밖 사물 속에서 찾으려 한 주희의 생각과는 다른 관점이었지요. 셋째, 양명은 개인의 실천을 무엇보다 중요하게 여겼어요. 그는 도덕적 가르침이 단지 말로 끝나서는 안 되고, 실제 생활 속에서 실천되어야 한다고 믿었어요.

용어 정리	
심즉리	- 사람의 마음이 곧 이치라는 생각이에요. - 양명학은 바깥에서 원리를 찾기보다 자기 마음을 돌아보는 것이 중요하다고 보았어요.
양지	- 도덕적으로 올바른 사람의 본질이에요. - 선한 마음의 기본이자, 그 자체로 세상의 이치를 나타내요. - 모든 것의 시작과 끝을 이끄는 중요한 존재랍니다.
지행합일	- 아는 것과 실천하는 것이 하나로 이어져야 한다는 뜻이에요. - 양명학은 옳다고 알았다면 바로 행동으로 옮겨야 참된 앎이 된다고 가르쳐요.

　양명학은 세상의 이치가 이미 우리 마음속에 자리하고 있다고 말해요. 양명은 모든 사람에게 옳고 그름을 분별할 수 있는 양지가 있으며, 그 양지가 삶의 기준이 될 수 있다고 믿었어요. 그래서 무엇을 선택해야 할지 고민될 때 바깥의 기준이나 타인의 평가보다 자기 마음의 소리에 귀 기울이는 태도가 중요하다고 보았어요.

　오늘을 살아가는 우리는 수많은 선택 앞에 서 있어요. 진로, 관계, 가치관까지 남의 말과 사회의 기준에 따라 흔들리기 쉬운 환경에 놓여 있지요. 이런 시대일수록 양명학에서 강조하는 '스스로 판단하는 힘'이 더 필요해요. 내 마음이 무엇을 옳다고 느끼는지, 무엇이 불편한지를 살피는 과정은 삶의 방향을 세우는 데 큰 도움이 되지요.

　양명은 아는 것과 행동하는 것은 하나라고 보았어요. 마음속에서 옳다고 느꼈다면 그에 맞게 행동으로 옮겨야 진짜 앎이 된다고 했지요. 그래서 양명학은 책 속의 지식보다 일상 속의 실천을 더 중요하게 여겨요. 작은 선택 하나라도 양지에 따라 행동하려는 노력이 쌓이면 사람은 조금씩 성장하게 돼요.

우리에게는 다른 사람의 기대에만 맞추지 않고 자기 마음의 기준에 따라 살아갈 힘이 있어요. 그 힘을 믿고 선택한 삶에는 책임도 따르지만, 동시에 스스로를 존중하는 태도도 함께 자라나요. 양명학은 마음 속의 양지를 믿고 행동하는 사람이 늘어날수록 사회 역시 더 따뜻해질 수 있다고 말해요. 자신의 마음을 바르게 살피는 일이 곧 세상을 변화시키는 출발점이라는 양명의 생각은 오늘을 사는 우리에게도 큰 의미를 줍니다.

12

이황과 이이

이상과 현실, 무엇이 중요할까요?

만약 이황의 주장처럼, 사단四端은 이가 먼저 발하여 기가 그에 따르고, 칠정七情은 기가 먼저 발하여 이가 그 위에 탄다고 본다면, 이는 이와 기를 각각 독립된 두 실체처럼 나누는 셈이 된다. 그렇게 되면 결국 사람의 마음속에 두 개의 근본, 즉 이와 기라는 두 뿌리가 따로 존재한다는 말이 되어, 이는 이치에 맞지 않다.

《성학집요》, 이이

이와 기, 무엇이 더 중요한가?

이기론에 대한 이황과 이이의 관점

이황과 이이는 주희의 성리학을 이어받아 '이기론'을 각각 다르게 설명했어요. 여기서 '이'는 이치나 원리, 그리고 '기'는 물질(인간은 기질)이나 에너지를 의미해요.

이가 기를 이기는 것인가? 아니면 기가 이를 이기는 것인가? 이가 기를 제압할 때, 기는 왜 약해지는가? 반대로 기가 이를 누를 때는 왜 이가 드러나지 못하는가? 이는 이의 성격과 기의 작용을 잘 구분해서 이해해야 한다. 이는 본래 존귀하고 절대적인 것으로, 그 자체로 사물에 원칙과 방향을 제시한다. 이치는 외부의 지배를 받지 않으므로, 기가 이를 누를 수 있는 성질은 원래 없다. 하지만 기는 실제로 형체를 이루는 바탕이며, 현실 속에서 움직이는 모든 작용은 기를 통해 이루어진다. 이가 어떤 방향으로 작용할 때도, 결국 그것은 기가 그 매개가 되어 움직이는 것이다. 그래서 기가 이치를 잘 따른다면 이는 기가 약해서가 아니라 조화를 이루며 순응하기 때문이다. 그러나 만약 기가 이치에 거슬러 반항하면, 이치는 드러나지 않게 되는데, 이것은 이치가 힘이 없어서가 아니라 상황의 기세가 그렇기 때문이다. 이 관계는 군왕과 신하의 비유로 설명할 수 있다. 임금은 본래 지존한 존재로 누구에게도 굴복하지 않는다. 그러나 만약 권세를 휘두르는 신하가 힘으로 왕을 제압하려 하면, 왕이라도 즉시 제지하지 못하는 일이 생길 수 있다. 이것은 임금이 약해서가 아니라, 그 상황이 부당하게 기울어졌기 때문이다. 따라서 군자가 공부하는 목적은 기질이 치우치지 않도록 바르게 다듬고, 물욕을 줄이며, 덕을 쌓아 결국 중정하고 바른 도를 회복하는 데 있다.

《성학십도》, 이황

이황은 이(원리)가 기(물질)보다 더 높고 귀하다고 보았어요. '이'는 우리가 도덕적으로 살아가기 위해 따라야 할 원리예요. 그는 사람들이 하늘의 원리를 이해하고, 도덕적인 사람이 되기 위해 꾸준히 노력해야 한다고 말했어요.

이통理通이란 천지 만물에 두루 작용하는 이치가 본래 하나라는 뜻이고, 기국氣局이란 사물마다 그를 이루는 기운이 서로 다르다는 것을 의미한다. 이일분수理一分殊란, 이치는 하나지만 기가 다르기 때문에 겉으로는 다양한 모습으로 나타나게 된다는 말이다. 이처럼 다양한 차이를 드러내는 것이 곧 분수分殊이며, 그 근원을 따라 올라가

면 결국 하나의 이치로 통하게 된다. 결국 이치는 언제나 본래 하나
인 것이다.

《성학집요》, 이이

반면 이이는 '기'를 더 중요하게 여겼어요. 그는 '기'가 실제로 세상
에서 작용하는 물질이자 힘이라면, '이'는 그 힘이 바르게 작용하도록
이끌어 주는 원리이자 규칙이라고 말했죠. 만물에 두루 작용하는 원리
는 결국 실제 물질의 힘에 의해서 작용이 달라져요. 기가 이를 국한하
게 되는 거예요. 결국 이이는 우주가 어떻게 작동하는지를 설명하면
서, 실질적으로는 물질이 원리보다 더 큰 영향을 미친다고 믿었던 거
예요.

인간 본성의 두 갈래

성리학에서는 모든 사람이 본래 선한 본성을 가지고 있다고 말해요.
이 선한 본성은 우리가 다양한 상황에서 느끼는 감정을 통해 나타난
답니다. 이황과 이이는 성리학의 기초를 바탕으로 선한 본성이 어떻게
드러나는지를 각각 다르게 설명했어요.

사단과 칠정의 관계는 사람이 말을 타고 나아가는 상황에 비유할
수 있다. 사람은 말을 타야만 움직일 수 있고, 말은 사람의 안내가
없으면 길을 잃는다. 이처럼 사람과 말은 서로 의지하며 결코 떨어
질 수 없는 관계다. 이 비유에서 어떤 경우는 그 움직임을 모두 지적

하는데, 사람과 말이 다 그 가운데 있다. 사단과 칠정을 포함하여 말하는 것이 이 경우에 해당한다. 또 어떤 경우에는 사람이 간다고만 말하지만, 사실 그 움직임 안에는 말이 포함되어 있다. 이것은 사단을 말하면서도 그 속에 칠정이 담긴 경우에 해당한다. 반대로, 말이 간다고만 말하되 사람을 언급하지 않아도, 실제로는 사람의 움직임이 함께 들어 있는 경우가 있다. 이것은 칠정을 말하면서도 그 속에 사단의 작용이 담긴 경우다. 당신은 사단과 칠정을 포괄적으로 말하는 입장이고, 나는 사단과 칠정을 구분하여 말하는 입장이다.

《사단칠정분이기왕복서》★, 이황

이황은 선한 본성의 순수한 도덕적 이상을 매우 중요하게 생각했어요. 그래서 도덕적 상황에서 드러나는 감정은 순수한 도덕성인 '사단(측은지심, 수오지심, 사양지심, 시비지심)'으로 드러난다고 생각했어요. 이런 감정은 순수한 도덕적 이상이 그대로 드러나기 때문에 사람의 성격이나 기질에 영향을 받지 않는다고 이황은 주장했어요. 인간의 본질인 순수한 본성이 진정한 도덕적인 행동을 만든다고 믿었죠.

한편, 어떠한 상황에서 본성이 감정으로 드러날 때 사람의 기질(육체)에 영향을 받는 여러 가지 감정을 '칠정'이라고 불러요. 기쁨, 슬픔, 화, 즐거움 같은 일상에서 자주 느끼는 감정들이 여기에 속하지요. 그

★ **《사단칠정분이기왕복서》**: 조선 전기 문신이자 학자인 이황과 기대승이 사단칠정과 이기에 관해 주고받은 편지를 모아 엮은 서간집.

는 이런 감정이 주변의 상황이나 사람의 성격에 따라 달라질 수 있다
고 생각했어요. 물론 여기에도 기쁨이나 즐거움 같은 긍정적인 감정도
있지만 순수한 도덕적 본성에서 비롯된 감정은 아니라고 생각했죠.

> 사람이 말을 타는 상황에 비유하자면, 사람은 이치에 해당하고, 말
> 은 기질에 해당한다. 말의 성질에 따라 온순할 수도 있고 난폭할 수
> 도 있는데, 이는 각기 타고난 기질이 맑고 탁한 데서 비롯된 차이와
> 같다. 사람이 문을 나설 때 말이 사람의 뜻에 따라 움직이는 경우도
> 있고, 반대로 사람이 말의 움직임에 의지하여 나가는 경우도 있다.
> 말이 사람의 의도대로 움직이는 경우는 사람의 의지가 중심이 되므
> 로 도심道心이라 할 수 있고, 사람이 말의 다리에만 의존해 따라가는
> 경우는 말의 성질이 중심이 된 것이므로 인심人心이라 할 수 있다.
>
> 《성학집요》, 이이

이황이 순수한 본성에서 나오는 감정과 본성이 기질의 영향을 받아
나오는 감정의 두 갈래가 있다고 주장한 반면, 이이는 좀 더 현실적인
시각에서 성리학을 해석했어요. 현실의 사물들은 타고난 기질에 영향
을 크게 받기 때문에, 그는 인간의 순수한 본성이 기질, 즉 육체의 영향
을 받을 수밖에 없다고 주장했죠. 인간은 정신적인 존재이기도 하지만
육체적인 특성에 지대한 영향을 받는 존재라는 거예요. 그래서 그는
몸의 특성과 주변 환경이 우리의 감정에 영향을 미친다고 생각했죠.

따라서 순수한 본성은 언제나 기질에 영향을 받고, 그것이 외부의

자극을 받아 드러나는 감정의 총체를 '칠정'이라고 말했어요. 이이에 따르면 칠정 중에는 예의에 맞고 도덕적인 감정도 있는데, 이를 '사단'이라고 했죠. 이황은 사단과 칠정이라는 감정이 다른 근원에서 시작된다고 보았지만, 이이는 같은 감정의 근원어서 시작되어 감정의 총체인 칠정 중 예의와 절도에 맞는 감정만이 사단이라고 본 거죠.

사화의 시대와 두 유학자의 문제의식

이황과 이이는 조선 중기의 혼란한 정국 속에서 유학의 이념을 통해 사회를 안정시키고 도덕적 질서를 바로 세우려 한 대표적인 사상가예요. 두 사람은 성리학이라는 공통된 학문을 바탕으로 활동했지만, 철학적 관점과 실천 방식에서는 뚜렷한 차이를 보였습니다.

이들이 살던 16세기 조선은 겉으로는 안정되어 보였지만 정치적으로는 매우 불안한 시대였어요. 무오사화(1498년), 갑자사화(1504년), 기묘사화(1519년), 을사사화(1545년) 등 사화*가 잇달아 일어나면서 많은 유학자가 정치 싸움의 희생양이 되었고, 사림士林**은 정치에 참여하면서도 분열과 갈등을 반복하며 도덕적 신뢰를 잃어 갔습니다. 이런 상황에서 이황과 이이는 유교적 가치와 도덕 중심의 정치 회복을 위해

★ **사화:** 조선 전기 유학자들이 정치적 싸움 속에서 대거 탄압당한 사건으로, 무오·갑자·기묘·을사사화가 대표적이다.

★★ **사림:** 조선시대 향촌 사회에 성리학적 이상을 실현하고자 실천한 유학자들을 말한다.

노력했지만, 그 방법은 달랐습니다.

이황의 도덕 중심 성리학

먼저, 이황은 정치 싸움이 사람들의 도덕성을 해친다고 비판했어요. 그는 정치인들이 도덕적 책임을 다하지 않으면 나라가 위험해질 것이라고 경고하며, 사람들이 도덕적 원칙을 지키는 것이 사회 혼란을 막는 길이라고 강조했어요. 그는 관직에 오르기도 했지만, 부패한 정치에 실망해 벼슬을 그만두고 학문과 교육에 전념했어요.

이황의 철학은 25살이나 어린 후배 유학자 기대승과의 깊은 논의를 거치며 더욱 정교해졌어요. 두 사람은 '사단칠정 논쟁'이라 불리는 철학적 토론을 무려 8년 동안 편지로 주고받으며 이어 갔습니다. 나이와 학문적 위치의 차이에도 불구하고, 이 논쟁에는 치열한 이론의 충돌과 더불어 서로를 존중하는 태도가 함께 담겨 있었어요.

이황은 "사단은 도덕적 이치에서 발현되어 생기는 순수하고 선한 감정이고, 칠정은 기의 영향을 받아 선악이 섞여 있다. 따라서 사단을 키우고 칠정을 절제하는 것이 수행의 핵심이다"라고 보았지만, 기대승은 "사단과 칠정 모두 인간의 마음에서 나오는 감정으로, 모든 감정은 이와 기가 함께 작용해 생긴다. 사단과 칠정을 지나치게 구별하면 오히려 현실과 동떨어진 철학이 될 수 있다"라그 말하며 반론을 제기했죠.

기대승은 아버지뻘 되는 대학자의 견해에 조심스럽지만 분명한 태도로 자신의 생각을 밝혔고, 이황 역시 "내가 틀릴 수도 있다"라며 열린 자세로 응답했어요. 다만 그는 이 논쟁이 널리 알려지는 것을 경계

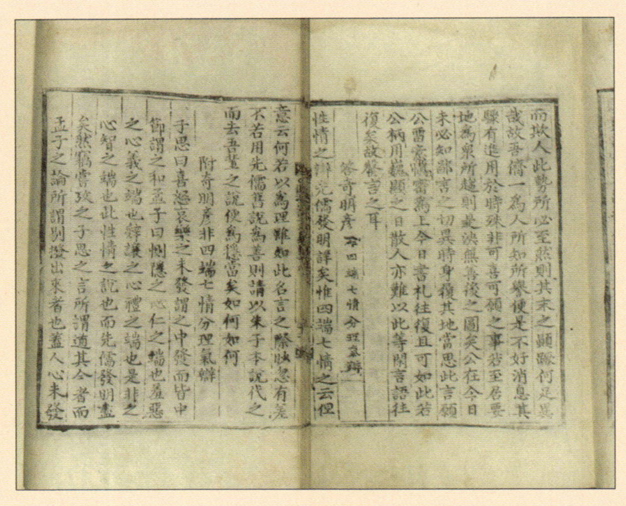

이황과 기대승의 사칠논쟁 서신,《퇴계집》16권
(출처: 한국민족문화대백과사전)

했습니다. 젊은 학자가 '스승을 거스른 인물'로 오해받거나, 학파 간의 공격 대상이 될까 염려했기 때문이에요. 이런 점에서 사단칠정 논쟁은 논리적 학설 다툼을 넘어서 학문을 대하는 태도와 인간적인 배려가 함께 드러난 논쟁이기도 했습니다.

정리하면, 이 논쟁을 통해 이황과 기대승은 도덕적 감정과 일상적 감정이 어디에서 비롯되는지를 깊이 탐구했고, 결국 모든 감정이 하나의 마음에서 출발한다는 문제를 각자의 방식으로 고민했던 셈이에요.

이이의 현실 중심 성리학

이이는 기대승의 생각을 이어받아, 보다 실용적이고 현실적인 접근을 통해 사회 문제를 해결하고자 했습니다. 그는 현실 정치에 적극적으로 참여하며 수많은 개혁 정책을 제안했고, 문신이자 유능한 행정가로서 명성을 얻었죠. 또한 도덕과 제도, 이상과 실천이 함께 가야 한다고 믿었으며, 국가가 개인의 도덕성을 바탕으로 정책을 세워야 한다고 주장했습니다.

이이는 분쟁이 생기면 중재자의 역할을 하며 사람들을 화합시키려고 했어요. 그는 사람이 서로 협력해야 사회의 도덕적 기반이 강해지고 정치적 혼란이 줄어든다고 믿었어요.

이처럼 이황과 이이는 같은 시대의 혼란을 보았지만, 그 해결 방법은 달랐어요. 이황은 도덕적 원리를 강조해서 사람들의 마음을 변화시키려 했고, 이이는 기를 중시하며 현실에 맞춰 행동하고, 실천과 제도 개혁을 통해 사회를 더 좋게 만들려고 했어요. 그렇기에 당시 왕인 선조를 위해 이황은 성리학적 세상을 만들기 위한 10가지 길이라는 《성학십도》를, 이이는 성리학을 잘 정리해 현실에 반영한 《성학집요》를 바쳤지요. 두 사람은 각자의 방식으로 도덕적 원칙을 사회에 적용하며 정치 문제를 해결하기 위해 열심히 노력했답니다.

용어 정리

사단
- 사람의 도덕적 감정 네 가지를 말해요.
- 측은지심: 남을 걱정하는 마음
- 수오지심: 자신이나 남의 잘못을 부끄러워하는 마음
- 사양지심: 남을 배려하는 마음
- 시비지심: 옳고 그른 것을 판단하는 마음

칠정
- 사람의 일상적인 감정 일곱 가지를 말해요.
- 기쁨, 분노, 슬픔, 즐거움, 사랑, 미움, 욕망 등이 포함되며, 이러한 감정은 상황에 따라 달라질 수 있어요.

우리는 어떤 문제를 마주하면 종종 한쪽으로 기울어 생각합니다. 원칙을 먼저 세워야 한다고 말하기도 하고 지금 상황에서는 어쩔 수 없다고 현실을 앞세우기도 하죠. 친구 사이의 갈등에서도, 사회의 문제를 바라볼 때도 이런 선택은 반복됩니다.

이황과 이이는 바로 이런 고민 앞에서 서로 다른 질문을 던진 사람들입니다. 이황은 '이', 곧 도덕적 원리와 기준이 삶의 중심에 서야 한다고 보았어요. 상황이 아무리 복잡해도 지켜야 할 기준이 분명할 때 사람의 행동과 사회의 질서가 흔들리지 않는다고 믿었죠. 그래서 그는 먼저 "왜 이것이 옳은가"를 묻도록 했습니다.

반면 이이는 '기', 즉 현실에서 실제로 작용하는 조건과 힘을 중요하게 보았어요. 아무리 좋은 원리라도 사람의 성향과 제도, 환경 속에서 실천되지 않으면 삶은 달라지지 않는다고 생각했죠. 그는 "그렇다면 지금 무엇을 할 수 있는가"를 묻는 데 더 가까웠습니다.

두 사람의 생각은 서로 맞서는 것처럼 보이지만, 사실 함께 생각할 때 더 큰 힘을 가집니다. 원칙만을 앞세우면 현실과 멀어질 수 있고,

현실만을 따지다 보면 방향을 잃기 쉬워요. 이황의 질문이 방향을 세워 준다면, 이이의 질문은 그 방향으로 움직이게 만듭니다.

오늘의 우리는 어떤 선택 앞에 서 있을까요? 지금의 판단은 기준을 세운 선택일까요, 아니면 상황에 끌려간 결정일까요? 이황과 이이의 사상은 이상과 현실 가운데 하나를 고르라고 말하지 않습니다. 두 질문을 함께 붙들고 살아갈 수 있는가를 우리에게 조용히 묻고 있어요.

근대

13

정약용과 최제우

성리학이 무너지는 시대

동쪽을 두드리다 서쪽에 부딪히고, 꼬리만 붙잡은 채 머리는 놓친 사람이 문마다 깃발을 세우고 집집마다 진영을 쌓는다. 그 결과 세상이 다하도록 송사를 제대로 판단하지 못하고, 세대를 거쳐서도 원망을 풀지 못한다. 들어오는 이는 주인으로 여기고, 나가는 이는 종으로 여기며, 뜻이 같은 이는 떠받들고 뜻이 다른 이는 공격한다. 그러면서도 스스로 의지하는 바가 지극히 바르다고 여긴다. 이러한 태도가 어찌 어설프지 않겠는가.

《여유당전서》, 정약용

서학은 말에 논리가 없고 글에 옳고 그름이 분명하지 않다. 마음을 다해 한울님을 섬긴다고 할 만한 단서가 없고, 오직 자신을 위해 기도할 뿐이다. 나는 이 나라에서 태어나 이 나라에서 깨달음을 얻었다. 자연의 이치에 따른다는 점에서 보면 동학이든 서학이든 모두 천도天道를 말하지만, 천도에 이르는 방식을 따져 보면 동학은 서학과 전혀 다르다. 땅이 동서로 나뉘어 있는데, 서를 어찌 동이라 하고 동을 어찌 서라 하겠는가. 나는 이 땅에서 태어나 이 땅에서 깨달음을 얻었고, 그 깨달음을 이 땅에 전하고 있다. 이를 어찌 서학이라 부를 수 있겠는가.

나의 도는 한울님의 뜻에 따라 자연스럽게 세상을 교화하는 무위이화無爲而化다. 저마다 본래의 마음을 지키고 기운을 바로잡아 수심정기守心正氣하며, 한울님의 성품을 거느리고 한울님의 가르침을 받으면 자연스러운 교화가 이루어진다.

《동경대전》, 최제우

성리학이 무너진 시대, 인간은 어떤 기준으로 살아야 할까?

정약용의 서학

조선 후기에 들어서며 성리학의 질서가 흔들리기 시작했어요. 이때 정약용이 가장 먼저 던진 질문은 도덕의 근거였습니다. '인간은 왜 선하게 살아야 하는가', 그리고 '무엇이 인간에게 도덕적 책임을 지우는가'라는 물음이었죠. 그는 이 질문을 인간의 본성과 하늘의 관계에서 다시 생각해 보려 했어요.

하늘은 나에게 본성을 주어, 덕을 기뻐하는 감정과 선을 선택할 수 있는 능력을 함께 부여했다. 이 본성은 나 자신 안에 존재하지만, 그 뿌리는 천명天命*에 있다. 모든 사람은 자기 본성 속에 그것이 있다는 이유로 이를 가볍게 여기기 쉬우나, 한번 깊이 탐구하여 본래의 본성을 회복하게 되면 그 성품이 바로 하늘이 부여한 존귀하고 찬란

★ **천명:** 하늘이 인간에게 부여한 본성의 근거이자 도덕적 기준을 뜻한다.

한 천명임을 깨닫게 된다. 그런데 이 본성이 지향하는 바를 거스르거나 본성이 부끄럽게 여길 행동을 하게 되면, 그것은 곧 천명을 소홀히 하고 어기는 것이며, 그 죄는 하늘에 닿을 만큼 무겁다고 할 수 있다.

《맹자요의》, 정약용

정약용은 성리학자들처럼 하늘을 자연의 법칙이나 이치로 보지 않았어요. 그에게 하늘은 세상을 다스리고 인간에게 도리를 가르쳐 주는 도덕적인 존재였어요. 그는 하늘이 인간에게 본성을 부여했을 뿐 아니라 옳고 그름을 구별할 수 있는 기준을 함께 주었다고 보았죠. 또한 하늘은 인간이 어떻게 살아가는지를 묵묵히 지켜보며 선한 행동에는 기쁨으로 응답하고 악한 행동에는 경고로 응급하는 존재였어요.

하늘에 대한 이러한 생각은 기존 성리학의 핵심 이론인 '성즉리'에 대한 비판으로 이어져요. 성즉리는 인간의 본성 안에 이미 하늘의 이치가 완전한 형태로 들어 있다고 설명해요. 또한 인간은 태어날 때부터 선한 본성을 지니며, 도덕은 그 본성이 자연스럽게 드러난 결과라는 생각이에요.

하지만 정약용은 이 설명이 인간의 실제 삶을 충분히 설명하지 못한다고 보았어요. 만약 인간의 본성이 이미 완전한 선이라면 인간이 악을 선택하는 현실은 어떻게 이해해야 할까요? 그는 인간의 도덕적 실패를 기질이나 환경의 탓으로 돌리는 설명이, 오히려 인간의 책임을 흐리게 만든다고 보았어요.

정약용은 인간의 본성을 실체가 아니라 경향성으로 이해했어요. 이것이 바로 '성기호설性嗜好說'이에요. 그는 본성이란 하늘의 이치와 같은 고정된 마음의 본체가 아니라, '무엇을 좋아하고 무엇을 싫어하는가'라는 마음의 움직임이라고 설명했어요. 인간의 마음은 언제나 어떤 방향을 향해 기울어지는데 이 기울어짐이 바로 본성이라는 거예요.

> 성性이란 기호嗜好다. 인간에게는 형구形軀의 기호도 있고 영지靈知의 기호도 있는데, 이 두 가지 모두 성에 해당한다. 형구의 기호는 소리와 빛깔, 냄새와 맛에 있고, 영지의 기호는 인·의·예·지에 있다. 비록 기호의 대상은 서로 다르지만, 이를 가리키는 이름은 모두 성으로 하나다.
>
> 《맹자요의》, 정약용

정약용은 인간의 기호를 두 가지로 나누어 설명했어요. 하나는 '영지의 기호'예요. 이는 하늘이 인간에게 준 도덕적 성향으로, 선한 것과 의로운 것을 좋아하고 악한 것과 탐욕을 싫어하는 마음이에요. 이 기호는 인간이라면 누구에게나 공통으로 주어진 도덕적 욕구예요.

다른 하나는 '형구의 기호'예요. 이는 육체에서 비롯된 감각적 욕망으로 배고픔을 채우고 고통을 피하며 편안함을 추구하려는 마음이에요. 이 기호는 인간뿐 아니라 동물에게도 나타나는 본능적인 욕망이에요.

정약용은 인간의 마음이 이 두 기호 사이에서 끊임없이 흔들린다고 보았어요. 그는 인간의 마음을 사사로운 마음과 도덕적인 마음이 맞서는 자리로 설명했어요. 사사로운 마음은 형구의 기호에서 비롯된 지나친 욕망이고, 도덕적인 마음은 하늘의 뜻을 따르려는 영지의 기호예요.

마음의 자주지권

사람이 악한 행동을 하려 할 때, 한쪽에서는 욕망이 일어나고, 다른 한쪽에서는 그것을 제어하려는 마음이 생긴다. 이렇게 밝은 쪽에서 그것을 막으려 하는 것이야말로 하늘이 부여한 성, 곧 천명이다. 그런데 만일 선과 악이 본성 안에 뒤섞여 있다고 본다면, 우리가 선을 행하는 것이 마치 물이 위에서 아래로 흐르듯 자연스럽다는 주장과 충돌하게 된다. 뿐만 아니라 이런 관점은 우리의 노력을 정당하게 설명하지 못한다는 한계가 있다. 하늘은 우리에게 자유로운 선택의 권리(자주지권)를 주었으므로, 으리가 선을 원하면 선을 행할 수 있고, 악을 원하면 악을 행할 수 있도록 했다. 이것이 바로 인간과 짐승의 근본적인 차이다. 따라서 선과 악은 이미 고정된 본성의 문제가 아니라, 그것을 택하는 마음의 선택에 달린 것이다. 그러므로 선을 행했다면 그것은 참으로 자신의 공이고, 악을 행했다면 그것은 실로 자신의 죄다. 이는 마음의 자유로운 선택과 판단의 결과이지, 성 자체가 미리 정해져 있기 때문이 아니다.

《맹자요의》, 정약용

이때 등장하는 개념이 바로 '마음의 자주지권自主之權'이에요. 정약용은 인간에게 선과 악을 스스로 선택할 수 있는 권리가 주어졌다고 말했어요. 인간은 선한 행동을 할 수도 있고 악한 행동을 할 수도 있어요. 그리고 그 선택의 결과에 대한 책임은 전적으로 인간 자신에게 돌아와요.

이 관점에서 보면 선과 악은 본성 안에 미리 정해져 있는 것이 아니에요. 선한 행동은 영지의 기호를 따른 선택의 결과이고, 악한 행동은 형구의 욕망에만 이끌린 선택의 결과예요. 그래서 정약용은 도덕을 자연스럽게 흘러나오는 성질로 보지 않고 선택과 책임이 반복되며 형성되는 삶의 태도로 이해했어요.

최제우의 동학

최제우는 인간이 왜 도덕적으로 살아야 하는지를 추상적인 이론으로 설명하기보다, 하늘과 인간의 관계를 새롭게 묻는 방식으로 접근했어요. 대신 그는 이렇게 물었죠. "하늘은 과연 어디에 있는가, 그리고 하늘과 인간은 어떤 관계인가."

동학은 성리학·불교·도가의 사상에 더해 우리 고유의 민간 신앙을 함께 끌어안으며 형성된 사상이었어요. 이는 봉건적 질서 속에서 고통받던 민중의 현실과, 다가오는 외세의 위기 속에서 형성된 사상이었어요. 동학은 기존 사회 질서가 흔들리는 상황에서 그 질서를 지탱해 온 사상 또한 그대로 유지될 수 있는지에 대한 근본적인 문제를 제기했어요.

동학이 말하는 하늘, 한울

> 우리 사람이 태어난 것은 한울님의 신령한 기운을 모시고 태어난 것이요, 우리 사람이 살아가는 것 또한 한울님의 신령한 기운을 모시고 살아가는 것이다. 그러니 어찌 사람만이 홀로 한울님을 모셨다고 하겠는가. 천지 만물 가운데 한울님을 모시지 않은 것이 없다.
>
> 《동경대전》, 최제우

동학 사상의 중심에는 한울(하늘)에 대한 새로운 개념이 등장합니다. 성리학에서 하늘은 이치의 근원이거나 도덕 질서의 상위 원리로 설명되었어요. 그러나 동학에서 말하는 한울은 추상적인 개념이 아니에요. 한울은 우주 만물을 낳은 근원적 존재인 동시에, 만물 속에 깃들어 끊임없는 생성과 변화를 이끄는 존재예요.

중요한 점은 이 한울이 어떤 특정한 신분이나 사람에게만 속한 것이 아니라는 생각이에요. 동학은 남녀노소와 부자, 가난한 사람을 가리지 않고 모든 사람이 같은 하늘을 함께 모시고 살아간다고 보았어요. 그래서 하늘은 우리의 삶 가까이에서 늘 함께하는 존재로 이해되었지요.

사람이 곧 하늘이다

'시侍'란 한울님을 깨달아 모신다는 뜻이다. 천주天主에서 '주主'는 내 마음의 주인을 가리킨다. 그러므로 내 마음을 깨닫는다는 것은 곧 상제가 내 마음임을 깨닫는 일이다. 이때 천지 또한 내 마음 안에 있다. 모든 존재는 내 마음과 분리되어 있지 않으며, 다 내 마음의 일부로 드러난다. 이는 곧 내가 내 마음을 모셨다는 뜻이다.

《해월신사법설》, 최시형[★]

이러한 관점에서 동학은 인내천人乃天, 즉 사람이 곧 하늘이라는 사상을 제시해요. 이는 인간이 하늘의 명령에 따르는 존재라는 뜻이 아니라, 인간 자체가 하늘을 품은 존엄한 존재라는 선언이에요. 이 생각은 시천주侍天主 사상으로 이어져 자기 마음속에 깃든 하늘을 자각하며 일상 속에서 살아가는 태도로 실천되었어요.

내 마음이 곧 네 마음이다. 사람들이 어찌 이를 쉽게 알 수 있겠는가. 사람들은 천지는 말하지만 귀신은 알지 못한다. 그러나 귀신이라 부르는 것 또한 곧 나 자신이다.

《해월신사법설》, 최시형

★ **최시형**: 최시형은 동학 2대 교주로, 《해월신사법설》은 최재우의 동학 사상을 계승하여 설법 형태로 풀어낸 문헌이다.

인내천과 시천주 사상은 각각 '오심즉여심吾心卽汝心'과 '천심즉인심天心卽人心'으로 확장돼요. 오심즉여심이란 나의 마음과 타인의 마음이 본래 하나로 통한다는 생각으로, 다른 사람의 고통과 기쁨을 나와 무관한 것으로 볼 수 없다는 뜻이에요. 천심즉인심은 하늘의 뜻이 인간의 마음과 떨어져 있지 않다는 생각으로, 인간의 마음속에 이미 도덕의 근거가 깃들어 있다는 이해를 담고 있어요.

이러한 생각은 곧 '사인여천事人如天'으로 이어져요. 사인여천이란 사람을 섬기기를 하늘을 섬기듯 하라는 뜻으로, 모든 인간이 본성의 차원에서 하늘과 같은 존엄을 지니고 있음을 전제로 한 윤리적 요청이에요. 그래서 동학에서는 타인을 대할 때 곧 하늘을 대하듯 공경해야 한다고 가르쳤어요.

성리학 질서가 흔들리던 조선 후기

정약용과 최제우의 사상, 즉 서학과 동학은 우연히 등장한 것이 아니에요. 이들의 철학은 모두 조선 후기 사회가 맞닥뜨린 구조적 위기 속에서 형성되었어요. 오랫동안 조선 사회를 지탱해 온 성리학은 인간의 본성과 도덕, 사회 질서를 설명하는 중심 이론이었지만, 18세기 후반에 이르러 점점 현실을 설득하지 못하게 되었어요.

조선 후기는 정치적으로 붕당 싸움이 격화되고, 사회적으로는 신분 질서가 해체되며, 경제적으로는 농민의 삶이 급속히 피폐해진 시기였어요. 성리학은 여전히 도덕과 질서를 말했지만, 성리학에서 말하는 도덕은 삶의 현장에서 작동하지 않았기에 사람들의 고통을 설명하거나 해결하지는 못했어요. 이때 성리학이 전제로 삼았던 인간 이해와 도덕 이론은 심각한 도전에 직면하게 되었죠.

정약용, 성리학을 다시 묻다

이러한 상황 속에서 정약용이 등장해요. 정약용은 성리학을 조선 사회의 유일한 기준으로 삼는 태도를 분명히 비판했어요. 다만 그는 유학의 전통 자체를 버리지 않고, 유학이 인간과 현실 사회를 다시 설명할 수 있도록 맹자의 이론을 재구성한 사상가였어요.

정약용은 1762년 남인 가문에서 태어나 과거에 급제한 뒤 관료로 활동했어요. 그는 정조의 신임을 받아 개혁 정책과 제도 정비에 참여했지만, 정조 사후 정치적 격변 속에서 1801년 신유박해를 계기로 강진에 유배되었어요. 약 18년에 이르는 유배 생활 동안 그는 인간의 본성, 도덕, 정치와 제도를 다시 정립하며 방대한 저술을 남겼어요. 그의 사상은 성리학과는 달리 인간을 선택과 책임의 주체로 다시 세우려는 실천적 철학이었어요.

최제우, 성리학을 넘어서다

최제우가 등장한 시대는 상황이 더욱더 절박했어요. 성리학은 이미 민중의 삶을 올바르게 끌어갈 힘을 잃었고, 사회 질서는 백성의 고통을 보호하지 못했어요. 외세의 위협과 봉건적 억압이 겹치면서 기존 질서 자체에 대한 근본적인 불신이 커지고 있었지요.

최제우는 1824년 경주에서 태어났어요. 그는 몰락한 양반 출신으로 관직이나 학문 제도의 중심에서 멀리 떨어진 삶을 살았어요. 오랜 방황과 고통 속에서 그는 세상이 왜 이렇게 불의한지, 인간은 왜 이렇게 고통받는지를 묻기 시작했어요. 그 과정에서 그는 1860년 한울의 계시를 받았다고 주장하며 동학을 창시했어요. 그의 사상은 학문적 논쟁을 위한 철학이 아니라, 민중의 삶을 구제하기 위한 시도였어요.

동학은 도덕을 규범의 목록이나 개인의 선택 문제로 설명하지 않았어요. 대신 존재의 자리에서부터 인간을 다시 세우는 걸 강조했어요. 인간은 무엇을 선택해야 도덕적인가를 고민하기 이전에 이미 그 자체로 존엄한 존재라는 점을 주장하죠.

또한 동학은 모든 인간 안에 한울이 깃들어 있다는 철학을 바탕으로 모든 사람이 본래부터 평등하다는 만민 평등 사상을 분명히 드러냈어요. 이는 인간을 신분과 계급으로 구분하던 봉건 질서에 대한 근본적인 문제 제기였지요. 사람이 가장 귀하다는 동학의 선언은, 기존 성리학적 질서를 부분적으로 수정하려는 시도를 넘어 질서의 기준 자체를 다시 세우려는 시도였어요.

두 사상의 대비와 역사적 의미

정약용과 최제우는 사회 모순을 일으키는 현실을 이끌지 못하는 성리학을 비판하면서 새로운 방향을 모색했다는 점에서 같은 문제의식을 갖고 있지만, 꿈꾸는 이상과 지향은 달랐어요. 정약용은 실학자의 입장에서 인간을 선택과 책임의 주체로 다시 세웠고, 최제우는 동학의 창시자로서 인간을 하늘과 하나인 존재로 다시 세웠어요. 하나는 제도와 철학적 언어로 성리학의 한계를 드러냈고, 다른 하나는 삶과 신앙의 언어로 성리학을 넘어섰어요.

조선 후기는 이렇듯 기존 사상이 무너지고 새로운 기준을 모색해 성리학이 해체되던 시대였어요. 정약용과 최제우의 사상은 바로 그 전환의 현장에서 등장한 두 개의 다른 방향의 역사적 선택이었어요.

성기호설	- 사람의 본성은 기호(무엇을 즐기고 좋아하는지)로 해석해야 한다는 이론이에요. - 선과 악은 실제로 존재하고, 사람은 기호에 따라 스스로 옳고 그름을 선택할 수 있어요.
영지의 기호	- 선한 것을 좋아하고 악한 것을 미워하며, 의로운 것을 좋아하고 탐욕을 미워하는 마음의 경향성을 의미해요. - 도덕적으로 바른 행동과 가치관을 지향하는 마음의 상태를 나타내는 기호로 볼 수 있죠.
형구의 기호	- 육체에서 발생하는 감각적 욕망을 나타내는 개념이에요. - 이는 사람과 동물 모두에게 해당되는 것으로, 육체적 욕망이나 감각적인 욕구를 의미합니다.
자주지권	- 남의 강요에 끌리지 않고 스스로 판단하고 선택할 수 있는 마음의 힘을 말해요. - 정약용은 사람이 이런 힘을 바탕으로 욕심을 절제하고 옳은 길을 선택해야 한다고 보았어요.
한울(하늘)	- 하늘의 순우리말이며, 동학에서는 모든 존재를 품은 근본적인 힘을 가리켜요. - 동학은 한울이 인간의 삶 속에 함께하며 모두를 평등하게 대한다고 보았어요.
인내천	- 사람이 곧 하늘이라는 생각이에요. - 모든 인간이 본래 존엄하고 평등한 존재라는 뜻이에요.
시천주	- 하늘을 밖에서 섬기는 것이 아니라 마음속에 모시고 살아가는 태도예요. - 일상 속에서 하늘의 뜻을 실천하며 살 것을 강조해요.
오심즉여심	- 내 마음과 남의 마음이 서로 다르지 않다는 뜻이에요. - 동학은 다른 사람의 마음을 내 마음처럼 여기며 살아가야 한다고 보았어요.
천심즉인심	- 하늘의 마음이 곧 사람의 마음이라는 생각이에요. - 동학은 인간의 마음속에서 하늘의 뜻이 드러난다고 보았어요.
사인여천	- 사람을 하늘처럼 섬겨야 한다는 생각이에요. - 타인을 존중하고 함부로 대하지 말아야 한다는 동학의 윤리를 담고 있어요.

　정약용과 최제우의 사상은 오늘을 살아가는 우리에게 인간답게 산다는 것이 무엇인지 다시 묻게 해요. 두 사람은 모두 성리학이 삶의 기준으로 작동하지 못하던 시대를 살았고, 기존의 도덕과 질서가 현실의 고통을 설명하지 못하는 상황을 직접 마주했어요. 그래서 그들은 도덕을 책 속의 원리나 관념에 두지 않고 인간의 삶 한가운데로 끌어왔지요.

　정약용은 인간을 선택하는 존재로 바라봤어요. 그는 선과 악이 태어날 때부터 고정되어 있다고 보지 않았고, 매 순간 어떤 마음의 기호를 따르느냐에 따라 삶의 방향이 달라진다고 생각했어요. 이 관점은 오늘날 우리에게도 중요한 의미를 가져요. 우리는 환경이나 구조를 이유로 자신의 선택을 미루기 쉬워요. 하지만 정약용에 따르면 도덕은 자연스럽게 따라오는 성질이 아니라 매번 책임을 동반한 선택의 결과예요. 오늘 내가 어떤 욕망을 따르고 어떤 마음을 억제하는지가 곧 나의 삶을 만들어 가는 거죠.

　최제우의 동학은 또 다른 방향에서 오늘을 바라보게 해요. 그는 인간에게 도덕적 책임을 요구하기에 앞서 인간 존재 자체의 자리를 다시 세웠어요. 동학에서 말하는 한울은 멀리 있는 추상적인 원리가 아니라, 모든 사람 안에 깃든 존엄의 근원이에요. 이 생각은 누군가를 평가하거나 가르치기 이전에 먼저 그 사람을 어떻게 대해야 하는지를 묻게 해요. 타인을 수단이나 대상으로 대하는 태도가 곧 하늘을 대하는 태도와 이어진다는 동학의 윤리는, 오늘날의 인간관계와 사회 구조를 돌아보게 만들어요.

현대 사회에서는 개인의 자유와 선택이 강조되는 만큼 그에 따른 책임과 존엄이 흐려지기 쉬워요. 정약용의 철학은 선택의 무게를 일깨우고, 최제우의 사상은 그 선택의 출발점에 이미 존엄한 인간이 서 있음을 상기시켜요. 한쪽은 인간을 도덕적 주체로 세우고, 다른 한쪽은 인간을 존재의 차원에서 존중받아야 할 대상으로 세우죠.

이 두 사상은 오늘날에도 서로 다른 방식으로 우리를 부르고 있어요. 삶이 제도와 규칙 속에서 흔들릴 때는 정약용처럼 선택과 책임을 돌아보게 하고, 인간이 숫자나 지위로 전락할 때는 최제우처럼 사람 자체의 가치를 다시 떠올리게 해요. 성리학이 무너진 시대에 등장한 이 두 목소리는 기준이 흔들리는 오늘의 사회에서도 여전히 살아 있는 질문으로 남아 있어요.

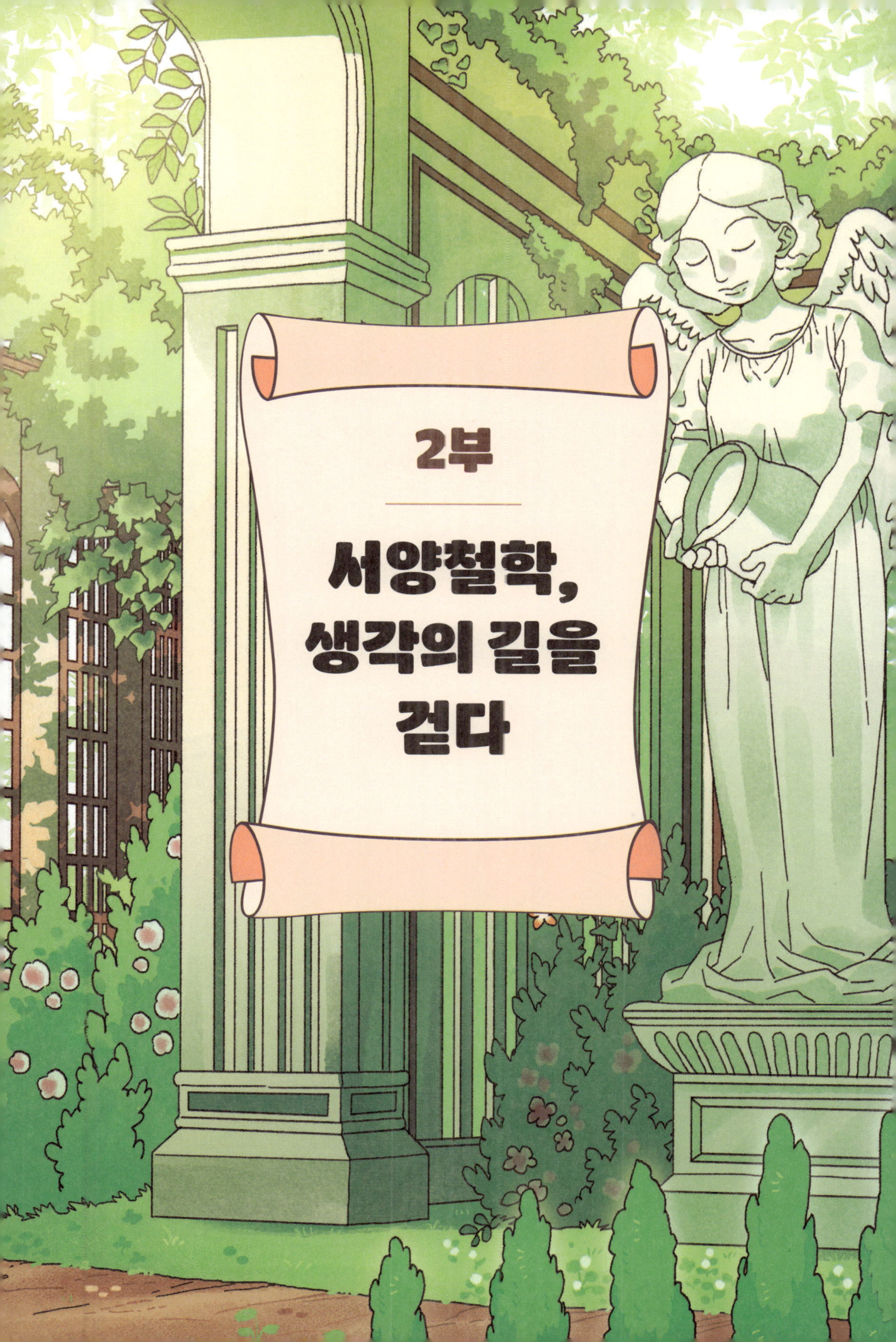
2부

서양철학,
생각의 길을
걷다

고대

14

소피스트와 소크라테스
너 자신을 알라

성찰 없는 삶은 살아갈 가치가 없다. 개인에게 있어 가장 중요한 일은 자신의 영혼을 돌보는 일이며, 이는 영혼의 수련을 통해 진리에 이르는 것으로 완성된다. 하지만 어떤 사람들은 "인간은 만물의 척도다"라고 말한다. 나는 이러한 주장이 참과 거짓, 옳고 그름을 구분할 수 없게 만드는 상대주의적 입장이라고 생각한다. 그런 견해는 결국 진리에 대한 인식 자체를 흐리게 하며, 인간의 정신적 성장에도 방해가 된다.

《소크라테스의 변론》, 플라톤

　서양의 철학과 사유는 보통 그리스 철학에서 시작한다고 말해요. 철학은 영어로 'philosophy'라고 하는데, 이 말은 그리스어 'philosophia(필로소피아)'에서 비롯되었어요. 이는 '우정'이나 '사랑'을 뜻하는 'philia(필리아)'와 '지혜'를 뜻하는 'sophia(소피아)'가 합쳐진 말이에요. 그래서 철학은 흔히 '지혜를 친구처럼 여기고 사랑하는 학문'으로 이해되지요.

　그리스 철학자 중 가장 대표적인 인물은 단연 소크라테스예요. 물론 소크라테스 이전에도 탈레스처럼 만물의 근원을 '물'로 설명한 철학자나, 피타고라스처럼 '숫자'를 근본 원리로 본 사상가들이 있었어요. 하지만 소피스트와 소크라테스에 이르러 철학의 중심 주제는 자연에서 인간으로 옮겨 가게 돼요.

　특히 소크라테스는 소피스트들의 다양한 주장과 변론을 넘어, 어떻게 살아야 잘 사는 삶인지에 대해 깊이 고민한 철학자였어요. 그는 지식 그 자체보다 삶의 태도와 도덕적 성찰을 더 중요하게 여겼죠. 이런 이유로 서양철학은 소크라테스로부터 본격적으로 시작되었다고 말해도 지나치지 않아요.

그래서 인류의 정신세계에 큰 빛이 된 인물을 꼽을 때 흔히 공자와 석가모니, 예수, 그리고 소크라테스를 함께 언급하곤 하죠. 앞서 동양 편에서 공자와 석가모니의 말씀을 살펴보았다면, 서양 편의 첫머리에서는 소크라테스의 말을 통해 서양철학의 출발점을 만나 보려고 해요.

소피스트

인간은 만물의 척도다. 존재하는 것들에 대해서는 그것이 존재하는 이유를 판단하는 기준이며, 존재하지 않는 것들에 대해서는 그것이 존재하지 않는 이유를 가늠하는 기준이 된다.

《프로타고라스》, 플라톤

소크라테스가 활동하던 시기에는 '소피스트sophist'라고 불리는 지식인들이 있었어요. 소피스트는 '지혜로운 자' 혹은 '현명하고 신중한 자'를 뜻하는 그리스어에서 유래되었죠. 소피스트 중에서도 프로타고라스, 고르기아스, 트라시마코스가 유명한데, 이들은 인간과 세상에 대해 서로 다른 주장을 펼쳤어요. 이들은 주로 말과 논리를 가르치며 사람들에게 세상을 이해하고 설득하는 방법을 알려 주었어요. 그들은 인간과 사회의 문제를 탐구하며, 절대적인 진리보다 사람의 인식과 경험을 중시하는 철학적 태도를 가졌답니다.

최초의 소피스트라고 불리는 프로타고라스는 "사람이 모든 것의 기준이다"라고 말했어요. 이 말은 각 사람이 자신의 경험과 느낌에 따라 세상을 판단한다는 뜻이에요. 같은 음식을 먹어도 누군가는 맛있다고 느끼고, 다른 누군가는 맛없다고 느낄 수 있죠. 즉, 우리가 느끼는 것이 곧 진리가 된다는 말이에요.

고르기아스는 "아무것도 존재하지 않는다"라고 말했어요. 이 말은 우리가 어떤 것이 있다고 해도, 그걸 정말로 알 수 없고, 알더라도 다른 사람에게 제대로 설명할 수 없다는 뜻이에요. 그래서 우리가 알고 있다고 생각하는 것들도 사실은 확실하지 않을 수 있다는 극단적인 주장을 했어요.

트라시마코스는 정의에 대해 특별한 생각을 가지고 있었어요. 그는 법을 만드는 사람들이 자신의 이익을 위해 법을 만든다고 주장하며 "정의는 강자의 이익이다"라고 말했죠. 힘 있는 사람의 이익이 곧 정의라는 거예요. 트라시마코스의 주장은 불평등한 사회 문제를 생각하게 만들고, 정의가 항상 옳은 것이 아닐 수 있다는 점을 보여 줘요.

이처럼 소피스트는 진리나 정의에 대해 모두에게 똑같이 적용되는 기준이 있다고 보지 않았어요. 대신 사람, 상황, 힘의 관계에 따라 판단이 달라질 수 있다고 생각했는데, 이런 입장을 상대주의라고 불러요. 그들은 각 개인이 겪은 경험이 도덕적인 판단에 큰 영향을 주기 때문에, 어떤 행동이 옳은지 그른지는 사람이나 문화에 따라 다를 수밖에 없다고 생각했어요. 다시 말해, 모두가 똑같이 따를 수 있는 도덕적인 진리나 규범은 정해져 있지 않다고 주장한 것이지요.

그리고 소피스트 대부분은 성공과 행복을 위해 재산, 명예, 권력 같은 것들이 중요하고, 이런 목표를 이루기 위해 다른 사람들을 설득하는 능력이 필요하다고 강조했죠. 공공장소나 법원 등에서 토론에 이기기 위한 기술을 갖춰야 한다고 생각했으니까요.

소크라테스

영혼은 우리 내면에 존재하며, 우리는 그것을 통해 자신이 지혜로운지 어리석은지, 선한지 악한지를 분별할 수 있다. 결국 우리가 관심을 두어야 할 것은, 가능한 한 이 영혼을 선하고 바르게 가꾸는 일이다.

《대화》, 플라톤

여러 소피스트가 인기를 얻으며 활동하고 있을 때, 그들의 생각에 반대하는 사람이 있었어요. 바로 소크라테스예요.

소피스트는 '잘 사는 것'을 권력, 명예, 재산 같은 외부의 성공과 연결했어요. 하지만 소크라테스는 진짜 '잘 사는 것'은 우리의 마음과 영혼을 잘 돌보는 것이라고 주장했어요. 그는 마음을 건강하게 하고, 사람으로서 좋은 일을 하는 것이 진정한 행복이라고 믿었죠.

또한 소피스트는 사람마다 경험이 다르기 때문에 '잘 사는 것'의 의미도 서로 다르게 생각할 수 있다고 말했어요. 이에 비해 소크라테스는 '잘 사는 것'을 영혼을 돌보고 참된 행복을 추구하는 삶으로 보았죠. 삶의 방식은 제각각일지라도, 결국 소크라테스는 모든 사람이 영혼을 잘 가꾸고 진정한 행복을 찾고자 한다는 점에서는 같다고 믿었어요. 그래서 이것을 모든 사람에게 중요한 공통의 가치로 생각했던 거예요.

소크라테스는 사람들이 자신의 마음과 영혼을 잘 돌보지 않는 것에 대해 걱정했어요. 그는 사람들이 이렇게 무관심하면 진정한 행복을 찾지 못하고, 좋은 삶에 대해 잘 모르게 된다고 생각했죠. 그래서 결국 나쁜 행동을 하게 된다고 주장했어요. 그는 올바르게 사는 것이 정말 중요하다고 강조했답니다.

> 어떤 사람이 자신이 지금 하고 있는 일보다 더 나은 것이 있다고 진심으로 안다면, 그는 반드시 지금의 일을 멈추고 더 나은 쪽으로 나아가려 할 것이다. 사람이 좋다고 생각하는 것을 버리고, 나쁘다고 여기는 쪽을 택하려는 성향은 인간 본성에 어긋난다. 자신의 욕망이나 충동을 이겨 내고 더 나은 선택을 하게 하는 힘, 그것이 바로 지혜다.

《대화》, 플라톤

소크라테스는 나쁜 행동의 가장 큰 원인이 사람들이 자신에게 가장 좋은 것이 무엇인지 알지 못하는 데 있다고 생각했어요. 누구나 좋은 것을 찾으려 하고 진정한 행복을 원하지단 동시에 나쁜 행동을 하게 되는 이유가 '잘 몰라서'라는 거죠. 그래서 그는 "알면 반드시 행한다"

라고 말하면서, 참된 지식을 알게 되면 사람들은 나쁜 행동보다는 좋은 행동을 하게 되고, 결국 진정한 행복을 찾게 될 것이라고 강조했어요.

그래서 소크라테스는 '잘 사는 나의 삶'에 대한 참된 지식을 깨닫기 위해 늘 스스로를 돌아봐야 한다고 말했어요. 그는 "너 자신을 알라"라는 말을 통해, 각자가 자신의 마음과 삶을 진지하게 살펴봐야 한다고 강조했죠. 무엇이 정말 중요한지, 어떤 삶이 가장 가치 있는지를 끊임없이 고민해야 한다고 보았어요. 소크라테스는 이런 자기 성찰이 생각에 그치는 일이 아니라, 실제로 더 나은 삶으로 이어지는 길이라고 믿었답니다. 지식과 지혜를 통해 좋은 삶의 의미를 이해하고, 그 이해를 바탕으로 올바르게 살아갈 때 비로소 참된 행복에 가까워질 수 있다고 본 것이죠. 그는 사람들이 자신의 내면을 발견하고 더 깊이 있는 삶으로 나아가기를 진심으로 바랐어요.

전쟁과 민주정이 낳은 새로운 질문들

기원전 5세기, 그리스와 주변 나라에는 큰 변화가 있었어요. 그리스는 '페르시아 전쟁'과 '펠레폰네소스 전쟁'이라는 커다란 전쟁을 두 차례 겪었고, 사람들은 이 전쟁을 계기로 그동안 믿어 왔던 규칙이나 신에 대한 믿음을 다시 생각하게 되었어요. 전쟁이 계속되면서 규칙을 잘 지켜도 사회가 여전히 혼란스럽고 살아가기 힘들다는 점을 깨닫게 된 것이죠. 이에 사람들은 인간 존재와 사회가 무엇인지에 관한 질문을 많이 하게 되었고, 자신의 삶과 세계에 대해 더 깊이 이해하려고 노력했어요. 바로 이때 자연과 세상에 대해 새롭게 생각하는 철학이 등장하게 된 것이지요.

아테네에서는 민주정*이 발전하면서 시민들이 정치에 대해 더 많이 참여하게 되었어요. 다만 시민이 되기 위해서는 몇 가지 조건이 있었어요. 아테네에서 태어난 성인 남자만 시민으로 인정되었고 여자나 외

★ **민주정:** 고대 아테네에서 시민들이 직접 정치에 참여해 공적 사안을 결정하던 정치 체제.

국인, 노예 등은 시민에 포함되지 않았어요. 정치가 솔론*이 시민들의 권리를 넓혀 주었고, 그 결과 시민들은 '민회'라는 중요한 회의에 참여해 의견을 내고 투표할 수 있게 되었답니다. 민회에서는 법을 만들고 중요한 문제를 논의했어요. 이로 인해 시민들은 민회에서 자신의 의견을 잘 전달하는 게 얼마나 중요한지를 깨닫게 되었어요. 그래서 많은 아테네 시민은 말 잘하는 기술이 정치적으로 성공하기 위해 꼭 필요한 능력이라고 여기고, 이를 배우고 싶어 했죠.

이 시기에 그리스의 여러 도시에서 수많은 학자가 아테네로 모여들기 시작했어요. 소피스트라고 불린 이들은 곧 아테네뿐만 아니라 다른 도시에서도 유명해졌죠. 소피스트는 뛰어난 말솜씨와 지식을 가지고 있어서 많은 이에게 영향을 주었고, 사람들에게 변론술**과 수사학***을 가르쳐 주기도 했답니다.

소피스트는 사람들을 가르치면서 꽤 비싼 수업료를 받았어요. 프로타고라스라는 소피스트는 1년에 군함 한 척 값과 맞먹는 수업료를 요구했다고 해요. 그래서 돈이 있는 남자들만 소피스트의 수업을 들을 수 있었죠. 이는 소피스트의 지식이 일부 사람에게만 영향을 미치도록 만들었어요.

소피스트는 사람들이 자신의 주장을 잘 전달하기 위해 논리적이고

★   **솔론:** 기원전 6세기경 활동한 고대 아테네의 정치가이자 법률가로, 사회적 불평등을 완화하는 개혁을 통해 아테네 민주정의 기초를 마련한 인물.

★★   **변론술:** 상대를 설득하거나 자신의 주장을 논리적으로 주장하기 위한 말하기 기술.

★★★   **수사학:** 말과 글을 효과적으로 구성해 청중을 설득하는 기술과 이론.

설득력 있게 말하는 기술도 가르쳤어요. 그들은 사회의 규칙과 법을 비판적으로 바라보고, 사람들이 만든 모든 생각과 도덕, 기준이 완벽하지 않다는 상대주의와 회의주의를 강조했지요. 이런 주장은 많은 이에게 공감을 얻었고, 인간 존재와 사회에 대한 더 깊은 질문을 탐구하게 만들었어요. 하지만 소피스트의 주장은 종종 논리적으로 타당하지 않거나 설득을 위한 논증에 머무르기도 했답니다.

소크라테스의 등장

이런 상황에서 소크라테스라는 철학자가 등장했어요. 소크라테스는 아버지가 석공이자 조각가, 어머니가 산파였던 집에서 태어났고, 아테네의 평범한 시민 가정에서 자랐어요. 청년 시절부터 40살 무렵까지 여러 전쟁에 중장보병으로 출전했는데, 중장보병은 장비를 스스로 마련할 수 있는 일정한 재산을 가진 시민들이 맡는 경우가 많았어요. 이를 통해 소크라테스가 중산층 정도의 집안에서 성장했음을 짐작할 수 있지요.

소크라테스는 젊은 시절 자연철학을 배웠지만, 그 철학이 현실의 삶과는 거리가 멀다고 느꼈어요. 그래서 철학의 관심을 자연에서 인간으로 옮기게 되었지요. 당시 아테네는 정치적으로 매우 혼란스러운 시기였고, 전통적인 가치와 새로운 가치가 서로 충돌하고 있었어요. 이런 시대 상황 속에서 소크라테스는 인간은 어떻게 살아야 하는지, 무엇이 옳고 그른지와 같은 문제에 주목하게 되었어요.

그는 소피스트처럼 진리를 사람마다 다르게 해석하지 않았어요. 모든 사람에게 적용될 수 있는 객관적인 진리를 찾고자 했죠. 진리를 탐구하는 과정에서 인간의 도덕적 가치와 윤리에 대해 깊이 고민하고 토론했어요. 소크라테스는 소피스트가 오히려 세상을 더 혼란스럽게 만든다고 비판했어요. 처음에는 그 역시 소피스트 중 한 사람으로 여겨지기도 했지만, 소크라테스는 자신이 그들과는 다르다고 분명히 밝혔어요.

소피스트가 자신을 '지혜로운 사람'이라고 불렀던 것과 달리, 소크라테스는 스스로를 '지혜를 사랑하는 사람'이라고 소개했어요. 이는 이미 지혜를 가졌다고 생각하기보다, 끊임없이 지혜를 찾고자 노력했다는 것을 알 수 있어요. 그는 상대방의 말을 논리로 깨부시는 것을 즐긴다는 소문도 부정하며, 지식을 탐구하는 과정 자체가 중요하다고 강조했답니다.

소크라테스의 이러한 태도는 델포이 신탁*에서 비롯되었어요. 그의 친구가 델포이에 가서 '가장 현명한 사람은 소크라테스다'라는 신탁을 전해 주었을 때, 소크라테스는 오히려 큰 의문을 품었지요. 그래서 그는 정치가, 시인, 장인 등 여러 사람을 찾아다니며 질문을 던지고 그들의 지식을 살펴보았어요. 그 과정에서 소크라테스는 자신뿐만 아니라 다른 사람들 역시 진짜 지식을 가지고 있지 않다는 사실을 깨닫게 되었어요. 그리고 자신의 무지를 아는 것이야말로, 모르면서 아는 척하는 사람들보다 더 지혜롭다는 결론에 이르렀지요. 이것이 바로 소크라

★ **델포이 신탁**: 고대 그리스에서 신 아폴론의 뜻을 전한다고 여겨진 가장 유명한 신탁.

테스 철학의 출발점이 된 '무지에 대한 자각'이에요.

소크라테스의 죽음

소크라테스는 많은 사람에게 큰 영향을 주었지만, 그의 가르침이 잘 못 해석되기도 했어요. 특히 크리티아스와 같은 참주가 등장하면서 정치적 혼란이 커졌고, 그 과정에서 소크라테스는 '청년을 부패시키고 국가의 신들을 부정했다'는 혐의로 고발되었어요. 여기서 참주란 본래의 권한이나 정당한 지위 없이 권력을 차지해 지배하는 사람을 뜻해요. 재판은 배심원 법정에서 진행되었고, 일반 시민으로 구성된 배심원들이 증거를 듣고 사건의 사실 여부를 판단해 형벌을 결정했어요. 그 결과, 소크라테스는 배심원 투표에서 40표 차로 사형선고를 받게 되었죠.

여러분! 비록 여러분께서 '지혜를 사랑하지 않겠다'는 조건으로 저를 무죄로 풀어 주겠다 하셔도, 제가 살아 있는 한, 그리고 그것이 허락되는 한, 지혜를 탐구하는 일도, 여러분의 무지를 일깨우는 일도 결코 멈추지 않을 것입니다. 이 점을 깊이 고려하신 뒤, 제 죄의 유무를 판단해 주십시오. 설령 저를 몇 번이고 죽인다 해도, 저는 결코 제 삶의 길을 바꾸지 않을 것입니다.

《소크라테스의 변론》, 플라톤

소크라테스는 도망칠 기회가 있었음에도 자신의 신념을 지키기 위해 독배를 마시기로 결심했어요. 이 선택은 그의 철학적 신념과 진리를 향한 집요한 추구를 보여 주는 상징적인 사건으로 남았어요. 소크라테스의 죽음과 관련해 널리 알려진 말로 '악법도 법이다'가 전해지지만, 이 표현은 그의 말로 확인되지 않아요. 제자들의 기록 어디에서도 해당 문장은 찾아볼 수 없지요. 대신 그는 죽음을 앞두고 "크리톤, 아스클레피오스에게 닭 한 마리를 빚졌네. 기억해 두었다가 갚아 주게"라는 말을 남겼다고 전해지고 있어요.

용어 정리	
소피스트	- 말과 논리를 가르치며 사람들을 설득하는 기술을 중시한 사상가들이에요. - 진리보다 상황에 따라 유리한 주장을 만드는 데 관심을 두었어요.
무지에 대한 자각	- 자신이 무엇을 모르는지 깨닫는 상태를 의미해요. - 자신의 무지나 부족함을 인정하고, 이를 통해 배우고 성장하려는 자세를 나타내죠.

현대의 우리도 소피스트가 활동하던 아테네와 비슷한 환경에 놓여 있어요. 말 잘하는 사람이 주목받고, 설득력 있는 주장과 빠른 판단이 능력으로 평가되는 시대예요. 성공의 기준도 돈, 성과, 인기처럼 눈에 보이는 결과에 맞춰지기 쉬워요. 그래서 요즘 사람들도 소피스트처럼 성공을 돈이나 명예 같은 외부적인 것에 많이 의존하곤 하지요.

하지만 소크라테스는 이런 성공 기준이 정말 중요한지 생각해 보라고 말했어요. 그는 다른 사람을 이기는 기술보다 내 삶을 이끄는 기준을 세우는 일이 먼저라고 보았어요. 모든 사람이 다르게 살겠지만, 결국 모두가 자신의 마음과 영혼을 잘 돌보고 진정한 행복을 찾으려 한다고 믿었답니다. 그래서 소크라테스에게 '잘 사는 삶'은 겉으로 드러나는 성취보다 내면을 바르게 가꾸는 삶에 가까웠어요.

소크라테스는 삶의 진정한 의미를 찾으려면 자신을 돌아보는 일이 꼭 필요하다고 다시 강조합니다. "너 자신을 알라"라는 말은 각자가 자신의 마음을 진지하게 살펴보라는 뜻이에요. 자기 성찰은 내가 무엇을 소중히 여기는지, 어떤 선택이 나를 더 좋은 방향으로 이끄는지 묻는 과정이죠. 선택의 순간마다 남의 시선, 사회의 기준, 유행하는 가치가 내 판단을 대신하려 할 때가 많기 때문에, 멈춰 서서 "이건 정말 내 기준인가?"라고 묻는 일이 더욱 중요해요.

우리도 마찬가지로 내 삶에서 가장 좋은 것이 무엇인지 진지하게 고민해 봐야 해요. 게임이나 영화를 보거나, 휴대폰을 보며 시간을 보내는 일은 아주 잠깐의 즐거움일 뿐이에요. 우리는 각자 꿈과 희망을 가지고 있지요. 소크라테스는 그 꿈과 희망을 이루기 위해서 내가 어떤 고민을 하고 무엇을 준비하며 어떤 삶의 태도를 가져야 하는지 깊이 생각해야 한다고 당부했어요. 아무 생각 없이 흘려보내면 삶은 저절로 달라지지 않는다는 점을 일깨운 거예요.

그래서 여러분이 어떤 길을 꿈꾸고 있다면, 지금 무엇을 해야 할지 스스로에게 질문해 보면 좋아요. 소크라테스의 "너 자신을 알라"라는 물음은 진로를 정할 때도, 관계 속에서 흔들릴 때도, 무엇이 옳은지 혼란스러울 때도, 다시 나를 붙잡아 주는 질문이 될 수 있어요. 그 질문을 붙들고 자신을 살피는 시간 속에서 흔들리지 않는 기준을 조금씩 세우며 더 나은 삶으로 나아갈 수 있을 거예요.

15

플라톤

이데아와 엘리트주의

진정으로 지혜를 사랑하는 자들, 곧 철학자들이 나라를 다스리게 되지 않는 한, 또는 현재 권력을 쥔 이들이 참되게 철학을 하지 않는 한, 다시 말해 철학과 정치가 하나로 결합되지 않는 한, 세상은 끝내 혼란과 부정의의 굴레에서 벗어나지 못한다. 그때까지는 진실과 정의라는 참된 빛이 세상에 드러나는 일도 일어나지 않는다.

《국가》, 플라톤

이데아계와 현상계

소크라테스의 죽음을 가까이에서 본 제자 플라톤은 현실 세계가 완전하지 않다는 것을 뼈저리게 느꼈어요. 진리를 말하는 스승 소크라테스가 많은 사람에 의해 죽임을 당한 이유를 생각하며, 현실이 얼마나 가짜인지 깨달았죠. 그래서 '이데아Idea'라는 진리와 이상적인 세계를 만들고, 현실 세계와 나누어 자신의 철학을 펼치기 시작했어요.

사람들은 일상에서 여러 사물에 대해 '아름답다', '좋다'라고 말한다. 동시에 '아름다움 그 자체', '선함 그 자체'라는 표현도 쓴다. 이는 개별 사물 너머에 공통된 본질, 곧 하나의 이데아가 존재한다고 보기 때문이다. 어떤 사물에 대해 '아름다움이 있다'라고 말할 때 그것은 감각을 통해 지각되는 대상이다. 그러나 이데아는 눈으로 볼 수 있는 대상이 아니며, 오직 지성을 통해서만 인식할 수 있는 실재다.

《국가》, 플라톤

이데아계는 완전하고 이상적인 상태를 가진 곳이에요. 이곳은 모든 것이 완벽하게 존재하고, 변하지 않으며 영원한 진리를 담고 있어요. 이데아계에 있는 것은 오직 우리의 생각을 통해서만 이해할 수 있고, 우리가 감각으로 느끼는 것과는 다른 완벽한 형태로 존재한답니다. 이데아계는 모든 것이 완전한 세계예요.

현상계는 우리가 실제로 살고 있는 세계예요. 이 세계는 변화와 불완전함으로 가득 차 있고, 우리가 눈으로 보고 느끼는 모든 것들이 포함되어 있어요. 현상계는 계속 변하고, 불확실한 것들이 많아 복잡한 환경을 만들죠.

'이데아'라는 개념은 사물의 완벽하고 이상적인 모습을 뜻해요. 플라톤은 우리가 주변에서 보는 모든 사물이 이데아의 불완전한 복사본이라고 말했어요. 우리가 실제로 보는 것들은 완벽하지 않다는 거죠.

예를 들어 볼까요? 우리가 일상에서 마주치는 의자는 각각 다르게 생기고, 다양한 모양과 크기를 가지고 있어요. 하지만 플라톤은 서로 다르게 생긴 의자들의 너머에 완벽한 '의자'라는 개념이 존재한다고 믿었답니다. 그래서 세상에 있는 모든 의자는 그 완벽한 의자 개념을 반영하고 있다고 생각했어요.

플라톤은 '경건', '용기', '정의' 같은 도덕적인 가치들도 이데아계에 존재한다고 말했어요. 이는 이런 개념들이 물질적인 세상과는 별개로 완전하게 존재한다는 뜻이에요. 그래서 우리가 좋은 가치에 대해 생각할 때도 이 이데아가 중요하다는 것을 알려 줍니다.

또한 이데아를 이해하려면 우리의 사고 능력이 매우 중요하다고 강조했어요. 소크라테스처럼 영혼의 지혜를 강조한 거죠. 그는 단순히 사물을 보고 느끼는 것만으로는 부족하고, 그 사물의 본질을 깊이 생각하고 이해하는 것이 더 중요하다고 주장했죠. 플라톤은 우리의 생각과 탐구만이 이데아계와 우리가 사는 세상인 현상계를 연결할 수 있고, 그래서 현상계에서 이데아를 이해하려고 계속 노력해야 한다고 강조했어요.

플라톤은 우리가 태어나기 전에 '이데아계'에서 살았다고 설명해요. 이곳에서는 진짜 지식과 진리를 경험할 수 있지만, 우리가 태어날 때 레테의 강*을 건너면서 그 모든 기억을 잊어버린다고 해요. 그래서 현실 세계에 오게 되지만, 이 세계는 진리와는 거리가 멀고 왜곡된 모습으로 가득 차 있다고 생각했어요.

동굴의 비유

플라톤은 이데아를 더 쉽게 설명하기 위해 '동굴의 비유'를 사용했어요. '동굴의 비유'는 사람들이 세상을 어떻게 이해하는지를 설명하는 재미있는 이야기예요.

만약 누군가를 강제로 끌어내어 힘한 언덕길을 지나 햇빛 속으로 데려간다면, 그는 큰 고통을 느끼고 그 과정을 몹시 불쾌하게 여길

★ **레테의 강**: 그리스 신화에서 망자가 강물을 마시면 생전의 기억을 모두 잊게 된다고 전해지는 강.

것이다. 밝은 빛에 이르렀을 때 그의 눈은 아직 익숙하지 않아, 현실이라고 여겨지는 사물들을 제대로 바라보지 못한다. 위쪽 세계를 분명하게 인식하기 위해서는 시간이 필요하다. 처음에는 그림자들이 가장 또렷하게 보이고, 그다음에는 물에 비친 형상들이 보이며, 이후에야 실제 사물들을 볼 수 있게 된다. 더 나아가 밤하늘의 별과 달을 통해 하늘을 바라보게 되고, 마침내 낮의 태양과 그 빛을 마주하게 된다. 결국 그는 태양 자체를 똑바로 바라보게 되며, 그것이 계절과 시간을 이끌고 가시적 세계의 모든 것의 근원이라는 사실을 깨닫게 된다. 태양은 모든 생명의 근원이며, 동굴 속에서 보던 허상들의 원천이기도 하다.

이 비유 전체를 인간의 인식에 적용해 보면, 우리가 감각으로 보는 세계는 감옥과 같고 그 안의 불빛은 태양의 모사*에 해당한다. 이 감옥을 벗어나 위로 올라가는 과정은 영혼이 지성의 세계로 나아가는 여정을 뜻한다. 이 여정을 통해 인간은 인식 가능한 세계에서 가장 높은 이데아, 즉 선의 이데아를 바라보게 된다. 선의 이데아를 통해 인간은 아름답고 옳은 모든 것의 참된 원인을 이해하게 되며, 감각의 세계에서는 태양과 빛의 역할을, 지성의 세계에서는 진리와 지혜의 근원이 된다. 그러므로 사적인 삶이든 공적인 삶이든 슬기롭게 살고자 하는 사람은 반드시 이 이데아를 바라봐야 한다.

《국가》, 플라톤

★ **모사**: 현실이나 대상을 그대로 본떠 흉내 내거나 재현하는 것.

이 이야기를 쉽게 풀어 보면 이렇게 됩니다.

어두운 동굴 안에 몇 명의 사람이 갇혀 있다고 상상해 보세요. 이 사람들은 벽을 바라보며 앉아 있어요. 그들의 뒤쪽에서 불빛이 비치고, 그 불빛 때문에 벽에 그림자가 생깁니다. 이 사람들은 그 그림자만 보고 그것이 진짜라고 믿어요. 그림자가 실제 사물이라고 생각하고, 그림자가 세상의 전부라고 믿게 되는 거죠.

하지만 진짜 세상은 동굴 밖에 있어요. 동굴 밖으로 나가면 태양 아래에서 의자, 나무, 사람들, 여러 가지 멋진 경치를 볼 수 있습니다. 동굴 안에 있는 사람들은 그런 것들을 볼 수 없기에, 그림자만 믿고 살아가는 거예요.

이 이야기에는 '철인'이라는 특별한 인물이 등장하는데, 플라톤은 철인이 스승 소크라테스 같은 존재라고 생각했어요. 철인은 동굴의 사슬을 끊고 밖으로 나가서 진짜 세상을 보게 됩니다. 그리고 다시 동굴로 돌아와서 다른 사람들에게 진짜 세상을 알려 주려고 하지만, 동굴

플라톤 《국가》의 '동굴의 비유'를 시각화한 일러스트 (출처: 위키미디어)

안의 사람들은 그를 믿지 않고 조롱해요. 왜냐하면 그들은 그림자만 보고 자랐기 때문이죠.

이 비유를 통해 플라톤은 사람들이 현실을 어떻게 보는지를 이야기하고 있어요. 동굴 안에 갇힌 사람들은 그저 벽에 비친 그림자만 보고 그것이 진실이라고 믿고 있어요. 그래서 실제로 존재하는 사물은 보지 못하고 그림자에만 갇혀 버린 상태죠.

플라톤은 이 동굴에서 사람들을 구해 주는 '철인' 같은 인물이 필요하다고 말했어요. 철인은 동굴 속에 묶여 있는 사람들의 사슬을 끊고 그들을 밖으로 이끌어 내 진짜 세상을 볼 수 있도록 도와주지요. 이 과정에서 교육과 깨달음이 얼마나 중요한지를 알려 줘요. 교육을 통해 우리는 현실 세계를 넘어 진짜 의미와 진리를 알게 되고, 결국 '좋음의 이데아'를 발견하게 된다고 해요. '좋음의 이데아'는 동굴 밖의 태양처럼 모든 존재가 추구해야 할 공통의 목표로 비유되기도 합니다.

철인이 통치하는 나라

플라톤은 철학자가 나라를 다스려야 한다고 믿었어요. 그는 이 생각을 발전시켜 진정한 지혜를 갖춘 철학자를 '철인왕'이라 불렀지요. 철인이란 진짜 모습인 '이데아'를 잘 이해하고 그 지혜를 사람들에게 전하며 사회를 이끄는 사람을 뜻해요. 플라톤은 철인이 똑똑한 사람에 머무는 존재로 끝나지 않고 다른 사람들이 더 좋은 삶을 살 수 있도록 돕는 역할을 맡아야 한다고 보았어요. 그래서 철인은 자신의 지혜를 사용해 사회를 이끌고 사람들의 삶을 더 나은 방향으로 이끄는 존재여야 한다고 보았답니다.

플라톤은 많은 사람이 의견을 내 결정하는 민주주의 방식에 대해 비판적인 입장을 보였어요. 사람들의 의견이 항상 옳지는 않기 때문에, 충분한 지혜를 갖춘 사람이 나라를 다스려야 사회가 안정될 수 있다고 생각했지요. 민주주의에서는 **다수결**[★]로 결정이 이루어지지만, 전문적인 지식이나 깊은 이해가 부족하면 갈등이나 혼란이 생길 수 있다고 보았어요. 그래서 플라톤은 진정한 지혜를 가진 철인이 욕심이나 감정에 휘둘리지 않고 진리를 찾아야 하고, 철학자가 정치에 참여하면 사회가 더 조화롭고 공정하게 운영될 수 있다고 믿었어요.

★ **다수결**: 여러 의견 가운데 가장 많은 찬성을 얻은 선택을 결정으로 삼는 방식.

플라톤, 소크라테스를 만나다

플라톤의 본명은 아리스토클레스예요. 그는 기원전 427년 아테네에서 태어났습니다. 아테네는 고대 그리스에서 많은 철학자와 예술가들이 활동하던 문화와 정치의 중심지였어요. 민주주의가 시작된 곳이기도 해요. 플라톤의 어머니 쪽 가계*에는 유명한 정치가 솔론이 있었어요. 솔론은 아테네의 법과 정치 체제를 바꾼 사람으로 아주 유명하지요. 이런 환경 덕분에 플라톤은 어릴 때부터 정치에 관심을 가지게 되었죠.

20살이 되었을 때, 플라톤은 헤라클레이토스라는 유명한 철학자의 학파에 들어가 철학을 배우기 시작했어요. 그러던 어느 날, 플라톤은 아테네 디오니소스 극장에서 소크라테스를 만났고, 그의 인생은 이때부터 바뀌었답니다. 소크라테스의 말에 깊은 감명을 받은 플라톤은 자신이 쓴 시를 불태우고, 소크라테스의 저자가 되기로 결심했어요. 소

★ **가계:** 한 가족의 역사와 혈통이 어떻게 이어져 왔는지 를 나타내는 계통.

크라테스는 플라톤을 처음 만났을 때 "이 친구가 바로 그 백조로군"이라고 말했어요. 이는 소크라테스가 꿈에서 백조 새끼를 보았던 이야기와 연결되어, 플라톤이 앞으로 할 일들을 암시하는 것처럼 느껴졌어요. 이후 소크라테스는 플라톤에게 진리와 도덕에 대한 여러 질문을 던지며 그의 생각에 큰 영향을 주었답니다.

혼란한 현실 속에서 철학에 몰두한 플라톤

젊은 시절 플라톤은 정치에 대한 열정으로 가득했어요. 그는 친척들의 활발한 정치 활동을 가까이에서 보며 정치에 대해 배웠죠. 하지만 시간이 지나면서 그는 정치가 복잡하고 위험하다는 것을 깨닫게 되었어요. 특히 친척인 카르미데스와 크리티아스가 정권 싸움에서 죽게 되자, 플라톤은 정치에 대한 희망을 잃게 되었어요.

아테네에 민주정이 생겨 다시 정치에 관심을 가지게 되었지만, 스승인 소크라테스가 고발당해 재판을 받고 사형을 당하게 되자 결국 정치에서 손을 떼게 되었답니다. 소크라테스의 죽음은 플라톤에게 큰 충격이었고, 그는 정치가 아닌 철학으로 세상을 변화시켜야겠다고 결심하게 되었어요.

플라톤은 철학을 깊이 연구하기 시작했어요. 그는 소크라테스의 가르침을 바탕으로 여러 가지 철학적 개념을 만들어 냈고, '이데아론'이라는 중요한 이론을 발전시켰죠. 그는 우리가 사는 세상보다 더 완벽한 세상을 꿈꾸었답니다. 이데아는 진리와 도덕적 가치, 인간의 존재 의미를 탐구하는 데 큰 역할을 했어요.

그는 소크라테스로부터 이어진 철학을 바탕으로 아카데미아라는 학교를 세워 많은 제자를 가르치기 시작했어요. 아카데미아는 서양에서 최초로 생긴 고등 교육 기관으로, 플라톤의 철학과 사상을 배우고 토론하는 중요한 장소가 되었어요. 이곳에서는 여러 주제를 다루며 학생들에게 철학적 사고의 중요성을 가르쳤지요. 플라톤은 제자들에게 철학의 기본뿐만 아니라 윤리, 정치, 자연철학 등 다양한 주제에 대해 가르쳤습니다. 그의 수업은 학생들이 스스로 생각하고 이야기할 기회를 주었어요.

플라톤의 제자 중에는 유명한 철학자 아리스토텔레스도 있었어요. 그는 스승의 이데아론을 비판하며 자신의 철학을 발전시켰지만, 플라톤에게서 배운 사유 방식은 아리스토텔레스 철학의 기초가 되었지요. 두 사람의 사상은 훗날 서양철학의 큰 줄기를 이루었답니다.

용어 정리	
이데아	- 변하지 않고 완전한 진리의 세계로 눈에 보이는 사물의 근본이 되는 모습이에요. - 플라톤은 우리가 보는 현실 세계를 '이데아의 그림자'라고 설명했어요.
철인	- 철학적인 지혜를 가진 사람을 의미해요. - 지혜와 덕을 갖춘 사람으로, 국가를 올바르게 이끌 수 있다고 여겨지는 인물이에요. - 철인은 진리와 정의를 찾고, 사회의 이익을 위해 행동하는 사람으로 묘사됩니다.

　플라톤의 이데아는 완전하고 변하지 않는 진리의 세계를 가리켜요. 우리가 살아가는 현실 세계는 그 이데아가 온전히 드러나지 못한 모습이라고 볼 수 있어요. 이데아에는 정의, 아름다움, 진리처럼 인간이 가장 가치 있게 여기는 기준들이 담겨 있어요. 우리는 공정한 사회와 올바른 판단을 원하지만, 실제 현실에서는 불공정한 일들이 반복되고 무엇이 옳은지에 대한 생각도 사람마다 다르게 나타나요. 이런 차이와 혼란 속에서도 사람들은 더 나은 세상을 꿈꾸며 이데아에 가까운 사회를 만들기 위해 여러 사회 운동과 새로운 생각들을 이어 가고 있어요.

　플라톤은 스승인 소크라테스가 민주정 체제 속에서 다수의 판단으로 죽임을 당한 일을 지켜보며 정치와 민주주의에 대해 깊이 고민했어요. 그는 사람들이 언제나 이성적이고 올바른 결정을 내리기 어렵다고 보았고, 감정과 선동, 잘못된 믿음이 판단을 흐릴 수 있다고 생각했어요. 오늘날의 사회를 돌아봐도 정치적 결정이 충분한 이해와 숙고보다는 감정이나 왜곡된 정보에 의해 좌우되는 모습을 종종 볼 수 있어요. 그래서 플라톤의 문제의식은 지금도 여전히 의미를 가져요.

　플라톤이 주장한 철인정치는 지식과 도덕성을 함께 갖춘 사람이 공동체를 이끌어야 한다는 생각이에요. 이는 권력을 가진 사람이 자신의 이익보다 공동체 전체의 선을 먼저 고민해야 한다는 요구로 볼 수 있어요. 오늘날에도 경제, 환경, 보건과 같은 중요한 문제에서는 전문가의 판단이 큰 영향을 미치고 있어요. 전문성과 책임 있는 판단은 사회를 안정적으로 이끄는 데 중요한 역할을 해요. 다만 전문가의 판단만이 강조될 때 시민들의 목소리가 소외될 수 있다는 점도 함께 고민해야 해요.

　결국 플라톤의 철학은 우리 모두에게 던져지는 하나의 질문으로 이해할 수 있어요. 우리는 지금 무엇을 진리로 믿고 있는지, 내가 보고 있는 것이 실제 모습인지, 혹은 동굴 속 그림자에 머물러 있는 것은 아닌지를 스스로 돌아보라는 물음이에요. 빠르게 변하는 사회 속에서 다수의 의견이나 눈앞의 이익에 흔들리기보다 정의와 선함이라는 기준을 스스로 세우고 지켜 가려는 태도가 중요해요.

아리스토텔레스
최고의 목적

덕은 크게 지적인 덕과 도덕적인 덕으로 나뉜다. 지적인 덕은 주로 교육을 통해 형성되며, 시간이 흐르고 경험이 쌓이면서 성숙해진다. 반면 도덕적인 덕은 습관의 반복으로 길러진다. 실제로 '도덕적'이라는 뜻의 에티케ethike라는 말은 '습관'을 뜻하는 에토스ethos에서 유래된 것이다. (중략) 우리는 능력을 먼저 가지고 나서 활동을 시작하는 경우가 많지만, 덕의 경우에는 실천하면서 능력이 생긴다. 건축 기술은 집을 지으면서 배우고, 악기는 연주하면서 익히듯, 옳은 행동을 하면서 정의로워지고, 절제된 행동을 거듭하면서 절제 있는 사람이 되며, 용감한 행동을 반복할수록 용기 있는 사람이 되는 것이다.

《니코마코스 윤리학》, 아리스토텔레스

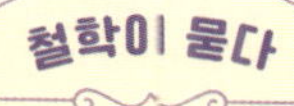

행복에 도달하기 위해
우리는 무엇을 해야 할까?

행복주의

사람들은 보통 무엇을 기준으로 행복하다고 말할까요? 즐겁거나 인정받거나 원하는 것을 가졌을 때, 우리는 자연스럽게 행복하다고 느끼곤 합니다. 아리스토텔레스는 이런 생각이 정말 옳은지 질문하며 사람들이 흔히 행복이라고 착각하는 것부터 살펴봅니다.

사람들이 흔히 행복이라고 착각하기 쉬운 네 가지가 있다. 그것은 쾌락, 명예, 덕, 재산이다. 이들은 우리가 살아가며 자연스럽게 추구하게 되는 삶의 요소들과 밀접한 관련이 있다. 예컨대 감각적 즐거움을 좇는 사람은 쾌락을, 권위와 인정을 중시하는 사람은 명예를, 지혜로운 사람은 덕을, 경제적 실리를 따지는 사람은 재산을 행복의 기준으로 삼는다. 하지만 아리스토텔레스는 이러한 생각에 반대한다. 그는 쾌락을 인간답지 못한 것으로, 동물이나 노예의 삶에 가깝다고 본다. 또한 명예, 덕, 재산은 행복과 관계가 있긴 하지만, 진정한 의미에서 행복 그 자체는 아니다. 오히려 그것들은 행복을 이루는 데 도움이 되는 조건이나 수단에 불과하다.

《니코마코스 윤리학》, 아리스토텔레스

플라톤의 제자였던 아리스토텔레스는 사람들이 살아가는 가장 중요한 목적이 '행복'이라고 생각했어요. 하지만 그가 말한 행복은 단순히 기분이 좋거나 잠깐 즐거운 상태가 아니었어요. 그는 행복을 우리가 반드시 추구해야 할 삶의 목표라고 보았습니다. 사람들은 흔히 쾌락, 명예, 부 같은 것을 행복이라고 생각하지만, 아리스토텔레스는 이런 것들이 행복과 관련은 있을지 몰라도 행복 그 자체는 아니라고 말했어요.

예를 들어 쾌락은 순간적으로 즐겁지만 오래가지 않아요. 쾌락만 따라 살면 비이성적 욕구에 끌려다니게 되고, 인간다운 삶에서 멀어질 수 있다고 보았습니다. 명예 역시 다른 사람들이 나를 어떻게 평가하느냐에 따라 달라지기 때문에, 내 삶의 기준이 되기 어렵다고 했죠. 부 또한 필요하긴 하지만, 돈이 많다고 해서 반드시 행복해지는 것은 아니라고 강조했어요.

그렇다면 아리스토텔레스가 말한 진짜 행복은 무엇일까요? 그는 행복이 세 가지 조건을 갖춰야 한다고 말했어요.

첫째, '성취 가능성'이에요. 행복은 우연히 주어지는 것이 아니라, 내가 노력하고 행동해서 이룰 수 있어야 해요.

둘째, '완전성'이에요. 행복은 다른 것을 얻기 위한 수단이 아니라,

그 자체로 중요한 목표여야 합니다.

셋째, '자족성'이에요. 다른 사람의 인정이나 외부 조건이 없어도, 그 자체로 충분한 상태여야 한다는 뜻이에요.

아리스토텔레스는 소크라테스의 생각을 이어받아, 행복이란 결국 '잘 사는 것'이라고 설명했어요. 우리의 다음과 영혼을 잘 돌보고, 이성에 따라 살아가는 삶이 바로 행복이라는 거예요.

영혼의 분석

아리스토텔레스는 행복을 이해하기 위해 먼저 인간의 영혼을 살펴봅니다. 우리는 이성적으로 판단하려 하면서도 욕구에 끌려갈 때가 있는데, 그는 그 이유가 영혼 안의 서로 다른 부분들 때문이라고 설명하지요. 다음 인용문은 영혼이 어떻게 나뉘어 있는지를 보여 줍니다.

영혼에는 이성적인 부분 외에도 또 다른 측면이 존재하는 것으로 보인다. 하지만 그 다른 측면 역시 일정한 의미에서 이성과 연결되어 있다. 예를 들어, 어떤 사람이 절제를 잘하지 못한다고 해도 그에게 절제할 수 있는 능력이 있다는 점은 일반적으로 받아들여진다. 이는 곧 영혼 안에 이성과는 구분되는 또 하나의 요소가 있어서, 그것이 이성과 갈등하며 대립한다는 의미다. 이러한 갈등은 마치 마비된 팔다리가 오른쪽으로 움직이려 해도 왼쪽으로 향해 버리는 것과 같은 원리로 설명할 수 있다. 이처럼 절제를 하지 못하는 사람의 욕구는 이성과 반대되는 방향으로 작용하게 된다. 이로부터 우리는 영혼 속의 비이성적인 측면을 식물적인 부분과 욕구적인 부분으로 나눌 수 있으며, 이 중 욕구적인 부분은 이성의 지배를 받아들일 때 일정 부분 이성과 연결된 것으로 볼 수 있다. 여기서 '귀를 기울인다'는 말은, 수학의 원리를 잘 이해하거나 부모나 친구의 말을 경청하고 따르는 것처럼, 이성에 순응하는 태도를 의미한다.

《니코마코스 윤리학》, 아리스토텔레스

아리스토텔레스는 사람이 잘 살기 위해서는 영혼이 어떻게 작동하는지를 이해해야 한다고 보았어요. 그래서 그는 영혼을 세 가지 주요 부분으로 나누어 설명합니다.

첫 번째는 '이성을 가진 부분'이에요. 이성은 우리가 생각하고 판단하는 능력으로, 무엇이 옳고 그른지를 따져 보고 올바른 결정을 내리게 도와줍니다.

두 번째는 '욕구와 감정을 담당하는 부분'이에요. 이 부분은 우리가 느끼는 기쁨, 분노, 욕구를 담당하며, 이성의 말을 잘 따를 때도 있고 반대로 행동하려 할 때도 있어요. 아리스토텔레스는 이 욕구 자체를 문제로 보지 않았고 이성이 욕구를 어떻게 이끄느냐가 삶의 방향을 결정한다고 보았어요.

세 번째는 '식물적인 부분'이에요. 먹고 자라고 살아가는 데 필요한 가장 기본적인 기능을 담당하며, 이성이나 도덕적 판단과는 관계없이 작동합니다.

아리스토텔레스는 이 세 부분이 조화를 이루어야 좋은 삶을 살 수 있다고 말했어요. 특히 욕구와 감정의 부분이 이성의 말을 잘 들을 때, 우리는 올바른 성품을 갖게 된다고 보았습니다.

덕(탁월성)

우리는 흔히 좋은 성품을 타고난 것이라고 생각해요. 하지만 아리스토텔레스는 덕이 반복된 행동과 습관을 통해 만들어진다고 보았지요. 그는 사람이 어떤 행동을 계속하느냐에 따라 삶의 모습이 달라진다고 설명합니다.

> 탁월성은 타고난 것이 아니라 반복된 실천을 통해 형성된 습관의 결과다. 예컨대 집을 짓는 일을 계속하면서 건축가가 되듯, 용감한 행동을 반복함으로써 비로소 용기 있는 사람이 된다. 입법자들도 국민이 올바른 습관을 기르도록 이끌어 훌륭한 시민을 만들어 내는 법을 마련한다. 결국 습관이 삶에 있어 매우 큰 차이를 만들어 낸다.
>
> 《니코마코스 윤리학》, 아리스토텔레스

아리스토텔레스가 말한 '성품의 덕'이란 감정과 행동을 적절하게 조절하는 능력을 뜻해요. 그는 우리가 행동할 때 너무 지나치지도, 너무 부족하지도 않은 중용을 지켜야 한다고 말했습니다. 중용은 상황에 따라 달라집니다. 예를 들어 친구에게 너무 자주 연락하면 부담이 될 수 있고, 너무 무관심하면 외로움을 느낄 수 있어요. 상황에 맞게 적절한 행동을 선택하는 것이 중용입니다.

이때 중요한 역할을 하는 것이 실천적 지혜예요. 실천적 지혜란, 구체적인 상황에서 무엇이 옳은 선택인지 판단하는 능력입니다. 이 지혜는 책으로만 배우는 것이 아니라, 경험과 반복된 선택을 통해 자라납니다.

지적인 덕

아리스토텔레스는 덕을 감정과 행동의 문제로만 보지 않았어요. 그는 올바르게 생각하고 판단하는 능력 역시 중요한 덕이라고 보았지요. 이를 그는 '지적인 덕'이라고 불렀답니다.

> 실천적 지혜는 구체적인 상황에서 도덕적으로 적절한 결정을 내리는 능력과 관련이 있다. 그것은 이론이 아닌 실천과 행동에 초점을 두며, 개별적인 사례에 적용된다. 이를테면 어떤 사람이 '연한 고기가 건강에 좋다'는 사실을 알고 있어도 실제로 어떤 고기가 연한 고기인지 모른다면, 건강에 이로운 선택을 하지 못할 것이다. 반면, 조류 고기가 건강에 좋다는 것을 알고 있는 사람은 보다 나은 건강 상태를 이끌어 낼 수 있다.
>
> 《니코마코스 윤리학》, 아리스토텔레스

아리스토텔레스는 지적인 덕을 '실천적 지혜'와 '철학적 지혜'로 나누었어요. 실천적 지혜는 우리가 어떻게 행동해야 하는지를 판단하는 능력이고, 철학적 지혜는 세상의 본질과 진리를 이해하려는 능력입니

다. 그는 이 두 가지 지혜가 성품의 덕과 함께 작동할 때, 사람이 진정
으로 행복해질 수 있다고 보았어요. 좋은 목표를 세우는 힘과, 그 목표
를 올바르게 실천하는 힘이 함께 필요하다는 뜻입니다.

아리스토텔레스에게 행복이란, 영혼의 기능을 잘 살려 덕과 지혜에
따라 살아가는 삶이었습니다. 이것이 그가 말한 '잘 사는 삶'이었어요.

마케도니아 소년, 철학자가 되다

아리스토텔레스는 기원전 384년 마케도니아 스타기라에서 태어났습니다. 아리스토텔레스의 아버지는 마케도니아 왕가에서 일하는 궁정 의사였기에, 아리스토텔레스는 어릴 적부터 왕실과 가까운 환경에서 자랐어요. 어린 시절 마케도니아의 왕자 필리포스 2세와 친하게 지내기도 했죠. 그러나 아주 어린 나이에 부모를 잃고 후견인의 보호 아래 성장하게 됩니다. 이때부터 그는 독서와 학문에 깊은 관심을 보였죠.

17세가 되었을 때, 아리스토텔레스는 아테네로 가서 철학을 배우기로 결심했어요. 당시 아테네는 수많은 지식과 문화가 모여 있는 곳이었어요. 그는 플라톤이 운영하는 아카데미아에 들어가 약 20년간 머물며 철학의 기초를 다졌고, 플라톤에게 그 지혜와 탐구 정신을 인정받기도 했습니다.

플라톤은 아리스토텔레스의 지혜를 높이 평가했지만, 두 사람은 의견이 다를 때도 있었어요. 아리스토텔레스는 플라톤의 '이데아론'에 비판적이었고, 점점 현실적이고 관찰 중심적인 철학으로 방향을 잡게 됩니다. 플라톤이 세상을 떠난 후 아리스토텔레스는 아카데미아의 후계자로 거론되었지만, 외국인 신분과 아테네 정치 사정 때문에 물러나게 되었죠.

아카데미아와 리케이온

아카데미아를 떠난 아리스토텔레스는 고향 마케도니아로 돌아가게 됩니다. 이곳에서 옛 친구였던 필리포스 2세의 요청으로 왕자 알렉산더(훗날 알렉산더 대왕)를 가르치게 되어 약 2~3년간 교육을 담당했죠. 그는 알렉산더에게 철학, 윤리, 정치, 예술 등 다양한 분야를 가르쳤고, 이는 알렉산더가 훗날 그리스 문화를 동방에 전파하는 데 큰 영향을 미쳤어요.

기원전 335년, 50세가 된 아리스토텔레스는 아테네로 돌아와 '리케이온'이라는 학교를 세웁니다. 이곳에서 13년 동안 수많은 학생과 함께 공부하고 토론하며 자신의 철학을 체계화했어요. 리케이온의 특징은 아리스토텔레스가 산책하며 학생들과 철학을 논한 것인데, 이 때문에 그의 학파는 '페리파토스 학파(산책학파)'라고도 불립니다. 그는 이 시기에 형이상학, 물리학, 윤리학, 정치학, 생물학 등 다양한 저작을 남기며, 철학과 과학을 결합한 통합적 사유 체계를 발전시켰어요.

이데아 비판과 철학적 선택

한편, 아리스토텔레스는 행복에 관해 이야기하면서 플라톤의 이데

라파엘로의 〈아테네 학당〉★

아론을 비판했어요. 그는 플라톤이 말한 이데아론이 현실에서는 실현하기 어렵다고 생각했죠. 그는 철학이 현실 세계 안에서 인간의 목적, 도덕, 존재를 탐구해야 한다고 믿었으며, 이를 통해 이성과 행복의 중요성을 강조했어요. 스승의 이론을 비판하는 것은 쉽지 않은 일이었지만, 그는 자신의 철학을 확고히 세우게 되었어요.

아리스토텔레스는 리케이온에서 성공적으로 학문을 이어 가고 있었지만, 기원전 323년 아리스토텔레스의 삶에 큰 전환점이 찾아옵니다. 그의 제자였던 알렉산더 대왕이 세상을 떠나자 아테네에 반反마케도니

★ **라파엘로의 〈아테네 학당〉:** 고대 그리스 철학자들을 한자리에 모은 르네상스 인문주의의 대표작이다. 중앙의 플라톤과 아리스토텔레스는 각각 이데아 세계와 현실 세계를 가리키며 서로 다른 철학적 입장을 드러내고, 주변 인물들은 인간 이성의 다양한 탐구를 상징한다.

아 정서가 급격히 확산되었고, 그는 마케드니아인이라는 이유로 불경죄로 고발당하게 됩니다. 이 고발은 매우 억지스러운 것이었고, 그는 이를 계기로 은퇴를 결심해요. 리케이온을 제자에게 물려준 후, 그는 아테네를 떠나며 다음과 같은 의미심장한 말을 남겼어요. "아테네로 하여금 철학에 두 번 죄짓게 하지 않겠다." 이는 플라톤의 스승인 소크라테스가 억울하게 죽임을 당한 일을 의식한 발언이었어요.

아리스토텔레스는 '모든 학문의 아버지'라 불릴 만큼 폭넓은 사유를 펼친 철학자이며, 윤리학과 정치학은 물론 물리학, 생물학, 시학 등 다양한 분야에 걸쳐 많은 저술을 남겼어요. 이러한 탐구는 인간의 삶과 세계를 전체적으로 이해하려는 시도였고, 오랜 시간 동안 수많은 사람에게 깊은 영향을 주었죠.

용어 정리

실천적 지혜
- 상황에 맞게 옳은 행동을 판단하고 선택하는 능력이에요.
- 아리스토텔레스는 이 능력이 있어야 좋은 삶을 살 수 있다고 보았어요.

성품의 덕
- 반복된 행동과 습관을 통해 몸과 마음에 자리 잡은 좋은 성격이에요.
- 아리스토텔레스는 덕이 연습을 통해 길러진다고 설명했어요.

중용
- '적당한 것'을 찾는 방법이에요.
- 어떤 일을 할 때 너무 지나치거나 부족하지 않게 균형을 맞추는 것이 중요해요.
- 예를 들어, 용감함이라는 감정이 있어요. 너무 용감하면 위험한 일에 무모하게 도전할 수 있고, 너무 겁이 많으면 아무것도 하지 못해요. 그래서 적당한 용기가 필요해요.

아리스토텔레스는 행복을 먼 미래에 도달해야 할 목표로 보지 않았어요. 지금 이 순간의 선택과 행동이 쌓여 만들어지는 삶의 상태로 이해했죠. 이 관점은 오늘날 우리가 행복을 성적이나 성공, 인기 같은 눈에 보이는 결과로 판단하려는 태도를 다시 생각하게 해요. 아리스토텔레스에게 행복은 무엇을 얻었는지보다 어떤 모습으로 살아가고 있는지와 연결되어 있어요.

현대 사회는 빠른 보상과 즉각적인 만족을 강조하는 경향이 강해요. SNS의 '좋아요'나 팔로워 숫자 같은 지표를 측정할 수 있는 결과가 삶의 가치를 대신 평가하는 기준처럼 작동하기도 하죠. 그러나 아리스토텔레스의 시선에서 보면 이런 요소들은 행복을 뒷받침하는 조건에 가까워요. 삶의 핵심은 외부의 평가보다 매일 어떤 선택을 반복하며 어떤 성품을 길러 가고 있는지에 놓여 있는 거죠.

그가 말한 '덕'의 개념은 우리의 일상에서도 찾을 수 있어요. 사람은 태어날 때부터 절제심이나 용기, 배려를 완성된 형태로 지니고 있지 않아요. 다만 그런 성품을 키워 갈 가능성을 지닌 채 살아가며 하루하

루의 선택과 행동을 통해 스스로를 만들어 가는 거죠. 약속을 지키는 선택을 반복하며 신뢰받는 사람이 되고, 감정을 다스리려는 노력을 하며 점차 성숙해져 가요. 이 과정은 한 번의 결심보다 습관이 삶을 바꾼다는 아리스토텔레스의 철학을 뒷받침하죠.

아리스토텔레스의 생각은 스승인 플라톤의 이데아론을 비판하는 데서도 드러나요. 플라톤이 이상적인 본질이 현실과 분리된 차원에 존재한다고 보았다면, 아리스토텔레스는 진리와 본질이 우리가 살아가는 현실과 경험 속에 자리한다고 보았어요. 그는 인간이 세계를 이해하는 방식이 추상적인 사유에 머무르기보다 직접 보고 느끼며 겪는 경험을 통해 이루어진다고 강조했어요.

이러한 관점에서 경험은 매우 중요한 의미를 지녀요. 사람은 책이나 말로만 배우는 존재가 아니라 현실 속에서 부딪히며 스스로 깨닫는 존재예요. 과학자들이 관찰과 실험을 통해 새로운 사실을 발견하듯, 인간 역시 삶의 장면 속에서 경험을 통해 세계를 이해해 나가죠. 아리스토텔레스는 이러한 경험의 축적이 지식으로 이어지고 그 지식이 삶의 방향을 이끄는 힘이 된다고 보았어요.

또한 그는 실천적 지혜의 중요성을 강조했어요. 지식을 많이 아는 일과 상황에 맞게 판단하는 일은 성격이 달라요. 규칙을 기억하는 힘보다 언제 어떤 방식이 적절한지를 가늠하는 능력이 삶에서는 더 중요해요. 친구 관계, 학업 선택, 진로에 대한 고민처럼 복잡한 현실 속에서 우리는 늘 균형 잡힌 판단을 요구받아요. 이때 필요한 것이 바로 상황을 살피며 적절함을 찾아가는 '실천적 지혜'예요.

아리스토텔레스의 행복론은 우리가 지금 어떤 성과를 얻고 있는지를 묻기보다, 나는 어떤 사람으로 자라나고 있는지를 돌아보게 해요. 오늘의 작은 행동 하나와 사소해 보이는 선택 하나가 쌓여 내일의 성품을 만들고, 그 성품이 삶의 방향을 이끌게 되죠. 그의 철학은 행복을 기다리는 삶보다 매일의 삶 속에서 행복을 길러 가는 태도로 우리를 이끌어요.

17

에피쿠로스학파

금욕과 쾌락

잠깐의 고통을 감내함으로써 결과적으로 더 큰 즐거움을 얻을 수 있다면, 우리는 그 고통을 감수할 만한 가치가 있다고 여긴다. 마찬가지로, 모든 쾌락이 그 자체로 선하다고 해서 반드시 모두 추구할 만한 것은 아니며, 모든 고통이 해로울지라도 반드시 다 피해야 할 필요는 없다. 우리가 쾌락을 '선'이라 말할 때 그것은 단순한 감각적 쾌락이나 방탕한 즐거움을 뜻하는 것이 아니라, 육체적 고통의 해소와 정신적 불안에서 벗어나는 평온함을 의미한다. 진정한 삶의 즐거움은 술자리나 향락 속에 있는 것이 아니라, 무엇을 선택하고 무엇을 피할지 신중히 따지고, 잘못된 믿음이 우리 마음을 괴롭히지 않도록 분별하는 이성적인 성찰에 있다.

〈메노이케우스에게 보내는 편지〉, 에피쿠로스

고통을 제거하면
쾌락만 남을까?

에피쿠로스학파는 고대 그리스의 철학자 에피쿠로스가 세운 철학 학파로, 인간이 어떻게 하면 진정으로 행복하게 살 수 있을지를 탐구했어요. 그들은 자연의 원리와 인간의 삶을 이성적으로 이해하려고 했고 정신적 쾌락과 평온한 마음을 중요하게 여겼답니다.

감각 경험이 중요하다

세상에 존재하는 모든 것은 원자들이 결합하여 이루어진 물질에 불과하다. 이 원자들은 고유한 무게를 지닌 채 자연스럽게 아래로 떨어지는 성질을 가지며, 그 운동이 인간의 육체와 충돌할 때 정신 작용을 일으키는 내적 움직임이 생긴다. 인간도 이와 같은 원자들로 이루어져 있고, 이 원자들은 때로 정해진 움직임에서 벗어날 가능성도 지니고 있다. 그러나 인간의 영혼은 육체와 함께 소멸되므로, 감각 역시 죽음과 함께 사라진다. 그러므로 죽음을 두려워하는 것은 이치에 맞지 않으며 어리석은 일이다.

〈메노이케우스에게 보내는 편지〉, 에피쿠로스

에피쿠로스학파는 세상의 구성 원리에 대해 독특한 철학을 제시했어요. 창시자인 에피쿠로스는 모든 물질이 가장 작은 입자인 원자로 이루어져 있다고 보았어요. 원자들은 너므 작아서 보이지 않지만, 계속 움직이며 붙고 떨어지면서 세상에 존재하는 다양한 것들을 만들어 낸다고 설명했지요.

사람도 이러한 원자로 이루어져 있다고 에피쿠로스는 생각했어요. 그는 우리가 몸과 마음을 모두 가진 존재라고 믿었지요. 우리는 원자의 조합으로 만들어진 존재일 뿐만 아니라, 감정과 생각을 통해 더 깊은 경험을 할 수 있는 존재라는 거예요.

또한 우리가 세상에 대해 아는 모든 것이 감각 경험에서 시작된다고 주장했어요. 눈으로 보고, 귀로 듣고, 손으로 만지는 등의 경험을 통해 세상을 배우고 이해하게 된다는 거예요. 그래서 우리는 우리의 감각을 믿고 세상을 탐험해야 한다고 에피쿠로스는 강조했답니다.

그는 사람들이 흔히 두려워하는 것들에도 새로운 관점을 제시했어요.

첫 번째는 '죽음'이에요. 에피쿠로스는 죽음을 두려워할 필요가 없다고 말했어요. 죽음이 오면 우리는 더 이상 존재하지 않기 때문에 아프거나 불행하다고 느끼지 않는다는거죠.

두 번째는 '내세'에 대한 생각이에요. 내세란 죽은 뒤에 이어진다고 믿는 또 다른 세계를 가리켜요. 그는 죽은 후에 우리의 영혼이 영원히 살아 있지 않다고 믿었어요. 그러니까 죽고 나서 벌을 받는 일도 없다고 생각한 거죠. 이런 믿음 덕분에 사람들은 내세에 대한 두려움 없이 현재의 삶을 더 중요하게 여기게 된다고 해요.

세 번째는 '신'에 대한 생각이에요. 에피쿠로스는 신이 완전하고 행복한 존재라서 인간의 일에 개입하지 않는다고 주장했어요. 신은 우리의 삶에 영향을 미치지 않기 때문에 우리는 신을 두려워할 필요가 없고, 자신의 삶을 책임질 수 있는 자유가 있다는 것이죠.

마지막으로 그는 '운명'에 대해서도 이야기했어요. 에피쿠로스는 우리가 원자의 움직임에 따라 자유롭게 선택할 수 있다고 믿었어요. 자신이 원하는 방향으로 삶을 이끌어 갈 수 있다는 점을 강조했지요.

행복은 쾌락이다

우리에게 있어서 진정한 쾌락이란, 육체적으로는 어떠한 고통도 없고 정신적으로는 불안이나 동요가 없는 상태를 의미한다. 단순히 풍족한 음식이나 아름다운 이성과의 향락, 또는 진수성찬이 차려진 식탁이 쾌락적인 삶을 제공해 주는 것이 아니다. 오히려 인간이 무엇을 추구하고 무엇을 피해야 할지를 분명히 인식하고, 마음을 혼란스럽게 하는 불필요한 욕망과 불안을 제거할 수 있는 이성적인 판단만이 참된 쾌락의 삶을 이끈다.

〈메노이케우스에게 보내는 편지〉, 에피쿠로스

에피쿠로스학파는 행복에 대해 남다른 기준을 제시했어요. 이들은 행복을 쾌락 또는 즐거움으로 생각하죠. 그래서 쾌락은 좋은 것이고, 고통은 나쁜 것이라고 믿어요. 여기서 말하는 쾌락은 맛있는 음식을 먹거나 재미있는 놀이에서 느끼는 순간적 즐거움에 그치지 않고, 더 깊고 의미 있는 행복을 찾는 것을 뜻해요.

에피쿠로스학파는 우리가 순간적인 즐거움만 쫓아가면 진정한 행복을 얻을 수 없다고도 말해요 그렇게 하면 계속해서 더 많은 즐거움을 원하게 되고, 결국 그 욕망이 고통을 가져올 수 있기 때문이죠. 그래서 그들은 고통을 피하고 마음이 편안해지는 것이 중요하다고 강조합니다. 마음의 평온함은 우리가 기본적으로 필요한 것들, 이를테면 음식과 물, 안전한 집 같은 것을 충족시켜야 얻을 수 있어요. 그러면 고통이 줄어들고, 더 행복하게 살 수 있다고 믿었어요.

나아가 그들은 정신적인 쾌락 추구를 매우 중요하게 생각해요. 그들이 목표로 하는 것은 '아타락시아ataraxia'라는 상태인데, 이는 마음이 편안하고 몸이 아프지 않은 상태를 의미해도. 아타락시아에 도달하기 위해서는 스스로 잘 선택하고, 불필요한 욕강은 줄여야 해요. 이렇게 하면 쾌락과 고통 사이에서 올바른 결정을 내릴 수 있고, 결국 단순하고 소박한 삶을 살게 되지요. 이러한 삶은 물질적인 것에 집착하기보다 진정으로 소중한 것들에 집중하는 것을 의미해요. 에피쿠로스학파는 진정한 행복이 즐거움을 좇는 데서 생기는 것이 아니라, 마음의 평화와 올바른 선택을 통해 이루어진다고 믿었답니다.

소박하고 만족하는 삶

만약 단순한 음식이 결핍에서 오는 고통을 없애 줄 수 있다면, 그것은 사치스러운 음식과 다름없는 즐거움을 준다. 빵과 물조차도 절실히 필요로 하는 이에게는 가장 큰 쾌락이 된다. 따라서 검소하고 단출한 음식에 익숙해지는 것은 온전한 건강을 지켜 주며, 생활에 꼭 필요한 것들을 당당히 받아들일 수 있게 한다. 또한 이후에 사치스러운 것을 마주하더라도 흔들리지 않게 하고, 행운 앞에서도 두려워하지 않도록 우리를 더욱 강하게 만든다.

〈메노이케우스에게 보내는 편지〉, 에피쿠로스

에피쿠로스는 사람들이 간단하고 소박한 삶을 살기를 바랐어요. 그는 우리가 꼭 필요한 것들만 충족하고, 지나치게 많은 것을 원하지 말라고 이야기했죠. 그렇게 살면 스트레스와 불행이 줄어들고, 진정한 행복을 느낄 수 있다고 믿었어요. 돈이나 물건 같은 물질적인 것에 너무 욕심을 내면 오히려 불행해질 수 있으니, 자신이 가진 것에 만족하는 것이 중요하다고 강조했습니다.

에피쿠로스는 사람들이 복잡한 정치와 사회 문제에 과도하게 신경 쓰는 것이 불안과 스트레스를 느끼게 되어 마음의 평화를 방해해 진정한 행복을 찾기 어렵다고 생각했습니다. 따라서 사람들이 작은 공동체에서 가까운 친구들과 진정한 우정을 나누고, 일상적인 대화를 통해 평화롭게 살아야 한다고 주장했어요. 그는 친구들과의 시간이 큰 기쁨

을 주며, 서로의 마음을 나누는 것은 인생에서 가장 중요한 것이라고
강조했답니다.

을 주며, 서로의 마음을 나누는 것은 인생에서 가장 중요한 것이라고

강조했답니다.

헬레니즘 시대

헬레니즘 시대는 알렉산더 대왕이 죽은 후 시작되었어요. 알렉산더 대왕은 고대 그리스의 마케도니아 왕으로, 그의 정복 활동이 헬레니즘 시대의 출발점이 되었어요. 헬레니즘 시대는 약 기원전 323년부터 기원전 30년까지 이어졌으며, 서양의 그리스 문화가 광범위하게 확산되고 동양과 아프리카의 다양한 문화가 서로 뒤섞이면서 융합된 시기예요.

알렉산더 대왕의 제국 전성기
(출처: Wikimedia Commons, CC BY-SA 3.0)

알렉산더 대왕은 많은 나라를 정복해 큰 제국을 세웠어요. 그 영향으로 이집트, 페르시아, 인도 같은 여러 지역이 그리스 문화의 영향을 받게 되었어요. 그 결과 그리스어, 철학, 예술, 과학 등이 여러 나라로 퍼져 나갔죠. 이집트의 도시 알렉산드리아는 헬레니즘 문화의 중심지가 되었고, 이곳에는 당시 세계에서 가장 큰 도서관이 있어 수많은 학자가 모여 공부하고 지식을 쌓았어요.

헬레니즘 시대에는 전쟁과 정복이 반복되면서 사회가 크게 변화했고, 많은 사람이 불안한 삶 속에서 어떻게 살아야 하는지, 무엇이 진정한 행복인지를 고민하게 되었어요. 이러한 시대적 분위기 속에서 에피쿠로스학파와 스토아학파처럼 삶의 태도와 도덕을 탐구하는 새로운 철학이 등장했지요(스토아학파 관련 내용은 238쪽 참고).

한편, 넓은 지역을 아우르는 제국과 활발한 교류 덕분에 예술과 과학도 크게 발전했어요. 조각, 그림, 건축 등 여러 분야에서 사실적이고 감정이 풍부한 작품들이 만들어졌고, 수학·천문학·의학 같은 학문도 함께 성장했죠.

이처럼 헬레니즘 시대는 여러 문화가 만나 서로 영향을 주고받으며, 사람들의 생각과 생활 방식까지 변화시킨 시기였어요. 이때 만들어진 많은 사상과 발견은 로마 시대는 물론, 오늘날까지도 큰 영향을 주고 있어요.

에피쿠로스의 생애

에피쿠로스는 기원전 341년, 사모스섬에서 태어났어요. 사모스는 당시 아테네의 식민지로, 자연환경이 아름답고 다양한 문화가 어우러진 곳이었어요. 그는 어릴 때부터 호기심이 많았고, 스스로 철학에 흥미를 느끼며 공부를 시작했어요.

18세가 되었을 때 에피쿠로스는 아테네로 가서 약 2년 동안 군 복무를 했어요. 이 시기에 그는 여러 사람을 만나고 다양한 경험을 하며 세상을 바라보는 시야를 넓힐 수 있었어요. 군 복무를 마친 뒤에는 잠시 학교에서 교사로 일했는데, 이 과정에서 철학에 대한 관심과 열망이 더욱 깊어졌어요. 특히 그는 데모크리토스의 철학 사상, 그중에서도 세상이 작은 입자로 이루어져 있다는 원자론의 영향을 받으며 철학을 본격적으로 탐구하기 시작했어요.

이후 에피쿠로스는 아테네에 '정원'이라 불리는 철학 공동체를 세웠어요. 이곳은 단순히 철학을 강의하는 장소가 아니라, 제자들이 함께 생활하며 삶과 철학을 나누는 공동체였어요. 그는 이 정원에서 오랫동안 제자들과 함께 철학적 대화를 나누고 사상을 발전시켰어요.

에피쿠로스의 '정원'은 당시로서는 매우 독특한 공동체였어요. 이곳에는 남자뿐 아니라 여자와 노예 등 다양한 신분의 사람들이 함께했어요. 이런 모습은 당시 사회의 기준과 달랐기 때문에 비판을 받기도 했지만, 에피쿠로스는 제자들에게 깊이 존경받는 스승이었어요. 그는 우정을 매우 소중히 여기며, 친구들과 함께하는 삶 속에서 진정한 행복을 찾을 수 있다고 보았어요. '정원'은 서로를 돕고 존중하며 자유롭게 생각을 나누는 인간적인 공동체였어요.

　에피쿠로스의 철학은 이론에 머무르지 않고, 사람들이 실제 삶에서 실천할 수 있는 지혜를 제시했어요. 그는 사람들이 두려움과 불안을 줄이고, 고통을 피하며, 소박한 즐거움 속에서 평온한 삶을 살아갈 수 있다고 보았어요. 이러한 가르침은 제자들을 통해 이어졌고, 오랫동안 많은 사람에게 삶의 방향을 생각하게 하는 철학으로 남게 되었어요.

용어 정리

금욕	- 욕망을 무조건 억누르는 태도가 아니 라, 필요하지 않은 욕망을 줄이는 삶의 방식이에요. - 에피쿠로스는 이를 통해 마음의 평온을 지킬 수 있다고 보았어요.
쾌락	- 순간적인 즐거움이 아니라, 고통과 불안이 없는 평온한 상태를 뜻해요. - 에피쿠로스는 이런 상태가 가장 바람직한 행복이라고 보았어요.
아타락시아	- 자유의지에 따른 실천적 지혜와 온건한 금욕을 통해 영혼의 불안과 육체의 고통에서 벗어난 평정의 상태예요.

　오늘날 우리는 헬레니즘 시대처럼 다양한 문화가 섞인 복잡한 사회에 살고 있어요. 기술과 정보가 빠르게 발전하면서 우리의 생활 방식과 사고방식도 계속해서 변하고 있어요. 이런 상황에서 진정한 행복을 찾으려면 어떻게 살아가야 할까요? 고대 그리스의 철학자 에피쿠로스의 가르침을 다시 생각해 봅시다.

　에피쿠로스는 즐거움과 영광을 쫓기보다는 고통과 아픔을 없애는 데 집중하는 게 더 중요하다고 말했어요. 현대 사회에서는 성공, 성취, 끊임없는 경쟁이 매우 중요하게 여겨지지만, 우리는 때때로 멈추고 현재의 행복에 집중할 필요가 있어요. 무언가를 얻기 위해 계속 달려가기보다는 지금 이 순간을 즐기고 자신을 잘 돌보는 데 더 많은 가치를 두어야 더 큰 만족과 행복을 느낄 수 있다는 거예요. 삶의 작은 것들에서 기쁨을 찾고 소중한 순간들을 누리는 것이 진정한 행복으로 이어질 수 있습니다.

　우리는 물질적인 것에 대한 지나친 욕심을 버리고 소박한 삶을 살아야 해요. 필요한 것만 가지고, 남은 시간과 힘을 가족과 친구들과 함께

하는 데 사용하는 일이 진정한 행복으로 가는 길이에요. 이렇게 하면 불필요한 스트레스를 줄이고, 행복한 순간을 느끼는 여유를 가질 수 있어요.

요즘은 소셜 미디어 덕분에 많은 사람과 쉽게 연결될 수 있지만, 그런 연결이 항상 진짜 소통으로 이어지지는 않아요. 그래서 가까운 친구들과 깊이 있는 대화를 나누고, 진정한 관계를 만드는 것이 더욱 중요해졌지요. 작은 공동체에서 서로의 마음을 나누고 우정을 쌓는 것은 우리에게 큰 행복을 가져다줍니다. 진정한 친구와의 소통은 우리의 삶을 더 풍요롭게 하고, 서로의 고통을 나누며 도와주는 관계를 만들어 주죠. 이렇게 소중한 관계들은 우리에게 안정감과 편안함을 주고, 어려운 상황을 극복하는 데 큰 힘이 됩니다.

진정한 행복은 외부에서 얻는 성취나 물건이 아니라, 서로를 아끼고 이해하는 관계에서 찾아진다는 것을 잊지 말아야 해요. 여러분도 에피쿠로스가 만든 '정원'처럼 자신만의 우정 공동체를 만들어 보는 건 어떨까요? 친구들과 함께 소중한 순간들을 나누고, 서로의 마음을 이해하는 시간을 가져 보세요. 아마 더욱 행복한 삶을 누릴 수 있을 거예요.

18

스토아학파
일어날 일은 일어난다

어느 날 주인이 노예에게 크게 화를 내며 그의 팔을 거세게 비틀었다. 그러자 노예는 침착하게 말했다. "주인님, 부디 진정하십시오. 계속하신다면 제 팔이 부러질지도 모릅니다." 그러나 분노에 휩싸인 주인은 결국 그의 팔을 꺾고 말았다. 그 순간에도 노예는 차분한 목소리로 말했다. "그래서 제가 그렇게 될 거라고 미리 말씀드렸습니다." 그는 처음부터 끝까지 감정의 흔들림 없이 고요하고 절제된 태도를 유지했다.

《켈수스에 대한 반론》, 오리게네스

내가 바꿀 수 없는 일은 어떻게 해야 할까?

스토아학파는 고대 그리스에서 시작된 철학 학파로, 자연과 이성, 그리고 자기 절제와 마음의 평화를 중요하게 여겼어요. 그들은 세상에서 일어나는 모든 일이 우연이 아니라 자연의 이치에 따라 움직인다고 생각했고, 우리의 감정보다 이성적으로 사는 것이 진정한 행복으로 이어진다고 믿었지요.

스토아학파의 세계관

우주에 존재하는 모든 것은 거룩한 유대로 긴밀하게 연결되어 있다. 이 세상에 독립적으로 존재하는 것은 아무것도 없으며, 모든 존재는 이미 정해진 이치에 따라 서로 맞물려 조화로운 질서를 이루고 있다. 이 우주는 하나의 전체이며, 그 안에 깃든 신성 또한 하나다. 인간이 가진 이성은 본질적으로 동일하며, 진리 또한 하나다. 그러므로 이성을 공유하는 인간은 모두 같은 진리를 향해 나아가야 한다. 결국 이성에 따른 삶은 자연의 이치에 따르는 삶과 다르지 않다.

《명상록》, 아우렐리우스

스토아학파는 세상을 이성적 질서와 조화의 관점에서 이해했어요. 그들은 모든 것이 서로 연결되어 있고, 어떤 일이든 그 뒤에는 자연의 이치와 이유가 있다고 믿었지요. 세상이 그냥 물질들로만 이루어진 게 아니라 신과 자연, 사람들로 이루어진 하나의 거대한 생명체 같다고 생각했죠. 이 생명체의 모든 부분이 서로 영향을 주고받으며 긴밀히 연결되어 있다고 본 거예요.

그들은 인간이 우주와 분리된 존재가 아닌, 그 일부로서 살아가는 존재라고 보았어요. 이런 생각에서 출발해, 개인의 삶 역시 사회와 국가라는 더 큰 공동체와 깊이 연결되어 있다고 이해했죠. 우리의 행동 하나하나가 다른 사람들의 삶에 영향을 줄 수 있기 때문에, 자신의 선택이 공동체 전체에 어떤 영향을 미치는지 늘 돌아봐야 한다고 말했어요. 그래서 단지 개인의 이익만을 좇기보다는, 모두에게 이로운 삶의 방향을 고민해야 한다고 강조했답니다.

죽음을 미워하지 말고 오히려 자연스러운 이치로 받아들여야 한다. 죽음은 자연이 우리에게 부여한 것들 가운데 하나이기 때문이다. 이성을 지닌 인간이라면 죽음을 자연의 한 흐름으로서 담담히 기다리는 것이 마땅하다. 우리에게 일어나는 모든 일은 이미 정해진 것이며, 죽음 또한 그 일부다. 나는 죽음을 피할 수는 없지만, 죽음을 두려워하지 않는 것은 나의 선택이다. 우리가 괴로움을 느끼는 것은 사건 자체 때문이 아니라, 그것에 대해 우리가 품는 생각 때문이다. 죽음 역시 마찬가지다. 그 자체로는 두려운 것이 아니다. 만약 정말로 두려운 것이라면 소크라테스 같은 현자도 두려워했을 것이다. 결국 우리가 죽음을 무섭다고 여기는 바로 그 생각이, 죽음을 두렵게 만드는 것이다.

《명상록》, 아우렐리우스

스토아학파는 죽음도 삶의 일부이자 자연의 일부라고 보았어요. 죽음을 두려워하기보다는 자연스럽게 받아들이는 것이 이성적인 태도라고 여겼죠. 또한 우리가 괴로워하는 이유는 사건 자체 때문이 아니라, 그것에 대한 우리의 생각 때문이라고 보았어요. 즉 생각을 바꾸면 죽음도 두렵지 않게 된다는 거예요. 그들은 우리가 통제할 수 없는 것에 대해 걱정하지 말고, 지금 할 수 있는 일에 집중하는 것이 더 현명하다고 가르쳤어요.

이성과 금욕

우리의 육체는 본래 피와 신경, 뼈가 복잡하게 얽혀 있는 그물 같은 구조일 뿐이며, 진정으로 중요한 것은 이성을 가진 마음이다. 이 우주는 철저히 로고스logos, 즉 이성으로 충만한 세계이며, 겉보기에 우연처럼 보이는 일들조차도 사실은 자연의 이치에 따라 미리 정해진

순리를 따르고 있는 것이다. 우주 안의 모든 존재는 자연법칙에 따라 이루어진 필연의 결과이며, 이러한 필연성은 우주 전체의 조화와 질서, 그리고 궁극적인 선善을 이끄는 데 꼭 필요한 것이다.

《명상록》, 아우렐리우스

스토아학파는 신, 자연, 인간이 서로 연결되어 있다고 생각했어요. 그래서 자연의 법칙이 아주 중요하다고 보았죠. 이 자연법은 신이 만든 질서이자 이성에 기반한 도덕 규칙으로, 모든 사람에게 적용되는 정의의 기준이 된다고 보았어요. 여기서 이성은 신과 자연, 사람의 본성을 나타내며, 올바른 판단을 내리는 데 꼭 필요하죠. 스토아학파는 이성이야말로 신과 자연, 인간의 본성을 드러내는 것이며, 올바른 판단과 선택에 꼭 필요한 능력이라고 믿었어요. 그래서 감정에 휘둘리지 않고, 이성을 따라 생각하고 행동하는 것을 매우 중요하게 여겼지요.

또한 그들은 '금욕주의'라는 개념도 중요하게 생각했어요. 금욕주의는 필요 없는 욕망을 줄이고, 꼭 필요한 것만을 추구하는 태도를 말해요. 그들은 슬픔이나 두려움, 욕구 같은 비이성적인 감정이 우리의 행복을 방해한다고 보았고, 이성을 통해 그런 감정들을 조절해야 한다고 말했어요. 하지만 감정을 완전히 없애라고 말한 건 아니에요. 자연스러운 감정은 인정하고 이성적으로 조절해야 하죠. 예컨대 자신의 건강을 잘 돌보거나 부모를 사랑하는 마음은 좋은 감정인 거예요.

스토아 철학자들은 욕망을 줄이는 훈련을 통해 유명해지고 싶거나 과시하고 싶어 하는 욕구에서 벗어날 수 있다고 믿었어요. 모든 일이 결국 일어난다는 것을 이해하고, 불안과 걱정을 줄여야 한다고 강조했죠. 이런 훈련을 통해 우리는 더 강한 정신을 가질 수 있고, 자기 자신과 주변 세계를 더 잘 이해하게 된답니다.

행복주의

당신은 단지 작가가 창조한 연극 속에서 주어진 역할을 수행하는 배우일 뿐임을 잊지 말아야 한다. 작가가 짧은 단막극을 쓴다면 당신의 삶도 짧을 것이고, 긴 장막극을 쓴다면 더 오래 살아야 할 것이다. 가난한 사람의 배역이 주어진다면 그 역할에 최선을 다하면 되고, 때로는 지도자, 절름발이, 평범한 시민의 역할이 주어질 수도 있다. 우리가 해야 할 일은 어떤 역할이든 진지하게 받아들이고 성실히 연기하는 것이다. 어떤 역할을 맡을지는 우리의 선택이 아니다. 따라서 삶에서 마주하는 모든 일을 있는 그대로 받아들이는 태도가 중요하다.

《명상록》, 아우렐리우스

스토아학파는 인생의 가장 중요한 목표가 '행복'이라고 말해요. 그리고 그 행복을 얻으려면 이성을 잘 쓰고 감정을 잘 조절해야 한다고 이야기하죠. 이들이 말하는 행복은 단순히 재미있거나 기분 좋은 순간이 아니라, 이성적으로 생각하고 행동할 때 느끼는 마음의 평화와 안정이에요. 그래서 행복은 외부에서 저절로 오는 것이 아니라 우리 마음속에서 만들어지는 것이라고 보았어요.

마음의 평화를 얻으려면 어떤 상황에서도 감정에 흔들리지 않고 차분한 마음을 유지해야 해요. 이를 '아파테이아apatheia'라고 해요. 이를 위해서는 외부에서 오는 불안이나 고통에서 벗어나려고 노력하고, 자신의 감정을 잘 이해하며 너무 심하게 반응하지 않도록 연습해야 해요.

또한 그들은 행복한 삶이 '덕 있는 삶'과 같다고 말했어요. 여기서 말하는 '덕'은 이성을 잘 활용하고, 자연의 법칙에 따라 조화를 이루며 살아가려는 마음가짐을 뜻해요. 즉, 어떻게 행동해야 하는지를 알고, 감정을 조절하며 자연과 어울려 사는 능력이 곧 덕이라는 것이죠.

우리는 오직 자신의 의지로 조절할 수 있는 일들에만 관심을 가져야 한다. 그리고 그중에서도 자연의 이치에 반하는 일은 피해야 한다. 병에 걸리거나 죽음을 맞거나 가난해지는 것을 피하려 들면 오히려 고통을 겪게 된다. 이런 것들은 우리 뜻대로 되는 것이 아니기 때문이다. 따라서 스스로 통제할 수 없는 일에 대해 불평하거나 원망해서는 안 된다. 우리가 집중해야 할 것은 오직 우리 뜻대로 할 수 있는 일이며, 그 가운데서도 자연의 이치에 어긋나지 않는 것을 추구해야 한다. 이성에 따라 행동하는 것이 곧 자연의 섭리를 따르는 삶이다.

《명상록》, 아우렐리우스

스토아 철학자들은 진정한 행복이란 주변의 환경이나 다른 사람의 영향이 아니라, 오직 우리의 마음속에서 나오는 것이라고 강조했어요. 그래서 조절할 수 있는 것과 조절할 수 없는 것을 잘 구분해야 하지요. 외부에서 일어나는 상황에는 책임이 없지만, 우리가 생각하고 행동하는 것에는 항상 책임이 따른다고 해요. 이런 생각은 우리가 어떤 상황에서도 차분하게 마음을 유지하고, 진정한 행복을 찾을 수 있도록 도와줘요.

스토아학파는 자유롭게 사는 것, 곧 자신의 이성과 선택에 따라 살아가는 것이 진정한 행복이라고 믿었어요. 자연의 법칙을 이해하고 그것을 따르며, 외부의 압력이나 유혹에 흔들리지 않고 자기 삶을 주도적으로 이끄는 태도를 중요하게 여겼답니다.

스토아학파의 등장

스토아학파는 기원전 3세기 헬레니즘 시대의 아테네에서 시작되어 로마 제국 시기까지 유럽 전역에 영향을 끼친 철학 사조예요. '스토아'라는 이름은 아테네의 시장 근처에 있던 스토아 포이킬레(그림이 그려진 회랑)에서 유래했지요. 이 회랑에서 철학자들이 모여 토론을 벌였기 때문에 이들을 '스토아학파'라고 부르게 되었답니다.

이 철학이 등장한 헬레니즘 시대는 알렉산더 대왕의 정복 이후 고대 그리스 세계가 동서양을 아우르는 대제국으로 바뀌며, 전통적인 공동체 질서가 해체되고, 개인의 삶은 불안정하고 불확실한 시대에 접어들었어요. 도시 국가의 시민으로서 당당하게 살 수 있었던 고대 그리스 시기의 이상은 무너졌고, 개인은 더 이상 공동체에 기대기 어렵게 되었죠.

바로 이런 시대의 변화 속에서 스토아 철학은 탄생했어요. 그들은 변화무쌍한 외부 세계에 휘둘리지 않고, 자기 내면을 단련하며 평온을 지키는 삶을 철학의 목표로 삼았지요. 자연의 이치와 이성에 따라 살면서, 감정을 절제하고 운명을 받아들이는 삶이 혼란스러운 세상 속에서도 흔들리지 않는 삶이라고 본 거예요.

이성과 질서로 세운 철학의 틀

스토아 철학의 창시자인 제논은 키프로스 출신으로, 상인 생활을 하다 우연한 계기로 아테네에 정착하여 철학자가 되었어요. 그는 소크라테스와 플라톤, 아리스토텔레스, 헤라클레이토스 등의 사상을 바탕으로 "인간이 어떻게 하면 행복하게 살 수 있을까"를 고민하고, 복잡한 사회에서 어떻게 살아야 하는지를 깊이 생각하며 독창적인 철학을 발전시켰지요. 이성과 우주적 질서에 따르는 삶을 통해 진정한 행복을 얻을 수 있다고 보았어요. 이런 생각이 스토아학파의 기초가 되었답니다.

제논의 뒤를 이은 클레안테스와 크리시포스는 스토아 철학을 더욱 체계화했어요. 클레안테스는 도덕적 덕을 강조했고, 크리시포스는 논리학과 자연철학, 윤리학을 결합하여 스토아 철학의 이론적 틀을 완성했지요. 특히 크리시포스는 "크리시포스가 없었다면 스토아도 없었을 것이다"라는 말이 생길 정도로 큰 영향력을 가진 중요한 인물이에요.

기원전 2세기 이후 중기 스토아학파는 로마 세계로 전파되며 더욱 현실적이고 실천적인 방향으로 발전했어요. 이 시기의 대표적 철학자는 파나이티오스와 포시도니오스입니다. 파나이티오스는 스토아 철학을 로마에 소개한 인물로, 이성과 덕뿐만 아니라 사회적 역할과 책임도 강조했어요. 그는 철학을 정치와 일상에 실제로 적용하려 했으며,

키케로 같은 로마의 정치가들에게 영향을 미치기도 했지요.

실천적 삶을 살아간 스토아 철학자들

후기 스토아학파는 로마 제국 시기에 전성기를 맞이했어요. 이 시기의 대표적인 철학자들은 세네카, 에픽테토스, 아우렐리우스입니다.

세네카는 로마의 정치인이자 철학자로, 권력과 부의 한가운데서도 덕과 내면의 평정을 중시하는 삶을 실천했어요. 그는 "운명을 바꿀 수 없다면 받아들이는 법을 배워야 한다"라고 말하며 고난 속에서도 고결한 자세를 잃지 말 것을 강조했지요.

에픽테토스는 본래 노예였으나 해방된 후 철학자가 되었고, "우리가 통제할 수 있는 것은 우리의 태도뿐이다"라고 말하며 내면의 자유를 최고의 가치로 삼았어요.

아우렐리우스는 로마의 황제이자 철학자로, 전쟁과 혼란 속에서도 《명상록》을 통해 자기 성찰과 내면 수양의 중요성을 강조했어요. 또한 권력자임에도 불구하고 겸손과 인내를 잃지 않고 자신의 감정과 욕망을 절제하며 살아갔지요.

스토아 철학은 인간이 어떻게 살아야 하는지를 끊임없이 질문하고 자연과 이성에 따르며 감정을 절제하는 삶이 곧 행복한 삶임을 강조했어요. '자연에 따라 살아라', '감정을 절제하라', '내면을 통제하라'는 가르침은 현대인에게도 의미 있는 교훈을 주고 있습니다.

용어 정리

금욕주의	- 욕망과 감정을 절제하며 이성에 따라 살아가려는 삶의 태도예요. - 스토아학파는 절제가 마음의 흔들림을 줄인다고 보았어요.
행복주의	- 행복을 인생의 최고 목표로 삼고, 이를 실현하는 것을 도덕적 이상으로 삼아요. - 스토아학파는 행복을 외부의 조건이 아니라 마음의 상태에서 찾았어요. - 이성에 따라 살아가며 감정에 흔들리지 않을 때 진정한 행복에 이른다고 보았어요.
아파테이아	- 감정의 동요에서 벗어난 평온한 마음의 상태예요. - 스토아학파는 이 상태가 참된 행복의 바탕이라고 보았어요.

　스토아학파의 가르침은 불확실성과 불안이 일상이 된 오늘의 현대인들에게 유의미한 메시지를 전해 줍니다. 우리는 미래를 예측하려 애쓰고, 통제할 수 없는 일들까지 책임지려 하며, 스스로를 지치게 만들어요. 하지만 스토아 철학은 삶의 출발점을 다르게 설정해요. 바꿀 수 없는 일에 매달리기보다, 지금 이 순간 내가 선택할 수 있는 태도와 판단에 집중하라고 말하죠.

　스토아학파가 말한 "일어날 일은 일어난다"라는 문장은, 체념의 선언이 아니에요. 이는 삶을 대하는 기준을 바꾸라는 요청이지요. 시험 결과, 타인의 평가, 갑작스러운 실패나 상실처럼 우리의 힘이 미치지 않는 일들은 이미 자연의 흐름 속에 놓여 있어요. 이때 중요한 것은 사건 그 자체보다 그 사건을 받아들이는 나의 마음이에요. 같은 상황에서도 어떤 이는 무너지고, 어떤 이는 담담히 다음 걸음을 내딛어요. 차이를 만드는 것은 환경이 아니라 '나의 태도'인 것이죠.

　우리는 종종 감정이 곧 나 자신이라고 여기며 분노나 불안, 좌절에 끌려다녀요. 하지만 스토아 철학은 감정을 없애라고 말하지 않아요.

감정이 생겨나는 것은 자연스러운 일이에요. 다만 그 감정에 어떤 판단을 덧붙일지는 나의 선택이라고 보는 거죠. 분노가 올라올 때 그것을 곧바로 행동으로 옮길지, 한 걸음 물러서 이성적으로 바라볼지는 전적으로 나에게 달려 있어요.

스토아학파가 말한 '역할'의 비유도 오늘의 삶을 다시 생각하게 해요. 우리는 모두 각기 다른 자리와 조건 속에서 살아가요. 누군가는 학생으로, 누군가는 부모로, 누군가는 책임을 짊어진 위치에서 살아가요. 어떤 역할을 맡게 될지는 스스로 정할 수 없지만, 그 역할을 어떻게 수행할지는 선택할 수 있어요. 주어진 상황을 원망하며 소모되는 삶보다, 맡겨진 자리에서 성실하게 역할을 해내는 삶이 내면의 자유에 더 가까워져요.

스토아 철학이 말하는 행복은 특별한 성취나 외부의 인정에서 오지 않아요. 자연의 질서를 이해하고 이성에 따라 판단하며 자신의 내면을 다스릴 수 있을 때 마음의 평정이 찾아와요. 오늘 우리가 스토아 철학에서 배울 수 있는 것은 참고 견디는 태도만이 아니에요. 삶의 무게를 감당하는 사고방식이지요. 통제할 수 없는 것에서 한발 물러나고, 통제할 수 있는 나의 태도에 집중하는 연습을 반복하다 보면, 우리는 조금 더 단단한 마음으로 오늘을 살아가게 될 거예요.

중세

아우구스티누스
신에 대한 사랑과 그리움

앎에 이르기 위해서는 먼저 믿음이 필요하며, 참된 믿음을 가지려면 일정한 앎이 전제되어야 한다. 하지만 단순히 철학적 사유나 이성만으로는 신에 대해 확고한 인식을 얻는 데는 한계가 있다. 인간의 정신은 외적인 감각 세계에서 출발하여 내면의 세계로 나아가고, 결국에는 그 마음의 가장 깊은 자리에서 진리의 원천으로서의 신을 향해 나아가게 된다.

《고백록》, 아우렐리우스 아우구스티누스

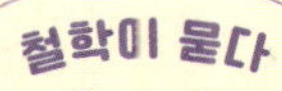

신이 우리에게 원하는 것은 무엇일까?

신과 인간

육체의 평온은 신체의 각 부분이 적절한 비율과 질서에 따라 조화를 이루면서 성립된다. 이성과 관련된 영혼의 평화는 바른 지식과 올바른 행동이 일치할 때 이루어진다. 신과 인간 사이의 평화는 잘 정립된 신앙을 바탕으로 영원한 법칙에 순응하는 데서 비롯된다. 그리고 천국의 평화란 조화롭고 질서 있는 상태에서 신을 온전히 누리는 것이다.

《신국론》, 아우구스티누스

아우렐리우스 아우구스티누스Aurelius Augustinus는 세상의 본질에 대해 깊이 생각하면서, 두 가지 중요한 거념을 이야기했어요. 첫 번째는 변하는 물질 세계고, 두 번째는 '변하지 않는 신'이라는 영원한 존재의 세계예요.

그는 신을 완전하고 영원한 존재로 생각했어요. 신은 절대 변하지 않으며, 모든 것의 시작이자 본질이라고 믿었지요. 그래서 신이 없으면 세상의 모든 것이 의미가 없어진다고 주장했어요. 신과의 관계가 없으면 우리의 삶이 공허하게 느껴질 수 있다는 거예요.

그는 인간이 '영혼'과 '육체'로 구성되어 있다고 말해요. 인간이 신과 물질 세계 사이에서 중간 역할을 한다고 생각했죠. 영혼은 신과 닮은 성격을 지녀 신의 뜻을 이해하고 따를 수 있는 능력이 있다고 보았어요. 반면 육체는 물질 세계에 속한 존재로, 시간과 공간의 제약을 받으며 살아간다고 설명했어요. 그는 진정한 삶을 위해서는 영혼과 육체가 조화를 이루어야 한다고 강조하며, 특히 영혼의 성장과 발전이 인간의 삶에서 얼마나 중요한지를 설명했어요.

아우구스티누스는 물질 세계가 신으로부터 가장 멀리 떨어진 곳이라고 생각했어요. 물질적인 것에 집착하지 않고, 신을 향해 나아가야 한다고 조언했지요. 이는 물질적인 욕망이 진정한 행복으로부터 멀어지게 할 수 있다고 믿었기 때문이에요.

빛과 행복

마치 우리의 눈이 본능적으로 물리적 빛에 젖듯이, 인간의 정신도 자연스럽게 인식할 수 있는 빛에 잠기게 된다. 그리고 그 빛 속에서 정신은 진리를 인식하게 된다. 이 빛의 근원이 하느님이라는 점은 의심의 여지가 없다. 성경에서도 하느님은 '빛의 아버지'로 불리며,

하느님의 말씀은 '모든 사람을 비추는 계몽'이라고 전하고 있기 때
문이다.

《삼위일체론》, 아우구스티누스

아우구스티누스는 진정한 행복의 근원을 신에게 두었어요. 신과의
관계가 진정한 행복을 찾는 가장 중요한 방법이라고 말했지요. 세상에
서 얻는 물질적인 것들이나 잠깐의 성공은 진정한 행복을 주지 못하
고, 신을 사랑하고 신과 가까이 있는 것이 더 중요하다고 주장했어요.
그는 신의 사랑을 추구하는 삶이 진정으로 행복한 길이라고 확신했답
니다.

그는 신과 깊은 관계를 맺으면 우리의 영혼이 더 나아지고 마음의
평화를 찾을 수 있다고 믿었어요. 신앙의 길이 우리가 왜 존재하는지
를 알려 준다는 거예요. 신과 만나는 것은 인간을 행복하게 해 주며,
그런 행복은 신앙을 통해 신의 도움을 받을 때만 느낄 수 있다고 설명
했어요. 신과의 관계가 삶에서 가장 중요한 부분이라는 것이죠.

아우구스티누스는 인간이 원죄를 지닌 존재이기 때문에 자신의 힘
만으로는 완전한 진리를 이해하기 어렵다고 보았어요. 원죄란 모든 사
람이 태어날 때부터 지니는 죄로, 아담과 이브가 신의 명령을 어긴 데
서 비롯되었어요. 이러한 한계 때문에 인간의 마음이 진리에 이르기
위해서는 신의 빛이 필요하다고 주장했어요. 그는 신의 빛이 인간의
마음을 비출 때 비로소 진리와 선함을 분별할 수 있으며, 이 빛이 삶을
올바른 방향으로 이끈다고 믿었어요. 더 나아가 신의 빛은 인간이 참

된 행복에 이르게 하는 힘이자, 신이 인간에게 베푸는 은총의 근원이
라고 강조했지요.

악의 문제

다른 피조물들은 신의 섭리에 따라 정해진 방식으로 움직이지만,
인간은 자신의 의지에 따라 행동을 선택할 자유를 부여받았다. 신
은 인간이 자발적으로 신을 신뢰하고, 그 뜻에 따르며, 결국 신께 돌
아가도록 자유롭게 결정할 수 있는 권한을 준 것이다. 이러한 자유
가 주어졌기에, 인간이 죄를 짓게 된 책임을 신에게 돌릴 수는 없다.
죄는 자유의지를 가진 인간의 선택에서 비롯된 것이지, 신의 의도
나 강제에 의한 결과는 아니기 때문이다. 따라서 악의 근원이 신이
라고 할 수는 없다.

《자유의지론》, 아우구스티누스

아우구스티누스는 악이 무엇이며 그것이 어디에서 비롯되는지를 깊
이 고민했어요. 그는 악을 어떤 독립된 실체로 보지 않았고, 신에게서
멀어지는 상태로 이해했지요. 즉 악은 신의 가르침을 따르지 않을 때
형성되는 삶의 방향이며, 관계의 왜곡에서 나타난다는 거예요.

그는 이러한 악이 생기는 근본적인 이유를 인간에게 주어진 '자유의
지'에서 찾았어요. 자유의지란 인간이 선한 선택과 악한 선택 가운데
스스로 판단하고 결정할 수 있는 능력을 뜻해요. 그는 신이 인간을 사

랑했기 때문에 이 자유의지를 허락했다고 보았어요. 아우구스티누스에 따르면 신은 사람이 억지로 착한 행동을 하거나 강제로 선을 따르기를 바라지 않았어요. 대신 인간이 스스로 판단하고 선택해, 자발적으로 신을 사랑하고 선을 따르기를 원했다고 생각했지요.

그러나 자유의지는 선택의 가능성을 주는 동시에, 그 선택에 대한 책임도 함께 요구해요. 악한 선택을 하면 그것은 단순히 하나의 잘못된 행동으로 끝나지 않아요. 그 선택은 신과의 관계를 약화시키고, 그로 인해 삶의 방향 전체가 흔들리게 되는 것이죠. 그래서 악한 선택은 곧 신과 멀어지는 결과로 이어지며, 그 과정에서 인간은 참된 행복을 경험하기 어려워져요. 이러한 영향은 개인에게만 머무르지 않고 결국 다른 사람에게도 상처와 해를 남기게 돼요.

그렇다면 자유의지로 선한 선택을 한다면 악은 사라지는 걸까요? 아우구스티누스는 그렇지 않다고 보았어요. 인간은 자유의지를 통해 선을 선택할 수 있지만, 그 의지는 이미 약해진 상태라는 거죠. 원죄로 인해 인간의 의지는 쉽게 흔들리고 선을 지속적으로 실천할 힘이 부족해졌다고 본 거예요. 그래서 그는 인간이 선을 선택하는 데는 자유의지가 필요하지만, 선을 지켜 내고 회복하는 데는 신의 은총이 필요하다고 설명했지요.

은총은 자유의지를 대신하는 힘이 아니에요. 오히려 자유의지가 올바른 방향으로 작동할 수 있도록 돕는 힘이지요. 인간은 자유의지를 통해 선을 향해 마음을 돌릴 수 있고, 신의 은총은 그 선택이 삶 속에서 이어질 수 있도록 붙들어 준다고 아우구스티누스는 믿었어요. 따라서 자유의지와 은총은 서로를 부정하는 개념이 아니라 함께 작용하는 관계인 거죠.

이러한 관점에서 보면 신이 인간에게 자유의지를 준 이유도 분명해져요. 신은 인간을 사랑했기 때문에 선택할 수 있는 존재로 만들었고, 그 선택에 대한 책임 또한 인간에게 맡겼어요. 신이 반드시 선을 선택하도록 강요하는 세계였다면 그건 자유의지가 아니라 통제에 가까웠을 거고 인간을 동식물 같은 존재로 만들었겠죠. 아우구스티누스에게 자유의지란 선과 악 가운데 스스로 방향을 정할 수 있는 능력이자, 그 결과를 자신의 삶으로 감당해야 하는 인간의 조건이었어요. 그는 인간이 신과의 관계 속에서 자유의지를 사용하고, 그 안에서 책임과 은총을 함께 경험할 때 비로소 참된 행복에 이를 수 있다고 보았답니다.

인간의 나라, 신의 나라

두 가지 사랑이 두 종류의 국가를 만든다. 하나는 지상의 나라이며, 자신을 지나치게 사랑하고 결국 신까지 멸시하는 데서 비롯된다. 다른 하나는 천상의 나라로, 신을 사랑함으로써 자기 자신까지도 버릴 수 있는 사랑에서 비롯된다. 지상의 나라는 인간에게서 영광을 구하지만, 천상의 나라는 신으로부터 영광을 구하며, 그 영광이 더욱 위대하다는 사실은 우리의 양심이 잘 알고 있다. 이렇게 형성된 두 국가는 모두 현세의 유익한 것들을 활용하고 고통을 겪는다. 그러나 그들이 그것을 대하는 태도는 서로 다르다. 믿음, 희망, 사랑이 다르기 때문이다. 최후의 심판이 있기 전까지는 이 두 국가는 섞여 함께 존재하지만, 마침내 각각 자신의 궁극적 운명에 이르게 되며, 그 결말은 끝이 없을 것이다-. 이 두 국가는 하나는 정의에 근거한 나라이며, 다른 하나는 불의에 근거한 나라다. 이들은 현세에서 서로 얽혀 있으나, 마지막 날 심판을 통해 뚜렷하게 갈라지게 될 것이다. 정의의 나라는 그 왕과 하나 되어 거룩한 천사들과 함께하고, 불의의 나라는 그들의 왕과 결합하여 타락한 천사들과 더불어 영원한 불 속에 던져질 것이다.

《신국론》, 아우구스티누스

아우구스티누스는 두 가지 종류의 국가에 대해 이야기했어요. 첫 번째는 '지상의 국가'예요. 그는 이 지상의 국가가 아담이 선악과를 먹은 원죄 때문에 타락한 사람들이 만든 곳이라고 생각했어요. 여기에서는 사람들이 자기만 생각하고 신을 무시하면서 살아가요. 이것 때문에 나쁜 일이 많이 생기게 됩니다. 이런 상황에서는 사람들은 물질적인 욕망에 사로잡혀 진정한 행복을 잃어버리고, 서로를 해치며 살아가게 된다고 아우구스티누스는 말했어요. 그는 사람들이 서로를 존중하지 않고, 오히려 자신의 이익만을 챙기는 일이 얼마나 슬픈 일인지 걱정했어요. 아우구스티누스는 지상의 국가가 우리에게 진정한 행복을 주지 않는다고 경고하며, 우리가 올바른 사랑과 관계를 통해 행복을 찾아야 한다고 강조했어요.

두 번째는 '천상의 국가'입니다. 이곳은 신을 사랑하는 사람들이 모여 살아가는 공동체예요. 천상의 국가에서는 사람들이 서로를 존중하며 사랑의 규칙에 따라 삶을 이어 가요. 아우구스티누스는 천상의 국가가 태초부터 존재해 온 영원한 공동체라고 믿었어요. 그는 이곳에서 사람들이 신을 진정으로 사랑함으로써 참된 행복을 느끼고 신과의 관계 속에서 삶의 궁극적인 의미를 발견하게 된다고 보았어요.

아우구스티누스는 신을 사랑하는 삶이 인간에게 참된 행복을 가져다준다고 믿었고, 이러한 관점은 개인의 내면에만 머무르지 않는다고 생각했어요. 그는 이 생각이 개인의 삶을 바르게 이끌 뿐만 아니라 사회와 공동체가 건강하게 성장하는 데도 중요한 기준이 된다고 믿었죠. 신의 가르침을 따라 신을 사랑하고 자신의 자유로운 선택으로 올바른 삶을 살아갈 때 인간은 비로소 천상의 국가에 속한 삶을 살 수 있으며, 그 안에서 진정한 행복을 누릴 수 있다는 거예요.

기독교의 아버지, 아우구스티누스

아우렐리우스 아우구스티누스는 로마 시대에 살았던 유명한 신학자이자 철학자예요. 그는 '성 어거스틴'이라고도 불리며, 초대 교회의 중요한 인물 중 한 명으로 기독교의 신학*과 철학이 발전하는 데 큰 역할을 했답니다.

아우구스티누스가 살던 시대는 기독교가 공인되고 점차 퍼지던 때였지만, 여전히 옛 로마 종교와 다양한 철학 사상이 함께 존재했어요. 이런 혼란 속에서 사람들은 삶의 의미와 구원의 기준을 찾고자 했고, 아우구스티누스는 바로 그런 질문에 답하려 하며 신앙과 철학을 연결하는 사상을 펼쳤어요. 아우구스티누스의 사상과 철학은 성 베르나르도**, 성 토마스 아퀴나스*** 같은 가톨릭 인물들뿐만 아니라, 마르틴

★　　**신학:** 신과 신에 대한 믿음을 연구하며, 연간이 신을 어떻게 이해하고 받아들이는지를 탐구하는 학문.

★★　**성 베르나르도:** 신의 사랑과 신앙의 삶을 강조한 중세의 수도사이자 신학자.

★★★ **성 토마스 아퀴나스:** 이성과 신앙의 조화를 설명하며 중세 신학을 체계화한 신학자.

루터와 장 칼뱅 같은 개신교* 신학자들에게도 많은 영향을 주었어요. 그의 생각은 종교에만 머무르지 않고, 인류가 보편적인 진리를 찾는 데도 중요한 밑바탕이 되었지요.

아우구스티누스의 생애

보통 중세시대에 교부(교회의 아버지)로 불린 인물들은 신앙이 깊고 바른 삶을 살아온 성직자를 떠올리게 돼요. 그래서 아우구스티누스 역시 처음부터 신실한 기독교인으로 살아왔을 것이라 생각하기 쉬워요. 하지만 그의 삶은 그렇게 단순하지 않았어요. 어릴 때 그는 기독교인이 아니었고, 여러 다른 종교와 철학이 뒤섞인 복잡한 로마 사회에서 다양한 사상과 생각을 마주하며 방황했답니다. 그러면서 진리와 사랑, 신앙이 얼마나 중요한지를 깨닫게 되었고, 이러한 경험들이 그의 신학적인 생각에 큰 영향을 주었어요.

아우구스티누스는 마음속의 갈등을 해결하고 신과의 관계를 회복하기 위해 열심히 노력했어요. 이 과정은 그의 신앙 여정에서 매우 중요한 순간이 되었답니다. 신학적인 업적은 주로 중년 이후에 이루어졌는데, 젊은 시절에는 여러 경험을 하며 방황했고, 그 과정에서 결혼하지 않고 아기를 낳기도 했어요. 당시 로마 사회에서는 흔한 일이었지만, 기독교에서는 문제가 될 수 있는 일이었죠.

그는 사랑이 사람의 본질이라고 강조하며, 우리의 삶을 이끌어 주는

★ **개신교:** 가톨릭에서 분리되어 형성된 기독교 교회들의 총칭으로 다양한 교파가 존재함.

힘이라고 말했어요. 사랑하는 대상을 잘 선택해야 진정한 행복과 의미를 찾을 수 있다고 믿었는데, 그 대상이 바로 '신'이라는 것이죠.

아우구스티누스는 신학 이론에 관한 책을 여러 권 썼고, 《고백록》이라는 자서전도 썼어요. 이 책은 자신의 영적 여정을 기록한 책이지요. 이 책에서 그는 방황하던 과거를 고백하고, 신에 대한 사랑과 그리움을 표현했답니다. 그는 신과의 만남을 통해 진정한 행복과 평화를 찾았다고 말하며, 독자들에게도 자신의 신앙을 돌아보고 신과 깊은 관계를 맺으라고 권했어요. 아우구스티누스는 갈등과 회복 과정을 통해 신과의 관계가 얼마나 중요한지를 깨닫게 되었고, 이것이 그의 신학적 생각에 큰 영향을 미쳤지요.

용어 정리

신	- 완전한 실재성을 지닌 최고선으로, 변화하거나 사라지지 않는 영원하고 불변한 존재예요. - 모든 선과 진리의 근원으로서 완전함과 불멸성을 지녀요.
은총	- 원죄로 불완전한 인간이 진리를 인식하도록 신이 정신을 비추는 도움이에요. - 신과의 지속적인 접촉 속에서 주어지며 인간을 참된 행복으로 이끌어요.
자유의지	- 외부의 강요 없이 스스로 선택하고 행동을 결정하는 마음의 능력이에요. - 의지의 방향에 따라 선을 지향하는 선한 의지와 그에 어긋나는 악한 의지로 나뉘어요.

아우구스티누스는 인간이 왜 끊임없이 불안해하고 많은 것을 가졌음에도 공허함을 느끼는지를 집요하게 묻던 사람이에요. 그의 대답은 분명했어요. 인간의 마음은 본래 더 큰 의미와 영원한 가치를 향해 열려 있으며, 그 갈망은 쉽게 채워지지 않는다는 것이죠.

오늘날 우리는 성취와 비교 속에서 자신을 끊임없이 평가하며 살아가요. 성적, 스펙, 인기, 성과 같은 기준이 삶의 방향을 정해 주는 듯 보이기도 해요. 하지만 아우구스티누스의 시선에서 보면, 이런 기준들은 마음을 잠시 붙잡아 둘 수는 있어도 오래 머물게 하지는 못해요. 그래서 그는 인간의 불안과 방황을 실패로 보지 않았어요. 오히려 그것을 진짜 의미를 향해 나아가는 신호로 이해했지요.

아우구스티누스가 강조한 '사랑의 방향'은 오늘의 우리에게도 교훈을 줍니다. 우리는 모두 무언가를 사랑하며 살아가는데, 문제는 '무엇을 가장 가치 있게 생각하고 사랑하는가'예요. 성과, 인정, 소유가 삶의 중심이 될 때 마음은 쉽게 흔들려요. 반대로 삶의 기준이 흔들리지 않는 가치에 닿아 있을 때는 어려움 속에서도 방향을 잃지 않지요. 아우구스티누스는 이 기준을 '신에 대한 사랑'에서 찾았어요.

그가 말한 자유의지와 책임 역시 오늘의 삶과 맞닿아 있어요. 우리는 선택할 수 있는 존재이며 그 선택은 곧 삶의 방향이 돼요. 잘못된 선택이 반복되면 관계가 어그러지고 마음이 흐트러져요. 그러나 그는 인간을 비관적으로만 보지 않았어요. 인간은 스스로 완전해질 수 없지만 신의 도움과 은총 속에서 다시 방향을 세울 수 있다고 믿었죠.

또한 아우구스티누스가 말한 '지상의 나라'와 '천상의 나라'는 오늘의 사회를 바라보는 하나의 관점이 돼요. 경쟁과 이익이 삶을 지배하는 현실 속에서도 우리는 어떤 사랑을 기준으로 살아갈지를 선택할 수 있어요. 자기만을 중심에 두는 삶은 결국 관계를 소모시키지만, 더 큰 가치와 타인을 향한 사랑을 품은 삶은 공동체를 살찌워요. 그는 신앙이 개인의 삶에만 머무르지 않고, 사회의 모습과 방향까지 바꿀 수 있다고 보았어요. 이처럼 아우구스티누스의 사상은 개인의 선택이 어떤 사회를 만들어 가는지 묻는 철학이기도 해요.

20

루터와 칼뱅
종교개혁, 개신교의 탄생

저는 마르틴 루터입니다. 비텐베르크대학에서 신부이자 교수로서 사역하고 있습니다. 진리를 추구하는 모든 이와 대화를 나누고 논의를 이어 가고 싶습니다. 직접 만나 이야기를 나누기 어렵다면, 편지를 통해서라도 여러분의 생각을 들려주시길 바랍니다. 우리 주 예수 그리스도의 이름으로 간절히 청합니다. 아멘.

《종교개혁의 시대 1250-1550》, 스티브 오즈맹

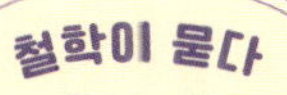

종교개혁은
왜 일어났을까?

종교개혁은 16세기 유럽에서 일어난 매우 중요한 사건이에요. 이 과정에서 마르틴 루터Martin Luther와 장 칼뱅Jean Calvin 같은 기독교 신학자들이 주도적으로 활동했어요. 이 개혁은 종교뿐 아니라 사회와 경제, 정치 전반에까지 큰 영향을 주었어요. 종교개혁을 통해 사람들은 교회나 성직자의 권위보다 개인의 신앙을 더 중요하게 여기게 되었고, 자신의 믿음과 구원, 교회의 역할에 대해 자유롭게 말하고 토론할 수 있게 되었어요.

루터의 생각

교황은 하나님이 죄를 용서하셨다는 것을 선언할 수는 있지만, 다른 사람의 죄를 직접 사면할 권한은 없다. 교황이 실제로 용서할 수 있는 것은 오직 자기 자신에게 저질러진 잘못뿐이다.

〈95개조 반박문〉, 마르틴 루터

　루터는 종교개혁에서 아주 중요한 인물이에요. 그의 생각은 세 가지로 나눌 수 있어요.

　첫째, 신앙의 중요성이에요. 루터는 사람들이 교회에서 하는 의식이나 미사보다, 개인이 하나님과 직접 이야기하는 것이 훨씬 더 중요하다고 말했어요. 종교적인 의식만으로는 사람의 신앙이 충분하지 않다고 믿었죠. 그래서 사람들은 교회에만 의존하지 않고, 스스로 하나님과 대화하려고 노력하게 되었답니다. 이렇게 하면서 많은 사람이 자신의 신앙을 스스로 알아가게 되었고, 각자의 신앙을 점점 더 중요하게 생각하기 시작했어요. 단순히 교회의 가르침을 따르기만 하는 것이 아니라 자신만의 신앙을 만들어 가려고 노력하게 된 것이죠. 이러한 과정은 개인의 정체성과 신앙심을 더욱 깊고 풍부하게 만들었어요.

　둘째, 성경의 중요성이에요. 루터는 가톨릭교회처럼 진리를 교회나 교황의 설명에 의존하지 않고, 오직 성경에 뿌리를 두어야 한다고 주장했어요. 모든 사람이 성경을 직접 읽고 그 의미를 이해할 수 있어야 한다고 강조했어요. 성경을 직접 읽고 해석하는 사람이 늘어나면서 다양한 해석과 관점이 나타났고, 공동체 안에서도 서로 다른 신앙의 모습이 자연스럽게 드러나게 되었죠. 이런 변화는 조금씩 서로의 신앙과 생각을 존중하고 인정하는 문화를 만들어 갔어요.

　셋째, 모든 **신자***가 **사제****라는 원칙이에요. 루터는 누구나 하나님

과 직접 이야기할 수 있다고 강조했어요. 특정한 사람만 하나님과 관계를 맺는 것이 아니라는 것이죠. 모든 신자가 동등하게 신앙생활을 할 수 있게 되었고, 더 이상 성직자에게만 의존하지 않고 스스로 신앙을 실천하고 깊이 있게 탐구할 수 있게 되었지요. 이렇게 해서 개인의 신앙이 공동체에서도 더 중요하게 여겨지게 되었고, 신자들 사이의 소통이 활발해졌답니다. 이 원칙은 신앙의 평등성을 강조하며, 각자가 자신의 신앙을 책임질 수 있다는 생각을 심어 주었어요. 이러한 변화는 종교적 실천을 더욱 풍부하게 만들고, 다양한 신앙 공동체를 인정하는 계기가 되었답니다.

칼뱅의 생각

하나님께서 인간을 아담의 죄로 인해 멸망하도록 예정하셨다고 말하는 것은 옳지 않다. 마치 인류의 멸망이 하나님의 기쁨이 되는 것처럼 말하는 것은, 하나님이 인간이 죄를 짓도록 방치하셨다는 뜻이 되어 버린다. 이는 매우 두려운 관점이다. 그러나 하나님께서 인간에게 어떤 일이 일어날지를 미리 알고 계셨다는 사실은 부정할 수 없다.

《기독교 강요》, 장 칼뱅

칼뱅은 프랑스 출신의 종교개혁가예요. 특히 그의 두 가지 중요한 개념인 '구원 예정설'과 '직업 소명설'은 개신교 신앙의 중요한 부분이지요.

　첫째, 구원 예정설은 하나님이 세상을 만들 때부터 어떤 사람은 구원을 받을 것이고, 어떤 사람은 구원을 받지 못할 것이라고 미리 정해 놓았다는 사상이에요. 하나님이 모든 것을 알고 있고, 모든 일이 그의 뜻에 따라 이루어진다는 것이죠. 이로 인해 당시 일부 사람은 칼뱅주의가 운명론적이라고 비판하기도 했습니다.

　하지만 칼뱅은 구원 예정설이 인간을 무기력한 수동적 존재로 보지 않고, 오히려 자신이 하나님의 부르심을 받았다는 확신 속에서 매일의 삶을 정직하고 근면하게 살아가야 한다는 의미라고 강조했어요. 이런 생각은 신자들에게 안도감을 주기도 했지만, 동시에 책임감을 느끼게도 했지요. 신자들은 자신이 구원받을 것이라는 믿음 속에서 하나님이 원하시는 대로 살아야 한다는 의무를 느껴 더욱 조심스럽게 생활하고 더 열심히 신앙생활에 참여하게 되었어요.

　둘째, 직업 소명설은 모든 직업을 돈벌이 수단으로 보지 않고, 하나님이 각자에게 맡긴 특별한 사명으로 이해하는 사상이에요. 이는 우리가 하는 일이 신의 뜻을 실현하는 중요한 역할을 한다는 뜻으로, 성실하게 일하는 것이 하나님이 선택한 사람이라는 증거라고 강조합니다. 그래서 신자들은 자신의 직업에서 최선을 다하는 것이 하나님께 영광을 돌리는 방법이라고 생각했어요. 이런 생각은 자기 직업에 대한 자부심을 느끼게 하고, 일을 하면서 신의 뜻을 실현할 수 있다는 믿음을 주었답니다.

루터와 종교개혁

마르틴 루터는 아우구스티노 수도회*에 소속된 신부였어요. 그는 신약성경을 꾸준히 읽고 연구하면서 하나님을 믿는 신앙이 인간을 바르게 만든다고 확신했고, 이러한 생각은 그가 종교개혁을 이끌게 되는 중요한 출발점이 되었죠. 루터는 신앙의 본질이 무엇인지 알고자 했고, 하나님에 대한 참된 믿음이 인간의 삶을 변화시킨다고 믿었어요.

16세기 초 독일 지역 교회의 현실은 많은 문제를 안고 있었어요. 특히 성직자들이 신자들에게 과도하고 강압적으로 헌금**을 요구하는 관행은 큰 비판을 받았어요. 이러한 상황 속에서 1517년, 알브레히트 폰 브란덴부르크가 관할 지역에서 대사大赦를 적극적으로 알리며 헌금을 독려하면서 논란이 커졌어요. 대사는 죄 자체를 용서해 주는 게 아

★ **아우구스티노 수도회**: 아우구스티누스의 사상을 바탕으로 공동체 생활과 사랑, 봉사를 실천하는 가톨릭 수도회.

★★ **헌금**: 종교 공동체의 운영과 신앙 실천을 위허 신자들ㅣ 자발적으로 바치는 금전이나 물품.

닌, 이미 용서받은 죄에 따르는 벌을 덜어 주는 교회의 제도예요. 그러나 당시 일부 지역에서는 이 제도가 지나치게 강조되거나 오해를 낳는 방식으로 운영되면서 신앙의 본질이 흐려져 버렸어요.

루터가 문제 삼았던 지점도 바로 여기에 있었죠. 그는 '대사'라는 제도 자체를 전면적으로 부정하기보다는 그 범위와 의미가 성경의 가르침을 벗어나 과장되거나 잘못 이해되고 있다는 점을 비판했어요. 특히 인간이 헌금 등의 외적인 행위를 통해 신의 은총을 확보할 수 있다는 인식이 퍼지는 것을 심각한 문제로 보았지요. 루터는 신의 은총이 인간의 행위나 금전으로 얻어지는 것이 아니라는 점을 분명히 말했어요.

이러한 문제의식을 바탕으로 루터는 1517년 10월 31일, 비텐베르크 성당 정문에 〈95개조 반박문〉을 게시했어요. 당시 성당 정문은 학문적

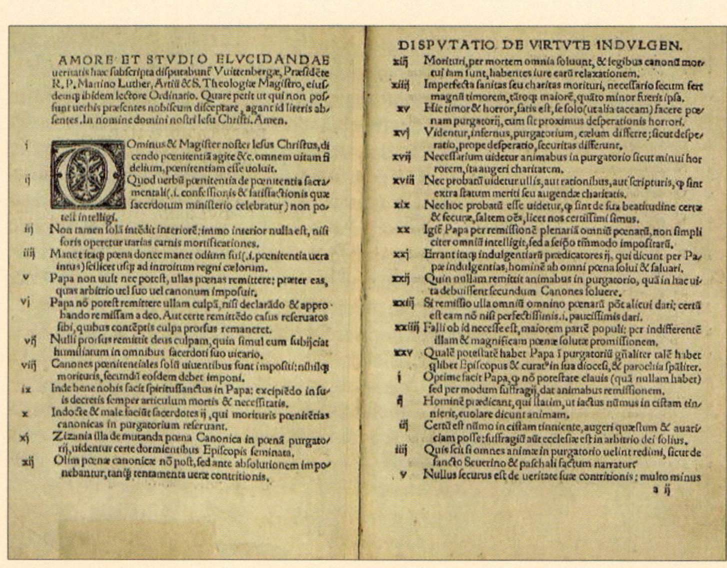

〈95개조 반박문〉

토론과 공지를 알리는 공간이었기 때문어 그의 문제 제기는 많은 이에게 빠르게 알려졌지요. 이 반박문에서 르터는 대사의 남용이 신앙의 본질을 흐리고 있으며, 구원은 인간의 행위가 아니라 하나님에 대한 믿음에서 비롯된다는 점을 강조했어요. 그는 돈으로 죄를 해결하려는 태도를 비판했어요. 참된 회개란 마음과 삶의 변화가 함께해야 한다고 강조했고, 이는 종교개혁과 개신교 탄생의 계기가 되었지요.

루터가 처음부터 가톨릭교회와 결별하려 한 건 아니었어요. 그는 교회의 전통과 권위를 전면적으로 부정하기보다 당시 교회가 신앙의 핵심에서 멀어지고 있음을 지적하고 바로잡고자 했어요. 다시 말해, 그의 비판은 특정 성직자들의 부패를 넘어서 신앙과 구원에 대한 이해 자체를 성찰하자는 요청이었어요.

하지만 루터의 주장은 점차 더 많은 사람에게 알려지며 교황청과의 갈등으로 이어졌어요. 교회는 그의 사상을 억제하려 했지만, 오히려 그의 문제 제기는 더욱 널리 퍼졌어요. 이 과정에서 루터는 신학적으로 더 깊은 질문을 던지게 되었고, 기독교 신앙의 핵심을 새롭게 정리하게 되었어요. 그는 인간이 하나님 앞에서 의롭게 되는 길은 행위가 아니라 믿음에 있다는 점을 강조하며, '믿음으로 의롭게 된다'는 사상을 분명히 했어요. 이 주장은 이후 종교개혁 사상의 중심 원리로 자리 잡게 되었답니다.

칼뱅의 종교개혁

1509년 프랑스 피카르디의 누아용에서 태어난 장 칼뱅은, 성직자들과 가까운 법률 행정가였던 아버지 덕분에 일찍부터 교회와 교육을 접할 기회를 가졌어요. 아버지의 바람에 따라 그는 파리에서 인문학과 라틴어, 신학을 배우고 이후 오를레앙과 부르주에서 법학을 공부했어요. 이 시기 칼뱅은 고전 문학과 인간 중심의 르네상스 인문주의에도 영향을 받았으며, 이성적 사고와 논리적 글쓰기 능력을 키웠어요.

그러나 1530년대 초, 성경 중심의 신앙 회복 운동(루터파 종교개혁 사상)이 프랑스에도 퍼지기 시작하면서 칼뱅은 내면의 변화를 겪게 됩니다. 그는 자신의 삶을 하나님께 바쳐야 한다는 소명 의식을 느끼고 기존 가톨릭 체제에서 벗어나 복음* 중심의 개혁 신앙을 받아들이게 됩니다.

칼뱅이 본격적으로 종교개혁 운동에 뛰어든 계기는 1536년, 27세의 나이에 집필한 저서 《기독교 강요》였어요. 이 책은 종교개혁의 교리를 조직적으로 정리한 최초의 체계적 개신교 신학서로, 후대 개혁주의의 표준이 되었어요. 칼뱅은 이 책에서 성경과 오직 믿음을 강조하며, 구원은 전적으로 하나님의 주권적 은혜에 따른 예정에 의해 이루어진다고 주장했지요. 그는 하나님의 영광을 위한 인간의 책임 있는 삶을 제시했어요.

이후 칼뱅은 스위스 제네바에 정착하여 1536년부터 교회 개혁, 예배

★ **복음:** 예수의 가르침과 구원의 소식을 전하는 기쁜 소식.

개편, 교육 제도 정비 등에 참여했어요. 장로제* 중심의 교회 조직, 도덕 감시와 규율, 교회와 국가의 협력 체제를 확립했지요. 제네바는 점차 '개신교의 로마'로 불리며 칼뱅의 영향력은 유럽 전역으로 확산됩니다. 영국, 네덜란드, 스코틀랜드, 프랑스 위그노, 독일 개혁파 교회들이 그의 사상을 받아들였고 이후 미국 청교도 전통에도 깊은 영향을 주었지요.

종교개혁의 영향

종교개혁의 중요한 성과 중 하나는 루터의 성경 번역이에요. 루터는 성경을 독일어로 번역해 많은 사람이 성경을 직접 읽고 이해할 수 있도록 했어요. 이전까지 성경은 라틴어로만 쓰인 경우가 많았기 때문에 일반 사람들이 읽기는 어려웠죠. 루터의 번역은 신앙을 성직자만의 영역에서 개인의 삶으로 끌어왔고, 근대 독일어의 형성에도 큰 영향을 주었어요. 또한 인쇄술의 발달과 함께 그의 성경 번역본은 빠르게 퍼졌고, 다른 유럽 지역에서도 각 나라의 언어로 성경을 번역하려는 움직임이 이어졌어요. 이로 인해 사람들은 자신의 언어로 성경을 읽으며 신앙을 스스로 성찰할 기회를 얻게 되었어요.

종교개혁은 교회의 권위 구조에도 큰 변화를 가져왔어요. 교황의 절대적인 권위는 점차 약해졌고 이에 따라 유럽의 귀족과 영주들은 정치적·종교적 자율성을 강하게 주장하기 시작했어요. 그 결과 1555년 아

★ **장로제:** 교회가 장로들의 합의와 협의를 통해 운영되는 교회 제도.

우크스부르크 화의*를 통해 각 지역의 통치자가 자신의 영토에서 종교를 선택할 수 있는 권리가 공식적으로 인정되었어요. 이는 신앙이 더 이상 하나의 기준으로 강요되지 않고 다양한 믿음이 공존할 수 있는 사회로 나아가는 중요한 전환점이 되었지요.

루터의 종교개혁은 독일에만 머물지 않고 유럽 전역으로 확산되었어요. 북유럽과 스위스, 네덜란드, 영국, 스코틀랜드 등지에서는 개신교 교회가 빠르게 성장했어요. 이 과정에서 루터의 사상뿐만 아니라 칼뱅을 비롯한 다른 종교개혁자들의 생각도 큰 영향을 미쳤어요. 개신교는 각 지역의 역사와 문화, 정치 상황에 따라 서로 다른 형태로 발전했고, 그 결과 여러 교파가 형성되었어요. 이러한 다양성은 개신교의 특징 가운데 하나가 되었어요.

그러나 종교개혁이 항상 평화로운 변화만을 가져온 건 아니었어요. 새로운 신앙과 기존 신앙이 충돌하면서 사회적 갈등과 종교 분쟁이 심해졌죠. 잉글랜드에서는 국왕을 중심으로 한 성공회가 형성되었고, 프랑스에서는 가톨릭과 개신교 신자 간의 갈등이 위그노 전쟁**으로 이어졌어요. 이러한 종교 전쟁은 유럽 사회에 큰 혼란을 불러왔고 종교 문제를 둘러싼 정치적 긴장과 사회적 분열을 더욱 깊게 만들었어요.

그럼에도 불구하고 루터의 종교개혁은 유럽 사회 전반에 장기적인

★ **아우크스부르크 화의:** 신성 로마 제국에서 체결된 협정으로, 영주가 자신의 영토 내 종교를 결정할 수 있음을 인정한 합의.

★★ **위그노 전쟁:** 16세기 프랑스에서 가톨릭과 위그노(개신교) 사이에 벌어진 종교 갈등과 내전.

변화를 남겼어요. 정치적으로는 많은 독일 영주와 유럽의 군주들이 종교개혁을 지지하며 로마 가톨릭교회로부터 점차 독립해 나갔고, 이 과정에서 신성 로마 제국의 결속은 약화되었어요. 이러한 변화는 이후 유럽 각국이 근대 국가로 형성되는 데도 큰 영향을 주었죠. 더 나아가 개인의 신앙과 양심을 중시한 종교개혁 사상은 인간이 스스로 판단하고 책임지는 존재라는 인식을 확산시켰고, 이는 근대 시민사회와 자유의식이 성장하는 데도 중요한 밑거름이 되었답니다.

용어 정리

구원 예정설	- 구원은 신의 도움과 사랑으로 인간이 죄와 잘못에서 벗어나 참된 행복에 이르는 것을 뜻해요. - 구원 예정설은 인간의 구원이 신에 의해 미리 정해져 있다고 보는 관점이에요.
직업 소명설	- 소명은 신이 각자에게 맡긴 일을 부르는 것으로, 직업 노동을 통해 신의 뜻과 영광을 실현하는 삶을 의미해요. - 근면하고 절제된 생활 속에서 직업적 성공을 이루는 것은 신의 선택을 받은 징표로 이해되며, 근대 자본주의 윤리의 토대가 되었어요.

　　루터와 칼뱅의 종교개혁은 "교회가 약해지고 국가는 강해졌다"라는 말처럼 한 줄로 정리되기 어려운 사건이에요. 중세 유럽에서 교회는 신앙의 중심인 동시에 교육, 복지, 법과 도덕의 기준을 제공하는 거대한 제도였고, 왕과 귀족의 권력과도 얽혀 있었어요. 종교개혁은 이 복잡한 권력 구조 한가운데에 '무엇이 신앙의 기준인가', '누가 해석의 권한을 갖는가', '개인의 양심은 어디까지 존중받아야 하는가' 같은 질문을 던진 변화였어요. 그 결과, 사람들은 교황과 성직자만을 통해 신앙을 접하던 방식에서 벗어나 성경과 설교, 교육을 통해 스스로 이해하고 판단하려는 흐름을 강하게 만들었어요.

　　오늘의 현실로 옮겨 보면 종교개혁이 남긴 핵심 유산 중 하나는 '양심의 자리'예요. 루터가 말한 믿음의 강조와 "모든 신자가 사제"라는 원칙은, 각자가 신앙과 삶의 문제를 책임 있게 고민해야 한다는 의미로 해석할 수 있어요. 누군가의 말에 기대어 마음을 맡기는 태도는 편하지만 그만큼 자신의 판단을 포기하게 만들기 쉬워요. 반대로 스스로 읽고, 묻고, 확인하는 태도는 시간이 걸리지만 사람을 성숙하게 만들지요. 요즘처럼 정보가 넘치고 다양한 해석이 가능한 시대일수록 '내가 무엇을 믿는지, 왜 그렇게 믿는지'를 점검하는 습관이 필요해요.

또 하나의 유산은 언어와 교육이에요. 루터의 성경 번역과 인쇄술의 확산은 '읽는 신앙'을 넓혔고, 이는 문자 해독력과 교육의 필요를 크게 키웠어요. 지금도 비슷해요. 누가 말해 주는 요약만으로 세상을 이해하기보다 원문을 가까이하고 스스로 사고하는 힘이 중요해요. 학교에서 배우는 '비판적 읽기'나 '근거로 말하기' 같은 훈련은 종교 문제에 국한되지 않고 사회의 모든 논쟁에서 시민의 기본 역량이 돼요.

정치와 사회의 변화도 더 구체적으로 바라볼 수 있어요. 종교개혁 이후 유럽 곳곳에서는 '누가 이 지역의 종교를 정하는가' 같은 문제가 국가 권력과 결합했어요. 예를 들어 1555년 아우크스부르크 화의는 각 영토의 통치자가 종교를 선택할 권리를 인정하면서 종교가 개인의 문제이면서도 동시에 정치 질서의 문제였다는 점을 드러냈어요. 이 과정에서 정교 분리* 같은 원리가 곧바로 완성된 것은 아니지만, 적어도 종교 권위가 사회의 전 영역을 하나의 목소리로 지배하던 구조에는 균열이 생겼어요. 오늘 우리가 말하는 공적 영역의 규칙, 양심의 자유, 종교의 자유 같은 가치들은 이런 긴 역사적 긴장 속에서 자라난 면이 있어요.

하지만 종교개혁을 '자유와 다양성의 승리'로만 말하면 현실을 놓치게 돼요. 종교개혁 이후 유럽은 종고 전쟁과 박해를 겪었고, 타 종교와

★ **정교 분리:** 종교의 권위와 국가의 정치권력을 분리하여 서로 간섭하지 않도록 하는 원칙.

타 교파에 대한 배타성도 강하게 나타났어요. 국내에서도 종교가 사회적 갈등을 키우거나 신앙이 타인을 판단하는 도구로 쓰이는 장면을 쉽게 만날 수 있어요.

그래서 오늘의 과제는 종교개혁의 정신을 '비판'과 '책임'의 방향으로 이어 가는 일이에요. 권위를 검토하는 태도는 특정 종교를 공격하기 위한 무기가 아니라, 신앙이든 아니든 각자의 삶이 타인에게 해를 끼치지 않도록 스스로를 점검하는 힘이 되어야 해요. 성경을 각자가 읽을 수 있게 된 것처럼, 오늘은 서로의 신념을 '각자가 책임지는 방식'으로 말하고 행동해야 해요. 내 믿음이 깊어질수록 타인을 더 쉽게 단죄하는 마음이 생긴다면 그때야말로 종교개혁이 던졌던 질문을 다시 꺼내야 할 순간이에요. 무엇이 신앙의 본질인지, 사랑과 정의가 삶에서 어떤 모습으로 드러나야 하는지 다시 묻는 거예요.

근대

21

데카르트와 스피노자
의심하려는 인간, 이해하려는 인간

신성 로마 황제와 모든 국가는 상호 간에 보편적이고 지속적인 평화와 우호를 유지해야 한다. 이 평화는 어떠한 명분으로도 훼손되어서는 안 되며, 특히 종교를 구실로 깨뜨려져서는 안 된다. 각 국가는 자기 영토 안에서 종교 문제와 세속 문제를 스스로 결정할 주권을 지닌다. 각 국가의 권리와 자유, 주권은 침해될 수 없는 것으로 보장된다. 신민은 법을 준수하며 평화롭게 살아가는 한, 종교를 이유로 박해받지 않아야 한다. 종교의 차이는 전쟁의 근거가 될 수 없으며 어떠한 무력 사용도 정당화하지 못한다.

《베스트팔렌 조약》

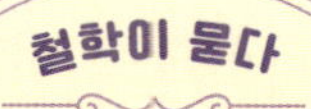

이성은 인간의 생각과 삶을 어디까지 이끌 수 있을까?

17세기 유럽은 '무엇이 진리인가'라는 질문을 더 이상 미룰 수 없었어요. 종교 전쟁의 끝이 더 이상 신의 이름을 보편적 합의의 근거로 쓸 수 없다는 사실을 드러냈으니까요. 특히 《베스트팔렌 조약》은 종교적 진리가 정치 질서를 받쳐 주던 시대가 저물었음을 공식적으로 보여 주었지요. 이제 교회는 진리를 보증해 줄 수 없었어요. 진리는 각자 스스로 판단해야 할 문제가 된 것이죠. 이 변화는 정치 질서의 변화를 뛰어넘어 인간이 사유하는 구조 자체를 뒤흔들었어요.

데카르트

그렇다고 내가 의심하기 위해서만 의심하고, 언제나 판단을 미루며 머뭇거리는 회의주의자들을 흉내 내려 한 것은 아니었다. 오히려 그와 정반대로 나의 모든 의드는 오직 확실한 것을 찾아내는 데에만 향해 있었다. 단단한 바위나 잘 빚을 수 있는 찰흙을 얻기 위해 먼저 무른 흙과 모래를 걷어 내듯 의심할 수 있는 것들을 하나하나 제거함으로써 의심할 수 없는 토대를 드러내고자 한 것이다. 내가 행한 의심은 파괴를 위한 의심이 아니라 확실성을 세우기 위한 준비 과정이었다.

《방법서설》, 르네 데카르트

기존의 전통과 권위가 사라지고 무엇이 '참'인지 확신할 수 없어지자 인간은 근본적인 질문 앞에 서게 되었어요. '무엇을 믿을 수 있는가?' '확실함은 어디에서 시작되는가?' 르네 데카르트René Descartes는 이 물음에 가장 정면으로 응답한 인물이에요.

데카르트는 회의로 가득한 시대를 살았지만 의심 속에 머무르지 않았어요. 데카르트에게 회의는 진리에 이르기 위한 가장 급진적인 방법이었지요. 그는 의심할 수 있는 모든 것을 의심함으로써 끝내 의심할 수 없는 것을 찾아내고자 했어요. 이 점에서 데카르트의 회의는 심리적 태도에 머무르지 않고 철저한 방법론으로 전개돼요.

데카르트의 의심은 단계적으로 진행돼요. 먼저 감각이 흔들려요. 감각은 상황에 따라 판단을 달리하며, 일상 속에서도 오류를 반복하지요. 데카르트는 여기서 중요한 질문을 던져요. "자주 우리를 속이는 감각 위에 확실한 지식을 세울 수 있을까?" 이 의심은 곧 신체의 존재로 확장되었어요. 꿈속에서도 우리는 보고 움직이며 판단해요. 만약 꿈과 현실을 분명하게 구분할 방법이 없다면, 지금 이 순간 경험하는 나의 몸 역시 절대적으로 확실하다고 말하기 어려워지죠.

데카르트의 의심은 여기서 멈추지 않았어요. 감각과 신체를 넘어 수학과 기하학처럼 분명해 보이는 진리까지 의심의 대상으로 삼았지요. 이를 위해 '악마의 가설'을 제시해요. 만약 전능한 기만자가 우리의 사고 전체를 조종하고 있다면, 명백해 보이는 수학의 산술 명제조차 의심에서 벗어나기 어렵다는 거예요. 이처럼 극단적인 가정은 모든 것을 무너뜨리기 위한 것이 아니라 의심이 도달할 수 있는 마지막 지점까지 시험하기 위한 철학적 장치예요.

모든 의심이 통과한 자리에는 하나의 확실성이 모습을 드러내요. 의심하고 있는 바로 이 순간, 의심하고 생각하는 주체인 '나'의 존재는 부정될 수 없어요. 속고 있다면 속고 있는 '나' 역시 반드시 존재하지요. 이로부터 데카르트는 "나는 생각한다, 그러므로 존재한다"라는 명제에 도달해요. 이 명제는 내가 생각하고 있다는 사실을 깨닫는 순간, 동시에 내가 존재하고 있다는 것도 함께 확인된다는 뜻이에요. 데카르트에게 진리는 사유하는 주체의 자기 인식에서 시작돼요.

데카르트의 질문은 여기서 멈추지 않아요. 이 확실한 자아가 세계와 어떻게 다시 연결될 수 있는지가 다음 문제로 남지요. 데카르트는 사유하는 자아를 토대로 신의 존재를 증명하려 했어요. 신의 완전성과 선함을 근거로 외부 세계와 자연의 질서를 회복하려고 한 거예요. 이렇듯 진리의 기준을 '신앙의 권위'에서 '이성의 구조'로 옮겼다는 점에서 데카르트의 사유는 근대 철학의 결정적 전환을 이루었다고 볼 수 있어요.

스피노자

신은 절대적으로 무한한 존재이며, 이는 모든 것이 각기 영원하고 무한한 본질을 나타내는 무한한 속성으로 이루어진 하나의 실체를 의미한다. '유한하다'는 말은 같은 본성을 가진 다른 실체에 의해 제한된다는 뜻이므로, 신은 어떤 제약도 받지 않는다. 따라서 신 외에 다른 실체는 존재할 수 없으며, 존재한다고 해도 논리적으로 모순된다. 양태는 실체 없이 독립적으로 존재하거나 인식될 수 없기 때문에, 반드시 신의 본성 안에서만 존재하고 이해될 수 있다.

《에티카》, 바뤼흐 스피노자

바뤼흐 스피노자Baruch Spinoza는 데카르트와 전혀 다른 방향에서 같은 시대의 문제에 접근해요. 스피노자는 확실성의 출발점을 세계 전체의 구조 속에서 찾고자 했어요. 그는 신을 인간처럼 생각하고 판단하며 개입하는 방식으로 보지 않아요. 신은 곧 자연이며 존재하는 모든 것은 하나의 실체가 서로 다른 모습으로 드러난 결과예요. 스피노자는 세계의 모든 사건이 우연처럼 보이더라도 필연적인 인과관계 속에 놓여 있다고 보았어요.

모든 존재하는 것은 신 안에서 존재하며, 신은 우연히가 아니라 필연적으로 존재한다. 각각의 존재는 신의 존재와 활동 능력을 자신만의 방식으로 드러낸다. 어떤 존재도 자기 안에 스스로를 소멸시

킬 수 있는 요소나 자신의 존재를 해치는 것을 갖고 있지 않으며, 오히려 그러한 것들에 저항한다. 각 존재는 자신에게 주어진 본성에서 필연적으로 어떤 결과들을 산출하며, 그 본성을 넘어서는 일을 행할 수 없다. 따라서 모든 존재는 코나투스, 곧 자기 존재를 지속하려는 힘을 가지며, 이것이 바로 그 존재의 실제적 본질을 이룬다.

《에티카》, 스피노자

이 관점에서는 인간 역시 자연의 일부로 이해돼요. 인간의 감정과 욕망, 선택 또한 자연의 질서 안에서 발생하는 것이지요. 여기서 스피노자는 자유에 대한 기존의 생각을 새롭게 물어요. 원인을 알지 못한 채 욕망에 끌려가는 상태를 과연 자유라고 부를 수 있을까요? 그는 모든 존재가 자기 자신을 유지하려는 힘인 '코나투스conatus'를 지닌다고 보았어요. 그리고 인간은 이성을 통해 코나투스의 원인과 방향을 인식할 수 있는 존재라고 설명하지요. 자유는 필연성을 거부하는 태도가 아니라 필연성을 이해하는 데서 출발한다는 거예요.

가장 가치 있는 삶은 지성, 곧 이성을 완전히 실현하는 삶이다. 인간은 이성을 통해서만 진정한 행복, 즉 '지복'에 이를 수 있다. 지복은 신을 직관적으로 인식하며 느끼는 정신적 충만으로, 신의 본성과 그로부터 나오는 필연적 진리를 이해하는 데서 비롯된다. 따라서 이성의 안내를 통해서만 사물과 진리를 올바르게 이해할 수 있다.

《에티카》, 스피노자

스피노자가 말하는 지복은 신을 직관적으로 인식하며 세계에 대한 이해가 깊어질 때 드러나요. 세계가 어떤 질서로 움직이며 자신이 그 질서 안에서 어떤 자리에 놓여 있는지 이성으로 이해할 때, 인간은 감정의 흔들림에서 벗어나 깊은 평온에 이르게 되니까요. 이는 외부 조건에 따라 달라지는 행복과 구분되며 세계에 대한 완벽한 이해에서 비롯되는 안정된 기쁨으로 설명돼요.

근대 철학의 아버지, 데카르트

17세기 유럽에는 종교 전쟁의 상처가 깊게 남아 있었어요. 신의 이름으로 시작된 갈등은 오히려 신앙과 권위에 대한 불신을 키웠지요. 《베스트팔렌 조약》을 계기로 종교 문제는 국가의 주권 영역으로 정리되기 시작했어요. 이 변화는 정치 질서의 재편을 넘어 인간이 진리를 대하는 방식에 근본적인 전환을 요구했어요. 신앙 공동체나 전통이 더 이상 진리를 보증해 주지 못하는 상황에서, 철학자들은 새로운 기준을 찾아야 했지요.

르네 데카르트는 이런 흐름 속에서 근대 철학의 출발점에 섰어요. 1596년 프랑스에서 태어난 데카르트는 여수회 계열의 라플레슈 학교에서 수학과 논리, 신학을 체계적으로 배웠어요. 엘리트 교육을 받았지만 기존 학문이 제시하는 진리의 토대에 쉽게 만족하지 못했지요. 여전히 중세 스콜라 철학의 영향을 받던 당시 대학 교육에서는, 권위 있는 저작과 전통적인 해석이 지식의 기준으로 작동하고 있었어요.

데카르트는 젊은 시절 군인으로 유럽 여러 지역을 떠돌았어요. 그러면서 전쟁과 정치적 혼란을 직접 경험했지요. 이 과정에서 지식이 외부 권위와 관습에 크게 기대고 있다는 사실을 깨달았고, 이를 문제로 인식했어요. 그래서 모든 학문을 처음부터 다시 세우겠다는 목표를 세우고, '의심'을 그 출발점으로 삼았어요. 이 같은 방법적 회의는 학문에 대한 흔들리지 않는 토대를 찾기 위한 전략이었지요.

1637년 발표한 《방법서설》에서 데카르트는 감각과 경험, 전통적 학문을 차례로 낱낱이 검토하며 의심의 범위를 넓혀 가요. 이 과정에서 사유하는 자아의 존재를 확실성의 출발점으로 붙잡고, 이를 토대로 신의 존재와 자연 세계의 질서를 재구성하려 한 거예요. 진리의 기준을 교회와 전통에서 이성의 구조로 옮겨 놓은 데카르트의 철학은 이후 근대 과학과 철학의 바탕이 되었어요.

다락방의 합리론자, 스피노자

같은 시대를 살았지만, 스피노자는 데카르트와 전혀 다른 삶을 살았어요. 스피노자는 1632년 네덜란드 암스테르담에서 태어났고, 그의 가족은 포르투갈에서 유대인 박해를 피해 이주해 온 망명 공동체였어요. 그는 상업으로 성공해 안정적으로 가정을 꾸린 아버지 밑에서 어릴 때부터 총명한 아이로 자랐어요. 가족과 공동체는 그가 유대교 전통과 율법을 바탕으로 공동체를 이끄는 랍비가 되기를 바랐지요.

하지만 기대와 달리 스피노자는 자라나면서 점점 더 성경 해석과 교리 전반에 대해 비판적인 질문을 품게 되었어요. 신앙의 틀 안에서 정답을 찾기보다 이성으로 신과 세계를 이해하려 했어요. 이러한 태도는 정통 유대교 공동체와의 갈등으로 이어졌죠. 24살이 되던 해, 헤렘*이라 불리는 파문 처분을 받아요. 이 조치는 종교적 경고 수준을 넘어서 가족과 친구, 이웃과의 모든 관계가 끊어지는 공식적인 추방이었어요.

이 사건은 스피노자에게 깊은 상처를 남긴 동시에 외부의 간섭에서 벗어나 사유에 몰두하는 계기가 되었어요. 안경 알을 깎는 일을 하며 생계를 꾸려 나가던 스피노자는 조용한 다락방에서 철학 연구에 골몰했어요. 스스로 선택한 소박한 생활 속에서 자율적으로 사유의 길을 지켰지요. 이 때문에 훗날 '다락방의 합리론자'로 불리게 된 거예요.

스피노자는 고립된 생활 속에서도 소수의 지적 동료와 서신을 주고받으며 철학적 사유를 깊게 다졌어요. 그러던 중 그에게도 현실적인 기회가 찾아왔죠. 독일 하이델베르크 대학으로부터 철학 교수 초빙 제안을 받은 거예요. 이는 학문적 명성과 경제적 안정을 보장하는 자리였지요. 다만 초청장에는 조건이 하나 적혀 있었어요. 바로 교회의 질서를 해치지 않는 범위에서 강의해 달라는 것이었지요. 스피노자는 이 조건이 자기 사유의 자유를 제한할 수 있다고 판단하고, 오랜 고민 끝에 거절했어요. 양심과 철학적 원칙을 지킨 거예요.

스피노자의 철학은 당시 기독교와 유대교가 지니고 있던 전통적 신에 대한 이해에 큰 충격을 주었어요. 신과 자연을 하나의 실체로 파악하며 세계와 인간을 단일한 질서 속에서 설명하려 했으니까요. 이러한 철학은 종교 권력에 위협적으로 느껴졌지요. 이에 스피노자의 글들은

★ **헤렘**: 유대교에서 공동체 질서를 어긴 사람을 파문하거나 배제하는 제재 조치.

살아 있을 때 본명으로 출판되지 못했어요. 대표작《에티카》역시 세상을 떠난 뒤인 1677년에야 스피노자의 이름으로 세상에 나올 수 있었지요. 이 책에서 그는 기하학적 방식으로 신과 인간, 감정과 자유를 설명하며 인간이 자연의 일부로 이성에 따라 살아갈 수 있는 길을 제시했어요.

데카르트와 스피노자의 삶은 전혀 달랐지만, 동시대인인 둘은 공통된 시대의 질문에 응답했어요. 한 사람은 확실한 출발점을 자아의 사유에서 찾았고, 다른 한 사람은 세계 전체의 질서 속에서 인간의 자유를 설명하려 했지만요. 이들의 철학은 종교적 권위가 흔들린 시대에 이성이 어떻게 새로운 기준으로 자리 잡았는지를 역사적으로 보여 줍니다.

용어 정리	
악마의 가설	- 매우 교활한 존재가 우리를 속이고 있다고 가정하는 생각이에요. - 데카르트는 이 가설을 통해 어떤 상황에서도 변치 않는 진리가 무엇인지 따져 보았어요.
코나투스	- 모든 존재가 자기 자신을 지키고 더 잘 살아가려는 힘이에요. - 인간은 이 힘에 이성이 더해져 욕망을 조절하며 살아간다고 보았어요.

데카르트와 스피노자의 철학은 기준이 흔들리는 시대에 인간이 어떻게 생각해야 하는지를 보여 줘요. 모두가 따르던 종교와 전통이 더 이상 공통의 판단 기준으로 작동하기 어려워진 상황에서, 두 사람은 각기 다른 방식으로 새로운 사유의 출발점을 제시했어요. 이들의 질문은 17세기를 뛰어넘어 오늘날 우리에게까지 그대로 이어지고 있지요.

데카르트의 철학은 혼란 속에서도 확실한 기준을 세우려는 태도와 맞닿아 있어요. 우리는 매일 수많은 정보와 주장 가운데 무엇을 믿어야 할지 망설이죠. 데카르트는 오늘날처럼 혼란스러운 상황에서 남이 대신 정해 준 답을 그대로 받아들이기보다, 스스로 의심하고 점검하는 태도가 필요하다고 말해요. 데카르트의 방법적 회의는 모든 것을 부정하자는 의미라고 오해하기 쉽지만, 실제로는 흔들리지 않는 판단의 출발점을 스스로 마련하려는 시도예요. 중요한 선택 앞에서 감정이나 여론에 휩쓸리지 않고 내가 왜 그렇게 생각하는지를 차분히 묻는 자세는 오늘날에도 여전히 의미가 있지요.

스피노자는 또 다른 방향에서 오늘날을 바라보게 해 줘요. 그는 인간을 자연과 분리된 특별한 존재로 이해하지 않았어요. 세계 전체의 질서 속에 놓인 하나의 존재로 보았지요. 스피노자에게 자유란 원하는 대로 행동하는 상태를 뜻하지 않았어요. 그저 스스로가 무엇에 의해 움직이고 있는지 알고, 그 흐름을 이성으로 이해함으로써 인간이 감정의 소용돌이에서 벗어날 수 있다고 보았어요. 이는 상황의 구조를 이해하려는 태도가 마음의 안정으로 이어질 수 있음을 보여 주지요.

개인의 자유가 강조되는 현대 사회에서는 불안과 분노가 커지기 쉬워요. 데카르트는 판단의 책임을 나 자신에게 돌려야 한다는 점을 일깨워 주고, 스피노자는 나의 감정과 욕망이 어디에서 비롯되는지를 살펴야 한다고 말해요. 한 사람은 생각하는 주체의 자리를 세우고, 다른 한 사람은 그 주체가 놓인 세계의 구조를 이해하도록 이끌어 주는 거예요.

두 철학은 서로 달라 보이지만, 사실 공통된 질문을 던져요. 기준이 사라진 시대에 우리는 어떻게 흔들리지 않고 살아갈 수 있을까요? 데카르트는 여기에 스스로 생각하는 힘을, 스피노자는 세계를 이해하는 이성을 제안하지요. 오늘을 살아가는 우리는 이 두 사유를 함께 바라보며 나의 판단과 감정이 어디에서 시작되는지 차분히 살펴볼 필요가 있어요.

22

흄

이성은 감정의 노예

정념은 그 성격에 따라 차분한 정념과 격렬한 정념으로 나뉜다. 차분한 정념에는 아름다움과 추함이 포함되며, 격렬한 정념에는 사랑과 미움, 기쁨과 슬픔, 자부심과 수치심 등이 속한다. 전통적으로 철학과 일상생활에서는 정념이 이성과 충돌하는 것으로, 정념을 제어하고 이성에 따르는 것이 덕 있는 삶으로 여겨졌다. 인간이라면 이성을 통해 자신의 행위를 조절해야 한다는 생각이 고대와 근대 도덕철학의 기반이 되어 왔다. 그러나 이러한 이성 중심의 관점은 오류이다. 실제로는 정념이야말로 행동의 가장 근본적인 동기다. 이로부터 두 가지 결론이 도출된다. 첫째, 순수한 이성만으로는 어떤 행위도 유발할 수 없고, 둘째, 이성은 의지를 이끄는 역할을 하되 정념과 반드시 대립하지는 않는다는 점이다.

《도덕 원리에 관한 탐구》, 데이비드 흄

우리가 세상을 경험하는 과정

가장 강력하고 생생하게 의식에 들어오는 감각을 우리는 '인상'이라 부른다. 우리의 모든 감각 경험, 정서, 감정이 처음 마음속에 떠오를 때 그것은 인상으로 간주된다. 반면 '관념'은 이러한 인상이 사유나 기억을 통해 흐릿하게 떠오르는 심상이다. 눈을 감고 자신의 방을 떠올릴 때, 마음속에 그려지는 형상은 과거에 경험한 인상의 희미한 재현에 해당한다. 따라서 인상은 관념보다 선행하며, 우리가 가지고 있는 관념은 모두 인상에서 비롯된 것이다. 결국 인상 없이 존재하는 관념은 없으며, 두 개념은 서로 대응 관계에 있다고 할 수 있다.

《도덕 원리에 관한 탐구》, 흄

데이비드 흄David Hume은 세상을 경험하는 방식이 우리의 행동과 판단에 직접적인 영향을 미친다고 보았어요. 우리는 먼저 감각을 통해 세계를 경험해요. 그 과정에서 쾌락이나 고통 같은 감정을 느끼지요. 뜨거운 불에 손을 데었을 때는 아픔, 맛있는 음식을 먹을 때는 즐거움을 느끼지 않나요? 흄은 이처럼 경험을 통해 나타나는 즉각적인 감정을 1차적 인상, 즉 '근원적 인상'이라고 불렀어요.

흄에 따르면, 인상은 여기서 한 단계 더 나아가요. 근원적 인상을 경험한 뒤 우리는 그 감정을 다시 떠올리며 되새기게 되지요. 흄은 이때 생겨 나는 감정을 2차적 인상, 즉 '반성 인상'이라고 설명했어요. 예를 들어 영화를 보는 순간 느끼는 즐거움은 근원적 인상이고, 영화를 본 뒤 그 장면을 떠올리며 다시 느끼는 감정은 반성 인상이에요. 반성 인상은 과거의 경험을 되돌아보며 만들어지기 때문에 즉각적인 반응보다 한층 숙고된 성격을 지녀요.

마음은 이 과정에서 인상을 기억하고 정리해 관념을 만들어 내요. 관념은 인상이 사라진 뒤에도 마음속에 남아 있는 생각과 이미지인데, 감정을 다시 불러일으키곤 하지요. 이 같은 감정은 우리의 행동과 선택에 영향을 미치고요. 흄에게 인간의 삶은 인상과 관념, 감정이 서로 이어지며 작동하는 과정이었어요.

이성은 감정의 노예

이성은 그 자체로 어떤 행동을 일으키거나 욕구를 만들어 낼 능력이 없다. 이성은 단지 판단하고 인식할 뿐이며, 정념이나 감정을 억누르거나 어떤 감정을 선택하려는 힘은 지니고 있지 않다. 하지만 우리가 어떤 믿음이 잘못되었다는 사실을 알게 되는 순간, 정념은 자연스럽게 이성의 판단을 따른다. 예를 들어, 어떤 과일의 향이 좋아 그것을 먹고 싶어질 수 있지만, 누군가가 그것이 썩었다는 사실을 알려 준다면 나의 욕구도 곧 사라진다.

《도덕 원리에 관한 탐구》, 흄

흄은 우리가 하는 행동이 주로 감정에 의해 결정된다고 보았어요. 감정은 즐거움이나 고통처럼 우리가 직접 느끼는 기분으로 무엇을 선택하고 행동할지를 정하는 중요한 계기가 되곤 해요. 예를 들어 맛있는 음식을 보면 '먹고 싶다'는 기대감이 먼저 생기고, 그 감정이 실제로 음식을 먹으려는 행동으로 이어지지요.

흄은 이성이 우리의 행동을 직접적으로 움직이는 힘을 지니고 있다고 보지 않았어요. 그에 따르면 이성은 무엇을 할 때 필요한 정보와 방법을 알려 주는 역할을 맡고 있어요. 어떤 일을 하기로 결정하는 과정에서는, 먼저 감정이 생긴 다음 이성이 그 감정을 실현할 수 있는 방향으로 안내해요. 무엇이 좋고 나쁜지를 따지는 판단은 이성이 담당하지만 실제로 행동하게 만드는 동력은 감정에서 나오는 거예요. 예컨대 누군가를 돕고 싶다는 마음이 들면 그 감정이 곧바로 도움의 행동으로 이어지지 않나요? 흄은 이를 두고 "이성은 감정의 노예"라고 비유했어요.

다만 흄은 이성과 감정을 서로 맞서는 존재로 보지 않았어요. 이성이 감정이 향하는 방향을 점검하고 잘못된 믿음이나 착각을 바로잡는 역할을 한다고 보았지요. 어떤 과일이 맛있어 보여 먹고 싶은 감정이 생겼다고 가정해 봅니다. 하지만 그것이 상했다는 사실을 알게 되면 그 욕구는 자연스럽게 가라앉겠죠. 이성이 감정을 없애는 것이 아니라, 현실에 맞게 작동하도록 이끈 거예요. 흄은 이처럼 이성과 감정이 각자의 역할을 나누어 협력하며 인간의 행동을 이끌어 간다고 생각했어요.

도덕감

사회의 행복에 이바지하는 모든 것은 우리 마음속에 자연스럽게 공감과 호감을 불러일으킨다. 왜 우리가 타인을 향해 자비심과 연대감을 느끼는지를 굳이 따져 물을 필요는 없다. 이는 인간 본성에 뿌리를 둔 성향으로 경험을 통해 확인된다. 결국 정의라는 덕목은 사회 전체에 유익하다는 점, 곧 공공의 이익에 기초할 때 비로소 의미를 지닌다.

《도덕 원리에 관한 탐구》, 흄

흄은 도덕적 가치 역시 감정에서 비롯된다고 보았어요. 어떤 행동이나 성격에서 느껴지는 옳고 그름이, 사물 자체에 들어 있는 게 아니라 그것을 바라보는 인간의 마음에 달려 있다고 본 거죠. 어떤 행동을 선하다고, 또는 문제 있다고 느끼는 판단에 감정이 깊이 관여한다는 거예요.

흄의 도덕 이론에서 중요한 점은, 도덕 판단이 개인의 순간적인 감정에 머무르지 않는다는 사실이에요. 앞에서 살펴본 근원적 인상은 주관적인 쾌락과 고통의 느낌이에요. 그러나 반성 인상은 그 감정에 대해 승인하거나 거부하는 태도를 포함하고 있어요. 이 단계에서 인간은 자기 감정을 한 걸음 떨어져 바라볼 수 있지요.

이때 공감이 작동해요. 타인의 기쁨과 고통을 함께 느끼는 능력을 지닌 인간은 다른 사람들의 감정을 자연스럽게 이해하고 공유하며, 어떤 행동이 사회 전체에 도움이 되는지를 감각적으로 파악할 수 있어요. 이렇게 구축된 공감을 바탕으로 만들어지는 감정이 바로 '도덕감'이지요.

흄에게는 도덕 판단이 혼자만의 감정으로 완성되지 않아요. 사람들은 서로 관계를 맺고 경험을 나누는 과정 속에서 비슷한 승인과 거부의 감정을 공유하게 되니까요. 이처럼 공통된 감정은 어떤 행동이나 성격이 사회에 유익한지를 판단하는 기준으로 자리 잡아요. 흄은 도덕적 판단이 공감을 바탕으로 형성된 사회적 유용성에 대한 보편적인 감정에서 나온다고 보았어요.

흄의 생애

데이비드 흄은 1711년 스코틀랜드 에든버러 근처에서 태어났어요. 그는 어린 시절부터 남다른 지적 호기심을 보였고, 12살의 나이에 에든버러대학교에 입학해 라틴어와 논리학, 철학 등을 공부했어요. 그러나 흄은 당시의 학문 체계에 큰 흥미를 느끼지 못했어요. 형식적인 교육보다는 스스로 사색하고 책을 읽으며 사유하는 삶에 더 큰 가치를 두었거든요. 이에 젊은 시절부터 자기 삶의 목표를 '인간 본성의 탐구'에 두고, 인간의 정신과 경험이 어떻게 형성되는지를 깊이 탐구하기 시작했어요.

흄은 대표작 가운데 하나인 《인간 본성에 관한 논고》를 20대 초반에 완성했어요. 이 책에서 그는 인간이 어떤 지식을 지니고 태어나는 것이 아니라, 모든 생각과 믿음이 감각과 경험으로 형성된다고 주장했지요. 인간은 보고 듣고 느끼는 직접적인 경험을 통해 '인상'을 얻고, 그 인상이 기억 속에 남아 '관념'으로 바뀐다고 말이죠. 이러한 주장은 지식의 출발점을 이성에 두던 당시의 합리주의 철학에 대한 도전이었어

요. 하지만《인간 본성에 관한 논고》는 출간 당시 큰 주목을 받지 못했
어요. 흄 자신조차 이 책을 "죽은 채로 태어난 책"이라고 회고할 만큼
처음에는 철학계로부터 외면받았지요. 그럼에도 이 책은 이후 경험주
의 철학의 중요한 전환점으로 평가받게 되었어요.

흄이 살던 18세기 영국에서는 산업혁명*이 시작되고 있었어요. 기술
과 산업, 경제 구조와 도시 문화가 빠르게 변화하면서 사람들의 삶의
방식도 크게 달라졌죠. 많은 이가 농촌을 떠나 도시로 이동하며 새로
운 환경과 지식을 접했고, 그만큼 전통적인 권위와 교리에 의문을 품
기 시작했어요.

이 같은 시대적 분위기 속에서 흄 역시 귀족이나 종교 권위자의 주
장보다 개인이 직접 경험한, 확인할 수 있는 사실에 근거해 사고해야
한다고 보았어요. 실제 경험과 관찰에 바탕을 둔 사고방식만이 인간을
보다 확실한 앎으로 이끌 수 있다고 믿었거든요.

흄의 다양한 학문적 탐구

흄은 전통적인 철학 안에서 '인간이 무엇을 확실히 알 수 있는지'를
묻는 회의적인 질문을 던진 인물이기도 해요. 그는 특히 인과관계에
주목했어요. A라는 사건 다음에 사건 B가 반복적으로 일어난다고 해
서 "A가 반드시 B를 일으킨다"라고 말할 만한 논리적 근거는 없다고

★ **산업혁명**: 기계와 공장이 등장하면서 수공업 중심 사회가 산업과 공업 중심 사회로 크게 바
  뀐 역사적 변화.

주장한 거예요. 우리가 경험한 것은 두 사건의 반복적인 연결일 뿐, 그 사이의 필연적인 관계를 직접 인식한 적은 없다는 것이지요. 흄에게 '인과성'은 경험이 쌓이며 굳어진 마음의 습관에 가까웠어요. 이성으로 완전히 증명할 수 있는 절대적 법칙이 아니었죠.

흄은 철학에만 머무르지 않고, 경제학과 역사학, 정치철학에도 깊은 관심을 보였지요. 방대한 역사서인《영국사》로 큰 성공을 거둔 덕에 살아 있을 때는 철학자보다 역사학자로 더 유명했어요. 외교관으로 활동한 말년에는 프랑스를 비롯한 유럽의 여러 지역을 오갔어요. 볼테르, 루소, 디드로 같은 계몽주의 사상가들과 교류하며 깊이 있는 대화를 나누었지요. 그러면서 흄은 유럽 지성사 전반에 오랫동안 영향을 남기게 되었어요.

용어 정리

인상	- 우리가 직접 경험하며 느끼는 가장 생생한 감정이에요. - 흄은 쾌락과 고통을 바로 느끼는 것들 근원적 인상, 그 경험을 떠올리고 판단하며 생기는 감정을 반성 인상이라고 설명했어요.
관념	- 인상이 사라진 뒤에도 마음속에 남아 있는 생각이나 이미지예요. - 흄은 모든 관념이 반드시 인상에서 나와야 한다고 보았어요.
정념	- 쾌락이나 고통을 좋아하거나 싫어하는 감정으로, 행동을 직접 이끄는 힘이에요. - 흄은 이성이 행동을 결정하는 것이 아니라, 이런 정념이 우리의 선택을 움직인다고 보았어요.

"이성은 감정의 노예"라는 흄의 말은 우리의 일상에 그대로 적용됩니다. 우리는 스스로를 이성적인 존재라고 생각하지만, 실제로 선택의 순간에는 감정이 먼저 움직이는 경우가 많아요. 이성은 그 뒤에서 이유를 정리하고요. 무엇을 먹을지, 어떤 말을 할지, 누구와 가까워질지, 어떤 진로를 택할지 같은 결정에도 기분, 불안, 기대, 두려움 같은 감정들이 깊이 섞여 있어요.

이 같은 관점은 특히 '후회하는 선택'을 이해하는 데 도움이 돼요. 시험 공부를 해야 한다는 걸 알면서도 휴대폰을 붙잡는 순간, 운동이 필요하다는 걸 알면서도 미루는 순간. 이럴 때 인간을 움직이는 것은 정보나 논리가 아니라 당장의 감정이에요. 흄에게 이성은 내비게이션에 가까워요. 어디로 가야 하는지 길을 안내할 수는 있지만, 차를 움직일 순 없지요. 차를 움직이는 힘은 욕구와 정념에서 나와요. 의지가 약해지는 순간, 부족한 것은 이성이 아니에요. 이럴 때는 감정의 동력이 다른 곳에서 작동하고 있으니까요.

그렇다면 흄은 감정에 끌려가도 된다고 말하는 걸까요? 아니면 감정을 없애야 한다는 걸까요? 흄은 이성이 감정을 밀어붙이며 억누르는 방식으로는 인간이 바뀌기 어렵다고 봤어요. 대신 감정이 현실에 맞게 작동하도록 돕는 것이 이성의 역할이라고 봤지요. 예를 들어 어떤 자극적인 소문을 믿고 싶어질 때 이성은 '근거가 있는지, 사실인지'를 확인하게 만들어요. 확인이 끝나면 감정도 자연스럽게 조정되고요. 오늘날 우리가 말하는 '팩트 체크'나 '인지적 점검'은 흄이 말한 이성의 기능이죠.

흄의 경험주의는 현대의 '정보 시대'와도 연결돼요. 우리는 매일 엄청난 이야기와 이미지, 영상을 접하며 살아가지요. 흄의 관점에서 보면, 현재 우리가 갖고 있는 생각의 상당 부분은 직접 경험이 아니라 누군가가 준 인상에 의해 만들어진 관념일 수 있어요. 반복해서 본 장면, 자주 들은 말, 강하게 남은 이미지가 마음속에 관념으로 쌓였달까요. 그 관념이 다시 감정을 만들어 행동으로 이어지게 만들지요. 흄의 철학에 따르면, '무엇을 보고 듣고 경험하는가'가 곧 '어떤 사람이 되어 가는가'와 연결되는 셈입니다.

흄의 도덕감 이론은 요즘 사회 갈등을 이해하는 데도 도움을 줘요. 사람들은 종종 도덕을 정답처럼 말하지만 실제로는 공감과 반감 같은 감정이 도덕 판단의 바탕이 되는 경우가 많지요. 흄은 도덕이 개인의 기분으로 끝나지 않으려면 공감이 중요하다고 봤어요. 타인의 고통과 기쁨을 함께 느끼는 능력이 있어야 어떤 규칙과 제도가 공동체에 유익한지 판단할 수 있다고 본 거예요. 오늘날 넘쳐 나는 혐오와 조롱에 쉽게 휩쓸리는 사람을 보면 흄은 이렇게 물을 거예요.

"그 말이 공동체의 신뢰를 키우나요? 아니면 무너뜨리나요?"

이 판단의 기준은 결국 공감과 유용성에 있어요.

흄이 오늘날 우리에게 주는 실천적 메시지는 분명해요. 감정을 부끄러워하지 말고, 모른 척하지도 말고, 어디서 생겨났는지 살펴보라는 거예요. 그리고 이성을 감정이 현실과 공동체에 맞게 작동하도록 돕는 방향으로 쓰라는 거예요. 내가 어떤 인상에 자주 노출되는지 점검하고, 그 인상이 만든 관념이 내 판단을 어떻게 움직이는지 살피는 것. 그리고 타인의 감정을 이해하려는 공감의 습관을 기르는 것. 이런 작은 연습들이 흄이 말한 인간 이해의 출발점이 될 수 있어요.

23

루소
사회 계약론

인류에게는 두 가지 형태의 불평등이 존재한다. 하나는 자연적·신체적 불평등으로, 이는 자연의 질서에 따라 정해진 것이다. 나이, 건강 상태, 체력, 정신적 또는 영혼의 능력 차이 등이 여기에 속한다. 다른 하나는 사회적 합의나 관습에 기초하여 사람들 사이의 약속을 통해 형성되거나 정당화된 불평등이다. 이는 곧 사회적 또는 정치적 불평등이며, 일부 사람이 타인의 이익을 침해하면서 누리는 특권들로 구성된다. 자연적 불평등이 어디서 비롯되었는지 따져 묻기는 어렵다. 이 글에서 주목하려는 것은 인간 사회가 점차 발전하면서 폭력 위에 성립된 권리, 법에 순응하게 된 시기, 강자가 약자를 위해 봉사하는 듯한 기이한 현상, 민중이 실질적인 행복을 포기하고 허상의 안정을 받아들이기로 결단한 계기를 밝히는 것이다.

《인간 불평등 기원론》, 장 자크 루소

불평등에서 벗어나 모두가 행복하려면 어떤 약속이 필요할까?

인간의 불평등은 언제부터 시작됐을까?

불평등이 심화되는 과정은 세 단계로 나눌 수 있다. 첫 번째 단계에서는 법과 사유 재산권이 확립된다. 두 번째 단계에서는 통치자의 지위와 역할이 제도적으로 설정된다. 마지막 세 번째 단계에서는 정당한 권력이 점차 절대적인 권력으로 전환된다. 이러한 발전 과정 속에서, 첫 번째 단계에서는 부유한 자와 가난한 자 사이의 차이가 사회적으로 받아들여진다. 두 번째 단계에서는 힘센 자와 힘없는 자의 불균형이 정당화된다. 마지막 단계에 이르러서는 주인과 노예의 구분까지 정당화되며, 이 시점이 가장 극단적인 불평등 상태라 할 수 있다. 마지막 단계는 모든 불평등의 형태가 수렴되는 최종 지점으로, 정부가 완전히 해체되거나 다시 정당한 체제로 돌아갈 수 있는 전환의 계기를 제공한다. 그러나 법은 인간의 욕망만큼 강력하지 않기 때문에, 인간을 어느 정도 제어할 수는 있어도 근본적으로 변화시키지는 못한다.

《인간 불평등 기원론》, 루소

장 자크 루소Jean Jacques Rouseau는 **자연 상태***에서 모든 사람이 자유롭고 평등하다고 주장했어요. 사람들은 서로 독립적으로, 각자가 자신의 삶을 스스로 결정할 수 있다는 거죠. 이 상태에서는 누가 누구에게 복종할 이유가 없어요. 모든 사람이 자신만의 권리를 가지고 있으니까요. 루소는 이런 자유와 평등이 인간의 본성에서 나온다고 했어요.

루소는 자연 상태에서 사람들이 친구나 사회적 관계 없이 외롭게 살고 있다고 말했어요. 이때는 오직 자신이 살기 위해서만, 혼자서 행동하기 때문에 법은커녕 도덕적인 규칙도 존재하지 않죠. 이에 사람들은 자기 자신을 사랑해요. 다른 사람에게 동정심을 느끼기도 하지만, 이 같은 감정은 사회가 없으므로 잘 발전하지 못해요.

루소는 이런 자연 상태에서는 개인의 자유가 침해받지 않고, 나쁜 행동이나 갈등이 생기지 않는다고 이야기했어요. 그런데 우연히 모인 사람들이 함께 살기 시작하면서 여유 시간이 생기자 이로 인해 허영심이 나타났어요. 허영심은 한 발 더 나아가 사람들 사이에 불평등을 만들어 냈지요. 이런 과정에서 강한 사람과 부유한 사람이 약한 사람과 가난한 사람을 지배하게 되자 불평등이 깊어졌고요. 이런 불평등은 사람들 간의 지배와 복종, 폭력 같은 나쁜 일이 생기는 원인이 되었어요.

★ **자연 상태:** 국가나 법이 생기기 전, 사람들이 자연 그대로 살아가던 상태.

이런 상황에서 부자들은 가난한 사람들에게 법과 권력을 만들자고 제안해요. 부자들은 자신들을 보호하기 위해서 이런 제안을 하는데, 가난한 사람들은 자신을 지키기 위해 받아들이게 돼요. 사실 이건 자신의 이익을 지키기 위한 부자들의 속임수 같은 계약이에요. 이런 계약 끝에 불평등은 더 심해지고, 사회적인 갈등도 커지죠.

루소는 불평등이 우연히 생겨난 것이 아니라 사회의 발전 과정 속에서 단계적으로 심화되었다고 보았어요. 그는 이 과정을 세 단계로 설명해요. 첫 번째 단계에서는 사유재산의 등장과 법의 제정이 불평등의 출발점이라고 보았지요. 이로 인해 부자와 가난한 자의 구분이 분명해진다면서 말이죠. 두 번째 단계에서는 지도자와 권력이 등장하면서 불평등이 더 강화되고, 강자와 약자 사이의 격차가 더욱 커진다고 보았어요. 세 번째 단계에서는 사회 권력이 소수에게 집중되며 주인과 노예처럼 지배와 복종의 관계가 굳어진다고 보았지요. 루소는 이러한 단계적 전개로 자연스럽고 평등했던 인간 사회가 점차 왜곡되고 타락해 가는 모습을 비판적으로 드러내고자 했어요. 그래서 불평등을 고착시키는 잘못된 사회적 계약에서 벗어나, 인간의 자유와 평등을 회복하는 새로운 사회 질서를 모색해야 한다고 강하게 주장했지요.

새로운 세상을 위한 사회 계약

지금까지 세워진 여러 원칙으로부터 도출되는 첫 번째이자 가장 중요한 결론은, 국가의 권한이 오직 일반의지를 통해서만 '공동의 이

익’이라는 국가 설립 목적에 부합하도록 행사되어야 한다는 점이
다. 개인 간의 이해가 충돌하기 때문에 사회가 만들어졌다면, 결국
사회를 가능하게 만든 것은 이들 이해 속에서 발견되는 공통의 요
소다. 사회를 하나로 묶는 끈은 바로 이 공통된 이해이며, 만약 모든
이해 사이에 교차되는 지점이 없다면 어떤 공동체도 유지될 수 없
을 것이다. 그렇기 때문에 국가는 반드시 이 공동의 이익, 즉 일반의
지에 따라 운영되어야 한다. 일반의지를 실현하는 것이 곧 주권의
본질이며, 이 주권은 누구에게도 넘겨질 수 없다. 왜냐하면 **주권자**[★]
는 단지 집합적 존재로만 존재할 수 있고, 오직 그 자신에 의해서만
대표될 수 있기 때문이다. 실행권(행정권)은 위임이 가능하더라도,
일반의지는 결코 양도될 수 없다.

《사회 계약론》, 루소

　　루소는 자신의 책《사회 계약론》에서 잘못된 계약을 고치고 사람들
이 새로운 세상을 만들기 위해 필요한 노력에 대해 이야기해요. 사회
계약의 의미와 필요성을 체계적으로 설명하며 인간 사회가 나아가야
할 방향을 깊이 고민한 거예요. 루소에 따르면 자연 상태에서 인간은
자유롭고 평등하게 살아갔지만, 사회가 발전하는 과정에서 불평등이
커지고 인간의 자유도 크게 약화되었어요. 그럼 어떻게 해야 하는 걸
까요?

★ **주권자**: 나라의 최고 권력을 가지고 정치적 결정을 내리는 존재.

루소는 국가라는 공동체를 통해 인간이 시민으로서의 자유를 다시 회복할 수 있다고 보았어요. 이 과정에서 개인은 자신의 힘과 권리를 공동체에 맡기게 되지요. 이는 개인이 자신의 이익을 포기한다는 뜻이 아니에요. 공동체 전체의 이익 속에서 자신의 자유를 새롭게 구성한다는 의미지요. 루소는 사람들이 함께 협력하며 공동의 규칙을 세울 때 개인과 공동체 모두가 더 안정되고 행복하게 살 수 있다고 믿었어요. 이러한 협력의 결과로 형성되는 공통된 의지가 바로 '일반의지'예요.

일반의지란 모든 사람이 함께 잘 살기 위해 공통으로 지향하는 의지예요. 이는 개인적인 욕망이나 순간적인 다수 의견과는 구별되는 개념으로, 공동체 전체의 이익을 깊이 고민한 끝에 내린 판단을 뜻해요. 루소는 "일반의지를 따르는 것은 자기 자신에게 복종하는 것과 같다"라고 말했어요. 이는 시민이 외부의 강요에 의해 법과 규칙을 따르는 상황을 의미하는 것이 아니에요. 시민이 공동체의 일원으로 참여해 함께 만든 규칙에 스스로 따르는 상태를 가리키지요.

일반의지는 법의 형태로도 드러나요. 법은 공동체 구성원 모두에게 동일하게 적용되며, 개인의 이해관계를 넘어 공동의 선을 지향하지요. 그래서 개개인이 판단하기 어려운 상황에서도 법을 따르는 행위는 공동체의 일반의지를 따르는 것으로 이해할 수 있어요. 이때 법은 자유를 제한하는 장치가 아니라 공동체 안에서 자유가 유지되고 보호되도록 돕는 역할을 해요.

일반의지가 지향하는 목표는 모든 시민의 자유와 행복이에요. 이 체계 속에서 시민은 주체가 되어 정치에 참여할 수 있어요. 그 결과 자

연 상태의 자유는 사회 속에서 실현 가능한 시민적 자유로 전환되고
요. 불공평한 구조를 극복하며 자유와 평등을 함께 추구할 수 있는 거
예요. 루소에게 사회 계약의 핵심은 일반의지를 바탕으로 시민 사회를
운영하는 데 있었어요. 이러한 생각은 민즈주의의 사상적 기초로 이어
지지요.

루소는 법과 자유의 관계도 분명히 설경해요. 그는 시민의 자유가
법을 받아들이는 과정에서 실현된다고 보았어요. 각자가 제멋대로 행
동하는 사회에서는 강한 사람의 자유만 커지고 약한 사람의 자유는 쉽
게 침해된다고 본 거예요. 모두가 동의한 법과 일반의지에 따라 살아
갈 때 시민들은 서로의 자유를 지켜 주는 조건 속에서 안정적인 자유
를 누릴 수 있어요. 그래서 루소는 일반의지와 법에 따르는 삶이 인간
에게 가장 깊은 의미의 자유를 가능하게 한다고 강조했지요.

국가의 이상적인 모습

인간은 본래 자유로운 존재로 태어났지만, 현실에서는 곳곳에서 억
압과 제약에 얽매여 살아간다. 이러한 속박으로부터 벗어나 이상
사회를 실현하려면, 국민이 주권을 갖는 민주주의 체제를 수립해야
한다. 가장 바람직한 사회 형태는 소농 중심으로 구성되어 빈부 격
차가 거의 없으며, 직접 민주주의가 실현되는 정치 공동체다. 이처
럼 이상적인 민주 정부가 제대로 작동하려면 국가의 규모는 작아야
하며, 국민은 서로 잘 알고 쉽게 모일 수 있어야 한다. 공공의 사무

는 단순해야 하고, 구성원 간의 재산과 지위도 가능한 한 평등해야
한다.

《사회 계약론》, 루소

그렇다면 루소가 생각한 국가는 어떤 모습일까요? 그는 국가를 단순히 권력이 모인 곳으로 보지 않았어요. 사람들이 함께 더 좋은 세상을 만들기 위해 만든 조직이라고 생각했지요. 루소는 국가의 목적이 사회 구성원 모두가 합의한 '일반의지'를 이루는 데 있다고 말했어요. 사람들이 함께 정한 규칙을 지키고, 공정하게 살아가는 것이 중요하다는 거죠. 그는 잘못된 계약이나 불공평한 상황을 고치는 데 국가가 중요한 역할을 해야 한다고 믿었어요. 그래서 개인의 권리를 지켜 주고 공정한 사회를 만드는 데 국가가 꼭 필요하다고 생각했습니다.

루소는 대표자에 관한 생각도 남달랐어요. 대표자를 국민이 뽑은 사람이라고만 생각하지 않았지요. 오히려 국민이 준 권한을 사용하는 사람이라고 봤어요. 그래서 대표자들이 만든 법은 반드시 국민의 허락을 받아야 하고, 그렇게 하지 못한 법은 의미가 없다고 주장했어요.

루소는 **민주 공화정***을 가장 좋은 정치 체제로 생각했어요. 이 체제에서는 주권이 특정한 사람이나 그룹에게 주어지지 않으니까요. 모든 국민이 정치적인 결정에 직접 참여할 수 있고, 이를 통해 자신과 공동체를 스스로 다스릴 수 있는 권리를 가지게 되지요. 루소는 민주주

★ **민주 공화정**: 왕이 아닌 국민이 주권을 가지고 대표를 통해 나라를 다스리는 정치 체제.

의 국가가 도덕적이고 윤리적인 공동체로 성장해야 하며, 사람들이 모두의 이익을 위해 함께 나아가야 한다고 믿었어요. 그러면서 이상적인 민주 정부의 모습도 이야기했지요. 우선 국가는 작아서 국민이 쉽게 모일 수 있어야 하고, 서로 잘 알아야 한다고 말했어요. 그리고 공공 업무는 복잡하지 않아야 하며, 모든 국민의 지위와 재산이 평등해야 한다고도 주장했지요. 이렇게 하면 사람들이 서로 잘 협력하고, 모두가 행복하게 살 수 있는 사회가 될 수 있다고 생각한 거예요.

루소의 어린 시절

장 자크 루소 1712년 당시 시공화국이었던 제네바에서 시계공의 아들로 태어났어요. 그는 태어난 지 얼마 지나지 않아 어머니를 잃었고 이후 아버지마저 제네바를 떠나면서 안정적인 가정 환경에서 성장하지 못했지요. 제네바 근교의 기숙사 학교에 맡겨진 어린 루소는 비교적 이른 나이부터 홀로 살아가는 경험을 하게 되었어요. 정규 교육을 받을 기회가 많지는 않았지만 독서와 사색을 통해 스스로 생각하는 힘을 길렀지요. 이러한 성장 배경은 훗날 인간의 자유와 평등, 사회의 불평등 문제를 깊이 고민하게 만드는 사상적 토대가 되었어요.

루소 이전의 사회 계약론

루소 이전에도 홉스와 로크라는 두 철학자가 사회 계약론에 관해 이야기했어요. 그런데 두 사람은 인간과 정부에 대해 서로 다른 생각을 가지고 있었죠. 홉스는 강력한 통치자에 의한 정부가 필요하다고 주장하며 질서를 유지하는 것이 가장 중요하다고 말했어요. 반면 로크는 시민의 권리를 보호하는 정부가 필요하다며, 개인의 자유가 가장 중요하다고 주장했지요. 이 두 사람의 생각을 좀 더 자세히 알아볼게요.

홉스는 자신의 책《리바이어던》에서 사람들이 자연 상태에서 어떻게 사는지를 깊이 있게 고민한 내용을 다루었어요. 그는 인간이 본래 서로 싸우고 다투는 경향이 있다고 생각했어요. 그래서 "만인에 대한 만인의 전쟁"이라는 말을 사용했죠. 사람들이 서로를 믿지 못하고 계속해서 갈등이 생긴다는 뜻으로, 이에 혼란을 막고 평화로우며 질서 있는 사회를 만들기 위해 강한 정부가 필요하다고 주장했지요. 홉스는 사람들이 자신의 생명과 재산을 안전하게 지키려면 사회 계약을 통해 대부분의 권리를 포기하고, 권위 있는 통치자를 따라야 한다고 믿었어요. 통치자가 강한 힘을 가지고 있어야만 사회가 안정되고 질서가 유지된다고 생각한 거예요.

로크는 자신의 책《통치론》에서 모든 사람이 태어날 때부터 생명, 자유, 재산과 같은 자연권을 가지고 있다고 주장했어요. 정부는 시민들이 동의해야만 그 권리를 가질 수 있으며, 정부의 가장 중요한 역할은 시민들의 권리를 보호하는 것이라고 믿었지요. 정부에게 권리를 침해받은 시민들은 저항할 권리가 있다고 본 거예요. 이러한 로크의 생각은 나중에 민주주의의 기본 원칙이 되었어요. 개인의 자유와 권리를 중요하게 여기는 현대 정치의 기초가 된 거예요.

사회 계약론의 배경

  17세기 유럽은 왕이 모든 권력을 가지고 있는 **절대왕정*** 사회였어요. 이때 왕들은 "나는 신의 뜻에 따라 나라를 다스린다"라고 말하며 자신의 권력을 정당화했지요. 어느 순간 사람들은 왕의 권리가 왜 정당한지 궁금해졌어요. 이런 궁금증 덕분에 홉스 같은 사상가들이 등장했죠. 홉스는 사람들은 본래 이기적이기 때문에 사회가 평화롭게 유지되려면 강한 통치자가 필요하다고 주장했어요. 강한 왕이 없으면 사회가 혼란스러워질 것이라고 경고했답니다.

  사회 계약론은 자연법 사상의 영향을 많이 받았어요. 자연법은 사람들이 태어날 때부터 가지고 있는 보편적인 도덕적 원칙이에요. 로크는 자연법으로 인간 권리의 보호를 주장하며, 국가가 왜 필요한지 설명했어요. 모든 인간이 본래 자유롭고 평등하다고 믿었기에 이러한 권리가 정부에 의해 침해돼서는 안 된다고 주장했지요. 이는 사회 계약론이 개인의 권리를 보호하는 데 어떤 역할을 하는지 잘 보여 줍니다.

  18세기는 **계몽주의**** 사상이 본격적으로 확산된 시기예요. 이 시대의 사상가들은 이성과 과학, 개인의 권리를 중요하게 여겼어요. 전통적인 권위에 비판적인 태도를 보였지요. 사람들의 이성과 경험을 바탕으로 사회를 더 나은 방향으로 바꾸려는 시도가 이전보다 활발해졌고요. 이러한 흐름 속에서 사회 계약론은 개인의 자유와 권리, 사회와 국

★　**절대왕정**: 왕이 권력을 독점해 법과 정치 전반을 지배하는 정치 체제.

★★　**계몽주의**: 이성과 합리성을 통해 인간과 사회의 발전을 추구한 사상 운동.

가의 역할을 깊이 있게 논의하는 핵심 이론으로 자리 잡게 되었어요. 계몽주의 사상가들은 개인의 권리가 중요하다는 것을 인정하면서도, 공동체의 공공선을 위해 일정한 범위 안에서 개인의 권리를 조정할 수 있다고 생각했어요.

이와 함께 상업과 도시가 발달하면서 부르주아 계층이 성장했어요. 이들은 경제적 기반을 바탕으로 정치에 적극적으로 참여하며 자신들의 권리를 요구하기 시작했지요. 부르주아 계층은 절대적 권력과 특권에 문제를 제기하고 정치 과정에서 더 큰 발언권을 얻고자 했어요. 이러한 움직임은 정치 참여의 폭을 넓히고, 개인의 권리와 자유에 대한 사회적 인식을 크게 높이는 계기가 되었고요.

이 시기 사회는 신분에 의해 정해진 질서에서 벗어나 개인을 중심에 두는 방향으로 점차 변화했어요. 이에 따라 개인의 권리와 자유를 어떻게 보장할 것인가에 대한 논의도 활발해졌어요. 이러한 변화는 사회 계약론이 '개인의 권리를 보호하는 국가의 역할'을 강조하게 된, 중요한 배경이에요.

《인간 불평등 기원론》에서 기존 사회가 형성한 불공평한 질서를 비판한 루소는,《사회 계약론》에서 자유롭고 평등한 개인들이 어떤 방식으로 사회 계약을 맺고 국가를 운영해야 하는지 구체적으로 설명했어요. 이러한 사상의 흐름 속에서 사람들은 정부가 개인의 권리를 억누르는 것이 아니라, 그것을 보호하고 확장하는 역할을 맡아야 한다고 생각하게 되었지요.

루소가 세상을 떠나고 약 10년 후, 프랑스에서 시민들이 주권의 주체로 등장하는 대변혁이 일어났어요. 프랑스 혁명*이 일어난 거예요. 이를 계기로 자유와 평등을 핵심 가치로 삼는 근대 민주주의가 본격적으로 형성되었어요. 이는 이후 세계 정치사에 큰 영향을 남겼지요.

<table>
<tr><td colspan="2">용어 정리</td></tr>
<tr><td>사회 계약</td><td>- 사람들이 함께 살아가기 위해 서로 약속을 맺고 사회를 만드는 과정이에요.
- 규칙을 정하고 서로를 지키기로 합의하는 것을 뜻해요.</td></tr>
<tr><td>일반의지</td><td>- 개인의 이익보다 모두의 공통된 이익을 생각해 내리는 공동의 뜻이에요.
- 여러 사람이 함께 결정할 때 기준이 되는 마음이에요.</td></tr>
<tr><td>만인에 대한
만인의 전쟁</td><td>- 모두가 자기 이익만을 위해 서로 다투는 상태예요.
- 법과 질서가 없어 끊임없이 불안과 갈등이 이어져요.</td></tr>
<tr><td>자연법 사상</td><td>- 사람이 태어날 때부터 기본적인 권리와 자유를 가진다고 보는 생각이에요.
- 모든 인간은 본래 평등하다는 믿음이에요.</td></tr>
</table>

★ **프랑스 혁명:** 자유·평등·박애를 내세워 절대왕정을 무너뜨리고 근대 시민 사회의 출발을 알린 혁명.

　　루소의 사회 계약론은 오늘날 현대 사회를 이해하는 중요한 시작점입니다. 루소는 인간이 원래부터 불평등하게 태어났다고 보지 않았어요. 몸의 조건이나 건강처럼 자연적인 차이는 인정하되 부와 권력, 특권처럼 사람들 사이의 약속과 제도 속에서 불거지는 불평등을 더 중요한 문제로 보았지요.

　　루소가 불평등의 과정을 단계별로 설명한 대목은, 오늘날의 현실과도 연결돼요. 재산의 축적이 격차를 만들고, 그 격차가 권력의 격차로 이어지며, 결국 누군가 결정권을 독점하게 되면 다른 이들에게는 선택지가 줄어들잖아요. 우리 사회에서도 교육 기회, 주거, 취업, 정보 접근성 같은 요소들이 얽히면 출발선의 차이가 벌어지곤 하지요.

　　루소는 이런 구조를 자연스러운 결과르 넘기지 말고, 사회가 만든 약속과 제도를 다시 살펴야 한다고 말해요. 이때 루소가 제시하는 핵심 개념이 바로 '일반의지'예요. 일반의지는 단순한 다수결이나 인기 있는 의견을 뜻하지 않아요. 공동체 전체의 이익을 기준으로 무엇이 모두에게 도움이 되는지 깊이 숙고한 판단을 가리키지요. 즉, 일반의지는 '내가 원하는 것'을 모아 놓은 합계가 아니라, '공적인 것, 함께 살기 위해 꼭 필요한 것'을 찾아내는 방향 감각에 가까워요. 오늘의 민주주의에서도 이 감각이 약해지면 공공의 문제는 쉽게 진영 싸움으로 흐르지요. 이때 법과 제도는 힘센 쪽의 이해를 반영하기 쉽고요. 이에 루소는 법과 자유가 엇갈리지 않는 사회 구조를 만들어야 한다고 생각했어요. 제대로 작동하면 법이 약한 사람의 삶도 지켜 주는 울타리가 될 수 있다고 봤거든요. 규칙이 없으면 힘 있는 사람의 의지가 더 빠르고 강력하게 관철되기 쉬우니까요. 그래서 루소는 시민이 법의 주인이 되어야 한다고 강조했어요.

사회 계약은 권리만 말하지 않아요. 책임도 함께 이야기하지요. 환경 문제를 예로 들어 볼까요? 한 사람의 이기적인 편의가 모두의 공기를 더럽히고, 한 지역의 선택이 다른 지역의 삶을 흔들 수 있잖아요. 이때 공동체가 만든 일정한 규칙은 개인의 자유를 해치기 위한 장치가 아니라 서로의 자유를 오래 지키기 위한 약속이 돼요. 루소가 말한 자유는 하고 싶은 대로 하는 상태가 아니에요. 함께 정한 규칙 속에서 서로를 보호하며 살아가는 시민적 자유에 가깝지요.

다만 루소의 생각을 현재에 적용하려면 한 가지를 더 고려해야 해요. 바로 일반의지가 언제나 공정하지는 않다는 거예요. 다수의 열기와 편견이 일반의지처럼 포장될 위험도 있어요. 그래서 현대의 사회계약은 절차의 민주성뿐 아니라 소수의 권리와 인간의 존엄을 지키는 장치까지 생각해야 해요. 서로 다른 목소리가 안전하게 존재할 수 있는 규칙, 힘이 약한 사람의 권리가 쉽게 사라지지 않는 제도, 이런 요소들이 필요한 거예요.

　우리는 지금 어떤 약속 위에서 함께 살고 있나요? 그 약속은 모두의 자유와 존엄을 지키고 있나요? 불평등을 줄이기 위한 계약은 거창한 선언에서 시작되는 것이 아니에요. 공정한 규칙을 요구하고 약속의 내용을 따져 묻고 공동체의 이익을 기준으로 판단하려는 시민의 습관에서 조금씩 자라나지요. 이런 점에서 '사회 계약론'은 주체적인 시민으로 살아가기 위해 앞으로도 계속 업데이트되어야 하는 삶의 기준이에요.

24

칸트
실천 이성과 도덕 법칙

정언 명령이란 다음과 같은 하나의 원칙으로 요약된다. "네가 따르려는 준칙이 모든 사람에게 보편적인 법칙이 될 수 있도록, 그런 준칙에 의거해서만 행동하라." 만약 모든 도덕적 의무의 명령이 이 하나의 정언 명령으로부터 도출될 수 있다면, 설령 '의무'라는 개념이 실제로 타당한 것인지에 대한 문제는 열어 두더라도, 적어도 사람들이 그 개념으로 무엇을 이해하고자 하는지 밝히기는 충분할 것이다. 다시 말해 우리가 도덕적 행위에 진정한 의미를 부여하고 실제적인 도덕 법칙을 세우고자 한다면 그 근거는 단지 정언 명령이어야 하며, 조건적인 가언 명령에서는 결코 나올 수 없다.

《실천 이성 비판》, 임마누엘 칸트

인간답게 행동하려면 어떻게 해야 할까?

인간에 관한 생각

인간은 두 가지 능력을 가지고 있다. 하나는 이성으로, 생각하고 판단하는 힘이고, 다른 하나는 경향성으로, 마음속에서 어떤 것을 원하고 바라는 성향이다. 그래서 사람이 바라는 것과 도리상 마땅히 해야 하는 일이 항상 같지는 않다. 이 때문에 도덕 법칙은 단순한 제안이 아니라 반드시 지켜야 할 의무가 된다. 도덕 법칙은 우리가 해야 할 일을 명확히 알려 주는 명령이기 때문에, 때로는 따르기 어려울 수도 있다. 하지만 그것은 우리가 다라야 할 도리이기에 반드시 지켜야 한다.

《실천 이성 비판》, 칸트

임마누엘 칸트Immanuel Kant는 인간기 아주 특별한 존재라고 생각했어요. 이에 사람들이 두 가지 다른 세상에 살고 있다고 말했지요. 하나는

'도덕 세계'고, 다른 하나는 '자연 세계'예요. 이 두 세계에는 각각 다른 규칙이 있어서 우리의 행동과 생각에 큰 영향을 미친다고 하지요.

도덕 세계는 우리가 어떻게 옳고 그른 행동을 할지를 결정하는 곳이에요. 여기에는 '도덕 법칙'이라는 중요한 규칙이 있어요. 이 규칙은 우리가 어떻게 남을 도와주고, 친절하게 행동해야 하는지 알려 줘요. 칸트는 사람들에게 생각하고 판단할 수 있는 능력이 있기 때문에 이 도덕 법칙을 이해하고 따를 수 있다고 믿었어요. 그래서 도덕적으로 행동하는 것이 진짜 사람다운 모습이라고 주장했답니다. 칸트에게는 도덕적 행동이 단순히 사회의 규칙을 따르는 것이 아니라 자신의 생각으로 옳은 것을 깨닫고 실천하는 것이 중요했어요.

자연 세계는 우리가 실제로 경험하고 느끼는 세상이에요. 여기서는 자연의 법칙이 작용해요. 모든 생명체가 본능적으로 행동하는 이 세계에서는 행복이 아주 중요하게 여겨지지요. 우리의 경험이나 즐거움, 심지어 아픔조차도 행복을 만들어 낸다고 해요. 자연 세계에서는 우리의 삶이 이러한 법칙에 영향을 받기 때문에, 우리는 때로는 본능적으로 행동하게 돼요. 칸트는 이러한 자연 세계의 경험이 어떻게 우리의 도덕적인 판단에 영향을 미치는지를 연구했답니다.

칸트는 인간이 이 두 세계, 즉 도덕 세계와 자연 세계 모두에 속한다고 생각했어요. 도덕적으로 옳게 행동하려고 노력하는 동시에 자연 세계에서는 본능과 경험에 따라 살아간다는 거죠. 그래서 두 세계의 균형을 잘 맞추며 살아가야 한다고 생각했어요.

이성과 도덕 법칙

지식은 경험과 더불어 시작되지만, 모든 지식이 경험에서 비롯되는 것은 아니다. 인과성을 두 사건 사이에 반복된 관찰을 통해 형성된 심리적 습관이라고 설명하는 것은 잘못이다. 우리는 인과관계에 대한 선천적인 이해를 지니고 있으며, 이 지식은 순수한 이성의 판단 작용에서 직접 얻어진다. 도덕 법칙은 경험적인 사실들과는 본질적으로 구별되며, 전적으로 순수 이성에 기반한다. 따라서 도덕철학은 이성적 존재로서 인간이 선험적인 규범을 받아들이고 그것에 따라 행동하는 문제를 다룬다.

《실천 이성 비판》, 칸트

칸트는 인간이 이성을 사용해 도덕적으로 살아가는 것이 진정 인간다운 삶이라고 말했어요. 그래서 그는 사람들이 무엇을 기준으로 행동해야 하는지, 다시 말해 도덕적인 규칙은 어디에서 나오고 어떤 모습이어야 하는지 깊이 고민했지요.

칸트는 이런 규칙을 두 가지로 나누었어요. 첫 번째는 개인이 만든 규칙이에요. 이는 각자의 경험이나 상황에 따라 달라질 수 있어요. 어떤 친구는 '나는 매일 숙제를 해야 해!'라고 생각할 수 있지만, 다른 친구는 '나는 오늘은 쉬어야 해!'라고 생각할 수 있죠. 이런 규칙은 사람마다 다를 수 있어요. 두 번째는 이성이 있는 모든 존재가 꼭 따라야 할 도덕 법칙이에요. 이 도덕 법칙은 모든 사람에게 똑같이 적용되는 규칙으로, 절대적으로 지켜야 할 것이라고 할 수 있어요. 칸트는 인간이 자연에서 느끼는 여러 욕구와 함께 도덕적으로 행동해야 하는 이성을 모두 가지고 있다고 믿었어요. 그렇기에 인간이 본능적인 욕구를 이겨 내고 도덕 법칙을 지킬 수 있다고 본 것이지요.

> 행위와 관련된 모든 명령은 가언 명령이거나 정언 명령이다. 가언 명령은 특정한 목적을 달성하기 위한 수단으로서 어떤 행동을 해야 한다고 말한다. 반면, 정언 명령은 그 행위 자체가 목적과 관계없이 도덕적으로 반드시 행해져야 한다는 점에서, 객관적이며 필연적인 의무로 작용한다.
>
> 《실천 이성 비판》, 칸트

칸트는 도덕 법칙을 '정언 명령'이라고 불렀어요. 정언 명령이란 어떤 조건이나 상황에 따라 달라지지 않고 언제나 따라야 하는 보편적인 규칙이에요. 칸트는 도덕적으로 옳은 행동이 특정한 목적이나 결과에 의해 좌우되어서는 안 되고, 도덕 법칙은 항상 무조건적이며 절대적인 성격을 지녀야 한다고 주장했지요.

정언 명령은 어떤 이익이나 결과를 계산하지 않아요. 그저 그 행위 자체가 옳기 때문에 행동하라는 요구예요. 예를 들어 생명을 소중히 여기는 태도는 그 자체로 옳은 행동이지요. 이러한 실천은 정언 명령의 원리에 부합한다고 볼 수 있어요. 칸트에게 도덕적 행동의 기준은 결과의 성공 여부에 있지 않았어요. 행동이 어떤 마음에서 출발했는지가 핵심이었지요.

　　선의지는 인간 행위의 가치를 판단할 대 가장 우선적으로 고려되어야 하는 요소다. 다른 모든 가치는 선의지가 전제될 때만 의미를 갖는다. 선의지 개념을 보다 명확히 이해하려면 '의무'라는 개념을 함께 살펴볼 필요가 있다. 의무는 때때로 인간의 주관적인 욕구나 외적 장애로 인해 제한받지만, 그럼에도 불구하고 의무 속에는 본질적으로 선의지가 담겨 있다. 이러한 제약들은 오히려 선의지의 순수성을 더 선명하게 드러내며, 그 가치를 더욱 빛나게 해 준다.

《실천 이성 비판》, 칸트

　　이와 관련해 칸트는 선의지의 중요성을 강조했어요. 선의지란 다른 목적이나 보상을 따지지 않고, 옳다고 여겨지는 일을 행하려는 마음가짐이에요. 그는 선한 의도를 지니고 도덕 법칙을 존중하며 행동할 때 그 행위가 진정한 도덕적 가치를 가진다고 보았어요. 그래서 도덕성을 행동의 결과만으로 판단하려는 태도를 경계했지요. 결과는 다양한 상황과 조건, 수많은 변수에 의해 언제든지 달라질 수 있으니까요. 인간은 그것을 완전히 계산하며 행동할 수 없고요. 이러한 이유로 칸트는 행동의 결과보다 '선의지를 가지고 행동했는지'가 도덕 판단의 핵심이라고 생각했어요.

　　칸트는 인간이 스스로 도덕 법칙을 세우고, 이성에 따라 그 법칙을 지키며 살아갈 수 있는 존재로 보았어요. 인간은 이처럼 자율적인 태도 속에서 욕망에 휘둘리지 않고 스스로 옳다고 판단한 규칙에 따라 행동하게 돼요. 칸트는 도덕 법칙을 존중하고 선의지로 실천하는 삶이 인간을 인간답게 만드는 핵심이라고 강조했어요.

칸트의 생애

1724년 프로이센 왕국*의 쾨니히스베르크에서 태어난 임마누엘 칸트는 경건주의**적 루터교 신앙을 가진 부모님 밑에서 성장했어요. 어려서부터 성실하고 성찰을 잘하는 아이였다고 해요. 당시 유럽은 이성과 과학, 개인의 자유와 권리를 중시하는 계몽주의 시대로 접어들고 있었어요. 칸트는 이러한 시대 정신 속에서 '사람이 스스로 생각하는 능력', 즉 이성의 중요성에 주목했어요.

어릴 때부터 학문에 뛰어난 재능을 보인 칸트는 쾨니히스베르크대학교에서 수학, 물리학, 철학을 공부했어요. 물질적으로는 가난했지만 지적으로는 풍요로운 삶을 살았지요. 고향을 거의 떠나지 않고 평생 강의, 독서, 사색에 몰두하며 규칙적인 일상을 보낸 것으로도 유명하

★ **프로이센 왕국:** 호엔촐레른가가 지배했던 독일 북부 지역에 위치한 왕국으로, 1701년에 성립해 1918년까지 존속했던 독일 제국의 중심적 역할을 한 국가.

★★ **경건주의:** 형식적인 교리보다 개인의 신앙 체험과 도덕적 삶의 실천을 중시한 개신교 신앙 운동.

죠. 늘 같은 시간에 산책했기 때문에 '쾨니히스베르크의 시계'라고도 불렸답니다.

칸트 철학의 중심에는 합리주의와 경험주의의 종합이라는 위대한 시도가 자리 잡고 있어요. 그는 데카르트, 스피노자, 라이프니츠 등 합리주의 철학자들이 강조한 이성의 힘을 존중하는 한편, 로크, 버클리, 흄 같은 경험주의자들이 주장한 감각과 경험의 중요성을 수용했어요. 특히 흄의 회의주의에서 큰 충격을 받았지요. 그 영향으로 철학의 근본을 새롭게 탐구하기 시작했고요. 그러다 결국 다음과 같은 결론에 도달했어요.

"경험 없이는 인식이 시작될 수 없고, 이성 없이는 인식이 형성될 수 없다."

이 말은 우리가 경험을 통해 세상을 받아들이지만, 그 경험을 이해하고 판단하는 틀은 이성이 만들어 준다는 뜻입니다.

칸트의 학문적 성취

칸트는 자신의 철학을 본격적으로 정리해 1781년 《순수 이성 비판》을 발표했어요. 이 책에서 그는 인간이 지식을 얻는 과정이 단순한 감각의 수용이 아니라, 인간 이성이 가진 고유한 구조를 통해 경험을 이해하는 방식이라고 주장했어요. 그는 인간 이성이 시간과 공간, 인과성과 같은 선천적 범주를 가지고 있으며 감각적으로 경험한 것을 이 범주 속에 넣어 이해한다고 보았어요. 이를 통해 "과학적 지식은 가능한데 형이상학은 왜 어려운가"라는 질문에 답하고자 했으며, 더불어 합리주의와 경험주의의 대립을 철학적으로 극복하려 했어요.

칸트는 윤리학에도 깊은 영향을 미쳤어요. 그는 도덕이 외부의 명령이나 종교적 계율에 따르는 것이 아니라, 이성을 가진 인간이 스스로 세운 법칙에 따라 행동하는 것이라고 주장했지요. 이는 모든 인간이 존엄성을 지닌 존재이며 자율적으로 도덕적 결정을 내릴 수 있어야 한다는 사상을 바탕으로 해요. 이 같은 칸트의 윤리학은 현대 인권 사상과 자유주의 정치철학의 기반이 되었죠.

평생 쾨니히스베르크를 떠나지 않고 철학 연구와 교육에만 전념한 칸트는 1804년 80세로 눈을 감았어요. 말년에 시력이 약해지고 기억력이 흐려졌지만, 마지막 순간까지 '이성의 별'을 바라보며 진리를 향한 열망을 놓지 않았지요. 칸트의 묘비에는 본인이 직접 쓴 다음 문장이 새겨져 있어요.

"두 가지는 내가 생각하면 할수록 마음을 점점 더 경외와 경탄으로 가득 채운다. 하나는 내 위의 별이 빛나는 하늘이고, 또 다른 하나는 내 안의 도덕 법칙이다."

용어 정리	
실천 이성	- 내가 무엇을 해야 옳은지 스스로 판단하게 해 주는 생각하는 능력이에요. - 칸트는 이성을 통해 도덕적 행동을 선택할 수 있다고 보았어요.
도덕 법칙	- 누구에게나 똑같이 적용되는 옳고 그름의 기준이에요. - 사람이 감정이 아닌 이성에 따라 지켜야 할 규칙이에요.
정언 명령	- 내 행동이 모두에게 옳은 규칙이 될 수 있을 때만 행동하라는 가르침이에요. - 상황이나 이익에 흔들리지 않고 반드시 지켜야 할 도덕의 명령이에요.

칸트는 인간을 아주 특별한 존재로 바라보았어요. 인간에게는 생각할 수 있는 능력이 있어서, 스스로의 삶을 선택할 수 있다고 믿었지요. 감정이나 본능에 휘둘리지 않고, 스스로 판단해 옳은 결정을 내릴 수 있는 존재라는 거예요. 오늘날 우리 주변에는 정보와 감정이 넘쳐 나서, 다른 사람의 기대나 감정에 영향을 받기 쉬워요. 이때 칸트의 이성 중심적인 생각이 큰 도움이 됩니다. 감정이나 다른 사람의 말에 의존하지 않고 상황을 잘 분석하면 올바른 판단을 내릴 수 있어요. 이렇게 하면 가치관을 확립하고, 더 의미 있는 삶을 살 수 있지요. 이성적으로 생각하면 더 나은 선택을 할 수 있고, 나의 행복과 사회의 발전에도 도움을 줄 수 있답니다.

칸트는 도덕적인 행동이 개인의 자유로운 결정에 기반해야 한다고 말했어요. "자기 자신의 이성을 사용할 용기를 가져라"라고 했지요. 누구나 스스로 도덕적으로 판단할 수 있다는 뜻이에요. 다른 사람의 기대나 규칙에 따라 행동하기보다, 스스로 세운 도덕적 기준에 맞춰 행동해야 한다는 것이지요. 이는 개인의 권리와 자유를 존중하는 민주 사회에서 고유한 가치와 개성을 인정하는 중요한 근거가 되기도 해요.

칸트는 도덕 법칙이 모든 사람에게 적용되어야 한다고 말했어요. "네가 하는 행동이 모든 사람에게도 같은 규칙으로 적용된다면, 그 규칙을 따라 행동하라"라고 말이죠. 우리가 하는 행동이 모두에게 공평하게 적용될 수 있어야 한다는 뜻이에요. 세상에는 다양한 문화와 가치관이 있고, 그 속에서도 모두가 따를 수 있는 도덕적인 규칙을 찾는 것이 중요해요. 예를 들어 인권, 평등, 정의 같은 개념은 모두 칸트의 생각과 관련이 있어요. 오늘날 우리는 이런 가치가 모든 사람에게 적용되어야 한다고 믿으며, 사회의 불공평함과 차별을 없애기 위해 노력하고 있어요. 이러한 도덕적 원칙은 서로를 이해하고 존중하는 데 도움을 주며 사회의 여러 문제 해결에 큰 역할을 하고 있어요.

칸트의 철학은 사람의 본질을 이해하는 데 큰 도움이 돼요. 그리고 우리가 어떻게 도덕적으로 행동해야 하는지도 알려 주지요. 사람을 소중한 존재로 바라보는 것은, 각 개인이 사회에서 어떻게 존중받아야 하는지를 고민하게 만들어요. 이는 사회의 불평등이나 차별을 없애기 위한 노력으로 이어지며, 결과적으로 모든 사람이 자신의 가능성을 마음껏 펼칠 수 있는 환경을 만드는 데 도움을 줘요.

25

벤담
최대 다수의 최대 행복

공리란 어떤 사물이나 행위가 특정한 사람에게 이익, 편리함, 쾌락, 선, 행복을 가져다주는 동시에 손해, 고통, 악, 불행을 예방하는 성향을 말한다. 여기서 말하는 '행복'은 그 대상이 누구냐에 따라 달라진다. 만약 그 대상이 사회 전체라면 그것은 사회 전체의 행복을 뜻하고, 특정한 개인이라면 그 개인의 행복을 의미한다.

《도덕과 입법의 원칙에 대한 서론》, 제러미 벤담

나는 행동하기 전에 어떤 걸 고려해야 할까?

쾌락주의

자연은 인간을 두 지배자의 통제 아래 두었다. 하나는 쾌락이고, 다른 하나는 고통이다. 인간이 무엇을 선택하고 어떤 행동을 하든, 결국 이 두 힘의 영향을 받는다. 도덕적 판단이든 인과 관계든, 모두 쾌락과 고통이라는 기준에 의해 평가된다. 우리가 이 두 지배자로부터 벗어나려 애쓴다 하더라도, 오히려 그런 시도가 이들의 영향력 안에 있다는 사실을 보여 줄 뿐이다. 결국 인간은 쾌락과 고통이라는 두 지배자의 영역 안에서 살아갈 수밖에 없는 존재다.

《도덕과 입법의 원칙에 대한 서론》, 벤담

쾌락주의는 사람들이 행복과 즐거움을 중요하게 생각하는 철학이에요. 이 생각은 우리가 어떻게 행동하고 선택하는지에 큰 영향을 미칩니다. 제러미 벤담Jeremy Bentham은 사람들이 왜 그런 행동을 하는지를 쾌락과 고통이라는 두 가지 이유로 설명했어요. 모든 사람이 즐거움을 찾으며 행복한 기분을 느끼고 싶어 하고, 괴롭거나 아픈 것은 어떻게든 피하려고 한다고 보았지요. 이런 시각은 사람들의 행동을 이해하는 데 많은 도움을 줍니다.

벤담은 쾌락이 여러 방법으로 생길 수 있다고 말했어요. 예를 들어, 맛있는 음식을 먹거나 친구와 놀거나, 다른 사람을 도와주는 것 등에서 즐거움을 느낄 수 있다고 했지요. 벤담은 모든 쾌락이 결국 같은 종류의 즐거움이라고 생각했어요. 이에 쾌락을 어떻게 계산하고 평가할 수 있는지에 대한 방법도 제안했죠.

그의 방법에는 쾌락과 고통을 측정하는 일곱 가지 기준이 있어요. 첫 번째 기준은 '강도'예요. 쾌락의 강도가 얼마나 되는지를 평가해요. 강한 즐거움이 더 좋다는 뜻이지요. 두 번째 기준은 '지속성'이에요. 쾌락이 얼마나 오래가는지를 평가하죠. 오래가는 즐거움이 더욱 가치가 있다고 보는 거예요. 세 번째 기준은 '확실성'이에요. 쾌락이 확실하게 일어날 가능성이 얼마나 되는지를 의미해요. 확실한 즐거움이 더 좋은 거예요. 네 번째 기준은 '근접성'이에요. 가까운 미래에 다가오는 즐거움을 선호해요. 즉각적으로 느낄 수 있는 기쁨이 더 매력적이지요. 다섯 번째 기준은 '다산성'이에요. 어떤 즐거움이 더 많은 즐거움을 만들 수 있는지 보는 거예요. 더 많은 행복을 줄 수 있는 쾌락이 좋다는 것이죠. 여섯 번째 기준은 '순수성'이에요. 고통이 섞이지 않은 순수한 즐거움을 가리켜요. 마지막 일곱 번째 기준은 '범위'예요. 더 많은 사람이 즐길 수 있는 쾌락이 더 큰 가치가 있다고 보았어요.

이런 기준으로 사람들은 어떤 즐거움이 더 좋은지 판단할 수 있어요. 벤담은 쾌락주의를 개인의 이익에 국한된 사상으로 보지 않지 않았어요. 그는 사회 전체의 행복을 함께 고려해야 한다고 강조하며 사람들이 서로 도와주고 함께 행복해지도록 노력해야 한다고 주장했지요.

공리주의

공리의 원리란 어떤 행위가 그에 관련된 사람들의 이익을 증진시키는 경향이 있는지를 기준으로 하여, 그 행위를 옳다고 인정하거나 그렇지 않으면 잘못된 것으로 판단하는 기준을 말한다. 다시 말해, 한 행동이 결과적으로 행복을 얼마나 증가시키는지 또는 감소시키는지를 바탕으로 도덕적 평가를 내리는 것이다.

《도덕과 입법의 원칙에 대한 서론》, 벤담

한 사람이 아니라 모든 사람의 행복을 어떻게 하면 더 키울 수 있을까 고민한 벤담은 '공리주의'를 주장했어요. 공리주의란 모든 사람의 행복을 가장 중요하게 생각하는 철학이에요. 공동체 내 모든 사람의 행복을 합쳐서 많이 만들면, 사회가 더 나아질 수 있다고 믿는 것이지요.

벤담은 어떤 행동이 사람들의 행복을 늘리는지, 줄이는지를 기준으로 해서 좋고 나쁨을 판단해야 한다고 했어요. 어떤 일을 할 때는 항상 가장 많은 행복을 가져오는 결과를 선택해야 한다는 거예요. 이 원칙은 개인의 행동뿐 아니라, 정부 같은 큰 조직이 결정을 내릴 때에도 적용돼요. 벤담은 '최대 다수의 최대 행복'이라는 원칙을 통해, 공동체 내 많은 사람의 행복을 늘리면 좋은 행동이고, 반대로 행복을 줄이면 나쁜 행동이라고 주장했어요. 공리주의가 개인의 즐거움뿐만 아니라 사회 전체의 행복을 중요하게 생각하며, 결과가 그 행동의 좋고 나쁨을 결정한다고 강조했지요. 이는 우리가 매일 하는 작은 선택에도 큰 의미가 있다는 뜻이랍니다.

벤담의 생애

제러미 벤담은 18세기 후반에서 19세기 초반까지 활동한 영국의 철학자이자 법학자로, 사람들이 어떻게 옳고 그름을 판단하는지, 사회가 더 나아지려면 어떻게 해야 하는지를 깊이 고민했어요. 벤담의 생각은 이론에만 그치지 않고, 실제 법과 정책에도 큰 영향을 미쳤지요. 1748년 영국 런던의 부유한 법조인 집안에서 태어난 벤담은, 대법관인 할아버지와 법률가인 아버지의 영향으로 어릴 때부터 자연스럽게 법과 철학에 관심을 가졌어요.

12살이라는 어린 나이로 옥스퍼드대학교에 입학한 벤담은 16살에 대학을 졸업하고, 21살에는 변호사 자격을 얻었어요. 하지만 법관이 되지 않고 법 이론가로서의 길을 선택했어요. 프랑스와 영국의 철학에 매료된 그는 법과 사회를 더 좋게 만들고 싶어 했지요.

벤담은 평생 하루 평균 15쪽의 글을 썼고, 총 6만 장이 넘는 글을 남겼어요. 공리주의에 대한 철학도 이런 성실한 노력에서 나왔어요. 그는 법과 정책을 비판하며 개혁하자고 주장하는 많은 책을 썼어요. 또 여러 나라를 다니며 자신의 사상을 전했지요. 의회에서도 발언을 하며 '최대 다수의 최대 행복'을 위해 법과 정책을 개선하자고 주장했고요.

벤담은 '파놉티콘'이라는 감시 시스템도 제안했어요. 파놉티콘은 중앙의 감시탑을 중심으로 외곽에 죄수가 원형으로 배치된 건물이에요. 이렇게 되면 소수의 감시자가 모든 죄수를 감시할 수 있고, 죄수들도 모든 것을 감시받고 있음을 느끼게 되죠. 이는 현대 감시 기술에 대한 논의에서도 중요한 역할을 하고 있어요. 이 시스템은 항상 누군가에게 감시받고 있다는 느낌을 주어 사람들이 알아서 잘 행동하도록 만들고자 한 거예요. 벤담은 이 아이디어로 사회의 질서를 유지하고 범죄를 줄여 '최대 다수의 최대 행복'을 실현할 수 있다고 믿었어요.

벤담은 살아 있는 동안 사회를 바꾸기 위해 많은 활동을 했어요. 이에 그의 생각은 많은 이에게 영향을 미쳤지요. 제자이자 친구인 제임스 밀과 아들 존 스튜어트 밀은 벤담의 공리주의를 발전시켜 널리 알리는 데 도움을 주었답니다. 벤담은 사회의 가장 중요한 원칙으로 여기던 공리주의를 바탕으로 많은 법을 제정하고 정책을 변화시켰지요.

1832년, 벤담은 84세의 나이로 세상을 떠났어요. 그는 세상을 떠나면서 자신의 몸을 런던 대학에 해부용으로 기증했어요. 이는 과학 연구에 도움이 됨으로써 많은 사람의 행복에 도움이 되길 바라는 그의 마음이 담긴 것이었답니다.

요동치던 시대상

벤담의 생각은 18세기 후반과 19세기 초반까지의 여러 변화를 바탕으로 구축되었어요. 이때는 유럽에서 큰 변화들이 많이 일어난 시기거든요. 이는 벤담의 철학에 큰 영향을 주었답니다.

당시 영국에는 산업혁명이라는 큰 변화가 있었어요. 농업 중심의 전통적인 사회가 공장에서 일하는 도시 사회로 바뀌었지요. 사람들은 더 많은 직업을 선택할 수 있게 되었고, 이는 개인의 행복을 찾는 데 유용했어요.

벤담은 그동안의 도덕적인 규칙이나 종교적인 가치가 사람들의 실제 삶을 잘 반영하지 못한다고 생각했기에 공리주의라는 새로운 생각을 제안했어요. 공리주의는 행동의 결과와 그로 인해 생기는 행복을 중요하게 여기는 철학이에요. 벤담은 사람들이 행동의 결과가 얼마나 많은 행복으로 이어지는지 고려해야 한다고 생각했어요. 이에 사람들이 진정으로 행복해지는 방법을 생각하게 된 거예요.

벤담은 공리주의가 두 가지 중요한 원칙에 기반하고 있다고 말했어요. 첫 번째는 사회적 쾌락주의로, 개인의 행복뿐 아니라 모두의 행복을 중요하게 생각하는 거예요. 두 번째는 결과주의로, 어떤 행동의 결과가 그 행동의 도덕적 가치를 결정한다는 생각이에요. 그는 사람들이 서로의 행복을 위하면서 더 나은 사회로 나아갈 수 있다고 믿었죠. 이 시기는 민주주의와 개인의 권리, 자유를 강조하는 정치적 운동이 활발해진 때이기도 해요. 미국 독립전쟁과 프랑스 혁명 같은 큰 사건들이 시민의 권리와 평등을 강조하면서 사회가 많이 변했죠. 이에 벤담은 사람들이 정치에 참여함으로써 자기 자신과 사회의 행복을 함께 높일 수 있다고 믿었습니다.

벤담과 동시대 인물인 경제학자 애덤 스미스는 개인의 이익을 추구하는 것이 사회 전체에 도움이 된다고 말했어요. 벤담은 이런 경제적 생각을 윤리와 연결지어, 개인이 행복을 추구하는 것이 결국 사회의 행복으로 이어질 수 있다고 강조했어요. 사람들이 자유롭게 선택할 수 있는 것이 사회의 행복을 높이는 데 도움이 된다고 믿었죠.

마지막으로, 벤담은 법과 제도가 사람들의 행복을 높이려면 어떻게 변화해야 하는지를 고민했어요. 그는 당시의 법이 효율적이지도 않을뿐더러 불합리하다고 생각했어요. 그래서 법이 사람들의 행복을 높이는 방향으로 바뀌어야 한다고 주장했지요. 법이 단순한 규칙이 아니라, 사람들의 삶에 직접적으로 영향을 미치고 행복을 증진시켜야 한다고 강조한 거예요.

용어 정리	
쾌락주의	- 인간이 기쁨을 얻고 고통을 피하려는 성향을 지닌 존재라고 보는 생각이에요. - 벤담은 쾌락과 고통이 인간 행동의 기준이 된다고 보았어요.
사회적 쾌락주의	- 개인의 즐거움보다 공동체 전체의 행복을 더 중요하게 여겨요. - 모두가 함께 행복해지는 방향을 도덕의 기준으로 삼아요.
공리주의	- '최대 다수의 최대 행복', 즉 가장 많은 사람에게 가장 큰 행복을 주는 것이 옳다는 생각이에요. - 행동의 가치는 결과로 생기는 행복의 크기로 판단해요.

　현대 사회에서는 행동의 옳고 그름을 판단할 때 그 행동의 결과에 주목해요. 벤담도 어떤 결정을 내릴 때, 그것이 결과적으로 사람들에게 어떤 영향을 미칠지를 깊이 생각해야 한다고 주장했어요. 이를테면 환경 보호 정책이나 건강 정책을 만들 때는 얼마나 많은 사람에게 도움이 되는지를 꼭 고려해야 해요. 이 결정이 사회 전체에 어떤 영향을 줄지 고민해야 한다는 거죠. 특히 기후 변화 같은 큰 문제를 해결할 때는 얼마나 많은 사람이 피해를 보지 않으면서도 또 이익을 얻을 수 있는지 잘 살펴봐야 해요.

　벤담은 무엇보다 중요한 건 '행복'이라고 이야기해요. 현대 사회에서도 모든 사람의 행복을 고려해야 한다는 점이 강조되고 있어요. 그래서 어떤 행동, 예를 들어 정책 등이 사람들에게 얼마나 많은 행복을 주는지를 분석하는 것이 중요해요. 교육 정책이 아이들에게 얼마나 좋은 영향을 미치는지, 의료 정책이 사람들의 건강을 얼마나 개선하고 있는지를 평가하는 것이 매우 중요한 이유랍니다. 행복에는 돈 같은 물질적인 것만 포함되지 않아요. 마음이 편안하고 기쁜 것도 포함되지요. 그래서 정책을 만드는 사람들은 사람들의 삶을 더 좋게 만들기 위해 다양한 방법을 찾아야 해요.

　벤담은 모든 사람의 행복이 똑같이 중요하다고 강조했어요. 현대 사회에서도 이 원칙은 아주 중요해요. 각 개인의 행복과 불행은 비교할 수 없어요. 누구의 행복이든 다른 사람의 행복보다 더 중요하다고 생각하면 안 돼요. 그래서 정책을 만들 때는 모든 사람의 의견을 듣고, 다양한 사람의 목소리를 반영해야 해요. 복지 정책을 만들 때는 모든 사람의 필요를 공정하게 고려해야 하고요. 특히 도움이 필요한 사람들의 목소리를 듣고 그들의 요구를 반영하는 것이 중요하답니다. 모든 사람의 행복을 똑같이 소중하게 여기다 보면 우리 사회는 더 공정하고 정의로워질 거예요. 이렇게 함으로써, 우리는 모두가 함께 잘 사는 사회를 만들어 갈 수 있답니다.

26

밀
자유론, 사상과 표현의 자유

오늘날의 자유 개념은 개인의 자유를 중시하는 한편, 그 자유가 때로는 쉽게 침해되기도 한다. 사람들이 마음대로 행동할 수 있는 일이 많아지면서, 오히려 진정한 자유가 사라지는 경우도 생긴다.

어떤 이들이 제멋대로 행동하면 그들의 자녀들이 고통받고, 다른 사람들에게도 해로운 영향을 끼칠 수 있다. 이럴 때 국가는 개입하여 규칙을 세워야 하지만, 그러한 개입을 부정하거나 거부하려는 경향도 존재한다. 따라서 자유와 규제 사이에서 균형을 잘 맞추는 것이 매우 중요하다.

《자유론》, 존 스튜어트 밀

민주주의 사회의 문제점

우리는 이제 의견의 자유와 이를 표현할 자유가 네 가지 이유로 인해 인류의 정신적 삶에 필수적이라는 사실을 알게 되었다. 이 근거들을 다음과 같이 간단히 정리해 본다.

첫째, 억눌리는 소수의 의견이 진실일 가능성이 있다. 우리는 어떤 의견이 진리인지 확실히 알 수 없기 때문에, 그것을 억제하는 것은 우리 자신이 틀림없다고 가정하는 것과 같다.

둘째, 억제되는 의견이 설령 틀렸다고 해도 그 속에는 일정 부분 진실이 포함되어 있을 수 있다. 일반적으로 받아들여지는 의견도 완전한 진리는 아니며, 진리를 온전히 드러내기 위해서는 서로 다른 견해와의 충돌이 필요하다.

셋째, 설사 대중적인 의견이 진실이며 전적으로 옳다고 해도 그것이 활발한 비판이나 도전을 받지 않는다면 사람들은 그것을 비판적 사고 없이 맹목적으로 받아들인다. 그렇게 되면 진리는 살아 있는 이성이 아닌 단순한 고정관념으로 전락한다.

넷째, 자유로운 토론이 사라진다면 진리는 점차 생명력을 잃고 무기력한 교리로 변할 것이다. 그렇지 되면 그것은 실천적인 힘을 상실하고, 진심에서 우러나오는 신념을 형성하지 못한 채 단순한 형식적 신념으로 전락하고 만다.

《자유론》, 밀

존 스튜어트 밀John Stuart Mill은 민주주의 사회에서 많은 사람의 의견이 같을 때 소수의 의견이 억압되는 상황에 대해 깊이 고민했어요. 이러한 억압이 개인의 자유와 발전을 방해하고 민주주의의 본질을 해치는 일이라고 믿었거든요.

그는 대중의 의견이 개인에게 불공정하게 작용할 수도 있다고 보았어요. 많은 사람이 좋아하는 생각이 소수의 의견을 억누를 수 있다는 거죠. 이렇게 되면 개인의 존엄성과 행복이 해를 입을 수 있고, 이런 상황이 계속 심해지면 '전체주의'라는 위험한 상황으로 이어질 수 있다고 본 거예요. 그는 민주주의가 개인의 자유를 보호하면서도, 대중의 의견이 개인의 권리를 침해하지 않도록 균형을 유지해야 한다고 믿었어요.

밀은 개인의 사상과 표현의 자유를 존중해야 한다고 강력하게 주장했어요. 소수의 의견이 진리일 가능성이 있다고 강조하면서 말이죠. 그래서 소수의 의견이 틀릴 수도 있지만, 그 안에 진리의 일부가 포함되어 있을 수 있다고 주장했죠. 그리고 자유롭게 이야기하지 못하게 되면 사회의 진리가 약해지고, 개개인의 개성과 창의성이 사라질 수도 있다고 경고했죠.

밀은 다양한 생각이 자유롭게 논의될 때, 사회가 더 건강하고 발전할 수 있다고 믿었어요. 만약 사회가 특정한 의견이나 생각만 절대적으로 지지하면 편견이 만들어지며, 어떤 이들은 그 생각을 잘 이해하지 못한 채 따르게 될 수 있다고 말했어요. 그래서 다양한 의견을 듣고 이야기하는 과정이 필요하다고요. 이렇게 해야 사회가 더 포괄적이고 공정하게 발전할 수 있다고 강조한 거죠.

인간의 개성과 자유

특히 이러한 상황에서는 남들과 다른 방식으로 행동하는 특별한 사람들을 막지 말고, 오히려 그들을 응원하고 지지해야 한다. 예전에는 뛰어난 사람들이 기존보다 더 나은 행동을 실천함으로써 사회에 기여했다. 하지만 오늘날에는 모두가 똑같이 행동하는 것을 거부하고, 기존의 규범에서 벗어나려는 시도 자체가 사회에 긍정적인 영향을 줄 수 있다.

《자유론》, 밀

밀은 모든 사람이 각자 특별한 개성과 재능을 가지고 있으며, 이를 바탕으로 자신만의 길을 찾아야 한다고 믿었습니다. 그래서 전통이나 다른 사람들의 압력에 얽매이지 않고, 각자 자신에게 맞는 삶의 방식을 선택해야 한다고 주장했죠. 밀은 사람들이 이런 선택의 자유를 가질 때, 개인이 성장하고 발전하며 잠재력을 최대한 발휘할 수 있다고 믿었어요. 더불어 개인이 성장하고 발전하면 결국 사회 전체도 발전할 수 있다고 생각했지요.

밀은 '자기 결정권'의 중요성도 강조했어요. 자기 결정권이란 사람들이 스스로 생각하고, 자신에게 중요한 것들을 판단해서 인생을 계획하고 실행하는 능력을 뜻해요. 그는 자기 스스로 결정할 수 있는 자유가 보장될 때 진정한 행복을 느낄 수 있으며, 이것이 사회의 발전과도 깊은 관계가 있다고 믿었어요. 개인이 자신의 결정과 선택에 책임을 질 수 있는 능력이 사회 전체의 건강한 발전을 이끌어 낸다고 생각한 거예요.

또한, 밀은 사람들이 진정한 자유를 누리려면 올바른 판단을 할 수 있는 능력이 필요하다고 강조했어요. 성숙한 판단 능력을 가진 사람만이 진정한 자유를 누릴 수 있다고 보았거든요. 그래서 교육과 사회에서의 경험이 개인의 판단 능력을 키우는 데 매우 중요하다고 생각했죠. 다양한 경험으로 사람들은 지혜를 쌓고, 자신이 내리는 결정에 책임을 질 수 있는 능력을 기를 수 있으니까요. 이런 과정은 개인이 자신의 선택에 책임을 지고, 나아가 사회에 긍정적인 영향을 미치는 기반이 되지요. 밀은 이렇게 자유와 책임이 잘 어우러져야 민주 사회에서 진정한 발전이 이루어진다고 믿었어요.

자유가 제한되는 경우

자유 가운데 가장 중요하며 진정한 의미에서 자유라 부를 수 있는 것은, 각자가 자신의 뜻에 따라 삶을 설계하고 살아갈 수 있는 자유다. 그러나 때로는 사회가 개인에게 일정한 제약이나 통제를 가해야 할 상황이 존재한다. 이러한 경우에 정당화될 수 있는 유일한 기준은 오직 하나의 원칙뿐이다. 이 원칙에 부합하지 않는 한, 문명사회에서는 어떠한 형태의 권력 행사도 개인의 자유를 침해해서는 안 된다. 여론의 힘을 빌려 자유를 억압하는 것은, 오히려 여론에 반하는 방식으로 자유를 억압하는 것보다 더 심각한 잘못일 수 있다. 인류 전체 중 단 한 명이라도 다르게 생각하는 사람이 있다면, 그 사람의 입을 막는 것은 정당하지 않다. 이는 다수의 의견이 소수에게 침묵을 강요하는 것과 다를 바 없다.

《자유론》, 밀

밀은 '해악의 원리'라는 중요한 개념을 통해 사람들이 어떻게 자유롭게 살면서도 어떻게 서로를 존중해야 하는지 설명했어요. 만약 어떤 사람이 다른 사람에게 직접적으로 해를 끼친다면, 사회가 그 행동을 막을 수 있다고 말했지요. 쉽게 말해, 개인의 자유로운 행동은 다른 사람에게 해를 끼치지 않을 때만 가능하다는 거예요. 이는 우리 사회에서 꼭 지켜야 할 기본 규칙이라고 할 수 있어요. 밀은 개인이 자신의 길을 가면서도 다른 사람을 존중할 수 있도록, 자유와 책임 사이의 균형을 잘 찾아야 한다고 강조했어요. 이는 누군가의 자유가 지나치게 허용되면 다른 사람에게 피해를 줄 수 있으니 서로 조화롭게 살아가야 한다는 뜻이에요.

하지만 모든 상황에서 개인의 자유를 무조건 존중할 수는 없어요. 어떤 경우에는 개인의 자유를 제한해야 할 필요가 있죠. 예를 들어, 몸이나 마음이 아파서 스스로 결정할 수 없는 사람들을 보호하기 위해서 자유를 제한하는 것이 필요할 수 있어요. 이런 경우, 사회는 그 사람들의 안전과 행복을 지키기 위해 적절한 방법을 찾아야 해요. 다만 그는 자유를 제한하는 일은 매우 신중해야 한다고 경고했어요. 개인의 자유가 쉽게 침해되어서는 안 된다고 강조했죠. 모든 사람이 소중하고 존중받아야 한다는 중요한 원칙은 지켜져야 하니까요. 밀은 사람들이 자유롭게 살되, 서로를 이해하고 존중하며 해를 끼치지 않으며 살아가는 것이 건강한 사회를 만드는 데 얼마나 중요한지를 알려 주고 싶었던 거예요.

밀의 생애

존 스튜어트 밀은 1806년 영국 런던에서 태어났어요. 그가 살던 시기는 산업혁명 중이었지요. 18세기 후반에 시작되어 19세기 초반까지 계속된 산업혁명 시기에는 생활 방식이 이전과 완전히 달려졌어요. 과거에는 농업이 주였지만, 이제는 공장에서 물건을 만드는 것이 중요해졌죠. 기계와 공장이 생기면서 대량생산이 가능해지자 경제도 많이 성장했고요. 많은 농부가 일자리를 찾아 도시로 이주하면서 도시 인구가 급격히 늘어났지요.

하지만 도시가 빠르게 커지면서 여러 문제도 생겼어요. 많은 사람이 일자리를 찾아 도시로 왔지만, 집이 없거나 더러운 환경에서 살아야 했어요. 노동자들은 더 나은 일자리와 권리를 요구하기 시작했고, 이는 노동조합 같은 조직적인 움직임으로 이어졌어요. 이로 인해 노동자들의 권리 보호를 위해 법과 제도의 필요성에 대한 목소리가 커졌고, 이는 나중에 사회 개혁의 중요한 기초가 되었어요. 이때 밀은 개인과 사회의 행복, 개인의 자유와 권리에 대해 깊이 고민하기 시작했죠.

사람들의 자유와 권리에 관한 생각은 민주주의의 발전에도 도움이 되었어요. 19세기 중반은 민주주의가 점점 넓고 깊게 퍼지던 시기예요. 특히 1832년에는 영국에서 선거 개혁이 이루어지며 신흥 부르주아* 들이 정치에 더 많이 참여할 수 있게 되었죠. 개인의 자유와 권리가 얼마나 중요한지를 깊이 깨달은 밀은 사람들이 정치에 참여하는 것이 꼭 필요하다고 강조했어요. 시민들이 서로 의견을 나누면 사회를 더 나은 방향으로 이끌어 갈 수 있다면서 말이죠.

개인의 행복과 사회의 행복

당시 유럽에는 계몽주의 사상이 널리 퍼져 있었어요. 계몽주의자들은 이성과 과학, 개인의 권리와 자유를 중요하게 여겼지요. 계몽주의자들은 사람들이 스스로 생각하고, 사회의 규칙이나 전통을 비판적으로 바라보아야 한다고 주장했어요. 이런 계몽주의의 영향으로 개인의 자유와 권리를 중요하게 생각하게 된 밀은 사람들이 스스로 판단하고 행동해야 사회가 발전한다고 믿었어요.

밀은 개인의 행복과 사회의 행복이 서로 연결되어 있다고 생각했어요. 이에 사람들이 행복하게 살 수 있는 환경이 되려면 도덕적인 가치가 새롭게 정립되어야 한다고 말했지요. 개인의 자유가 최대한 보장되어야 사람들이 진정한 행복을 찾을 수 있다고 믿었거든요.

밀은 여성이나 노동자 같은 소수의 사람들도 소외되어서는 안 된다

★ **신흥 부르주아**: 상업과 산업의 발전을 바탕으로 새롭거 경제적 힘을 갖게 된 도시의 중산 계층.

고 이야기했어요. 여성들이 불공평하게 대우받는 부분을 지적하며, 여성도 교육을 받고 사회에 참여할 수 있어야 한다고 강조했죠. 또《여성의 종속》이라는 책에서 모든 사람이 성별에 관계 없이 평등한 권리를 가져야 한다고 주장했어요. 그 당시에는 남성에 비해 여성의 권리가 많이 낮았거든요. 밀은 여성들이 사회에서 더 많은 역할을 할 수 있어야 사회 전체가 더 발전할 수 있다고 믿었어요. 그는 성별이나 나이, 신분에 상관없이 모든 사람이 자유롭고 행복하게 살아가는 사회를 꿈꾸었지요.

<table>
<tr><td colspan="2">용어 정리</td></tr>
<tr><td>자기 결정권</td><td>- 자신의 삶에 대해 스스로 선택하고 결정할 수 있는 권리를 말해요.
- 밀은 개인의 자유가 사회 발전에도 중요하다고 보았어요.</td></tr>
<tr><td>해악의 원리</td><td>- 다른 사람에게 해를 끼치지 않는 한 개인의 자유는 존중되어야 한다는 생각이에요.
- 밀은 국가나 사회가 개인의 자유를 제한할 수 있는 기준으로 이 원리를 제시했어요.</td></tr>
</table>

밀은 모든 사람이 각자 특별한 개성과 재능을 가지고 있다고 말했어요. 사람들이 스스로 길을 찾아야 하며, 전통이나 사회의 압력에 구애받지 않고 자신만의 삶을 살아야 한다고 믿었죠. 이런 생각은 지금도 여전히 중요해요. 모든 사람에게 각자의 가치관과 목표에 따라서 선택할 수 있는 자유가 있어야 하니까요. 이 자유는 개인이 성장하고 발전하는 데 꼭 필요하죠. 고로 우리는 스스로 결정을 내릴 수 있는 능력을 키우고, 자기 선택에 책임을 져야 해요.

밀은 올바른 판단을 내릴 수 있어야 진정한 자유를 누릴 수 있다고 강조했어요. 현대 사회에서도 교육과 경험은 정말 중요하죠. 다양한 경험을 통해 우리는 지혜를 쌓고, 그 지혜를 바탕으로 더 나은 결정을 내릴 수 있게 되니까요. 이렇게 개인의 자유와 책임이 잘 어우러져야 사회 전체가 발전할 수 있어요. 그래서 우리는 교육을 통해 비판적으로 생각하는 능력을 키우고, 여러 가지 경험을 통해 다양한 관점을 이해해야 해요.

밀은 민주주의 사회에서 소수의 의견이 무시되는 문제에 대해 많이 고민했어요. 많은 사람이 같은 생각을 한다고 해서, 그 의견이 항상 옳은 건 아니라고 강조했죠. 지금도 이 생각은 여전히 중요해요. 많은 사람이 같은 생각을 할 때, 그와 다른 의견을 가진 사람은 무시당하거나 억압받을 수 있으니까요. 밀은 이런 일이 개인의 자유로운 생각과 발전에 방해가 되고, 민주주의의 기본 정신에도 어긋난다고 생각했어요. 그래서 대중의 의견이 개인에게 불공정하게 작용할 수 있다고 경고했죠. 사람들이 특정한 의견만 따르면 사회가 편견에 빠지고, 창의적인 생각이나 개성이 사라질 위험이 있다는 거예요. 이는 오늘날 우리가 다양한 의견을 자유롭게 나누고, 서로 다른 생각도 존중해야 하는 이유지요. 현대 사회의 우리도 다양한 의견을 존중하고, 소수의 목소리도 잘 듣는 자세가 필요해요.

현대

27

마르크스
모든 나라의 노동자들이여, 단결하라!

하나의 유령이 유럽을 떠돌아다닌다. 그 유령의 이름은 공산주의다. 과거 유럽의 모든 권력자, 즉 교황과 왕, 여러 정치인은 이 유령을 잡으려 했다. 지금까지 모든 사회의 역사는 계급 간 투쟁의 역사다. 지배자들은 공산주의 혁명 앞에서 두려워해야 한다. 노동자들이 혁명에서 잃을 것은 사슬뿐이며, 얻을 것은 세상 전체다. 모든 나라의 노동자들이여, 단결하라!

《공산당 선언》, 카를 마르크스

모두가 평등하다면
더 나은 세상이 될까?

노동 소외

인간은 창조적인 노동을 통해 주변 환경을 변화시키며, 그 과정에서 자신의 내면적 가능성을 실현하여 스스로를 형성해 나가는 존재다. 이러한 인간은 본질적으로 사회적 존재이기 때문에, 창조적 노동은 단순히 개인이 혼자서 수행하는 일이 아니라, 공동체 안에서 다른 이들과 협력하며 이루어지는 활동을 의미한다.

《자본론》, 마르크스

카를 마르크스Karl Marx는 노동을 단순히 돈을 벌기 위한 수단이 아니라, 사람들이 자신의 힘으로 자연과 연결되는 중요한 과정이라고 보았어요. 하지만 자본주의 사회에서는 공장이나 기계가 사람들을 지배하니, 많은 사람이 자신의 일을 즐기지 못하고 생계를 위해서만 일하게 된다고 지적했지요. 이를 '노동 소외'라고 하는데, 일단 노동 소외가 일어나면 사람들의 창의력과 잠재력이 줄어들어요. 마르크스는 그럼 결국 삶의 질이 떨어진다고 생각했어요.

마르크스는 사람들이 창조적인 노동으로 자기 능력을 키우고 자신의 환경을 바꾸며, 스스로를 만들어 나가는 과정에서 진정한 자유를 얻을 수 있다고 생각했어요. 혼자서는 힘든 이 과정에서 다른 사람들과 협력해야 더 좋은 결과로 이어진다고 믿었죠.

공산주의

사회의 성격은 그 사회의 경제적 생산 양식에 의해 결정된다. 이러한 생산 양식에 기반하여 법, 제도, 종교 같은 상부 구조가 형성된다. 상부 구조의 주된 기능은 지배 계급의 지배를 유지하고 정당화하는 것이다. 따라서 모든 국가는 본질적으로 지배 계급의 이익을 대변하는 집행 기구에 지나지 않는다. 이러한 국가를 폐지하고 사적 소유를 없애는 것은 착취와 소외에서 벗어나기 위한 필수적인 과정이다. 사유 재산과 계급이 사라지고 생산력이 충분히 발전하면 사람들은 최소한의 시간만 노동하고 더 많은 여가를 누릴 수 있다. 재화는 풍족해지며, 사람들은 각자의 능력에 따라 일하고 필요에 따라 분배를 받게 된다.

《자본론》, 마르크스

마르크스는 사회의 형성과 발전을 경제와 연결해서 이야기했어요.

경제가 사회의 법, 규칙, 종교 같은 것을 만드는 데 매우 중요한 역할을 한다고 생각했거든요. 마르크스는 힘 있는 지배 계급들이 자신에게 유리한 방법으로 세상을 운영하며 사회를 만들어 가고 있다고 비판했어요.

그는 자본주의 사회에서 생기는 여러 문제, 이를테면 돈과 기회가 불공평하게 나누어지는 문제나 일하는 사람들이 제대로 인정받지 못하는 문제 등을 분석했어요. 이러한 문제가 계속되면 사람들의 삶이 힘들어지고, 사회 전체가 불행해질 것이라고 경고했지요. 그래서 착취와 불평등이 사라지고 모든 사람이 자유롭고 평등하게 살아갈 수 있는 사회를 만들고 싶어 했답니다.

마르크스의 공산주의 사상은 사람들이 공장이나 농장 같은 생산 수단을 함께 소유하고, 이를 통해 경제를 계획적으로 운영하며 자원을 공평하게 나누는 것이었어요. 그는 개인이 혼자 소유하는 것보다 모두가 함께 나누는 것이 더 좋다고 믿었어요. 마르크스는 모든 사람이 각자의 능력에 따라 일하고, 필요한 만큼 자원을 나누는 이상적인 사회를 꿈꿨죠. 그런 사회에서는 모든 사람의 노력과 기여가 공정하게 보상받을 수 있을 거라고 생각했거든요.

마르크스의 생애

카를 마르크스는 1818년 독일의 트리어라는 도시에서 태어났어요. 아버지는 유대인 집안 출신으로 프로이센 왕국 내 유대인 차별 때문에, 루터교*로 개종한 이력이 있는 자유주의 성향의 변호사였어요. 어릴 때부터 아버지의 영향을 많이 받은 마르크스는 모두가 자유롭고 평등한 세상을 꿈꾸었지요.

마르크스는 학교에서 아주 똑똑한 아이였어요. 라틴어, 그리스어, 수학 등 여러 과목에서 우수한 성적을 거두었지요. 친구들뿐만 아니라 선생님들과도 친밀하게 교류하면서 불공평한 사회에 관심을 갖게 되었고, 졸업할 때는 "사람들을 돕는 직업을 선택해야겠다"라고 말하기도 했죠.

성인이 된 마르크스는 강연자가 되고 싶었지만, 정부의 방해로 꿈을 이루기 어려웠어요. 그래서 정치 활동에 참여하기 시작했죠. 정부의

★ **루터교:** 마르틴 루터의 사상을 바탕으로 성경과 믿음을 중심에 두는 개신교 교파.

검열 제도를 비판하는 글을 썼고, 〈라인신문〉의 편집장이 되어 사회 문제에 대해 글을 썼답니다. 이 신문을 통해 사회의 불공평한 점을 비판하고, 나쁜 제도를 없애자고 주장했어요. 그러다 신문사가 문을 닫자 프랑스 파리로 이사했어요.

파리로 간 마르크스는 엥겔스라는 친구와 함께 《공산당 선언》을 썼어요. 마르크스와 엥겔스는 이 책에서 노동자들이 힘을 합쳐야 한다고 이야기했어요. 특히 마르크스는 "모든 혁명은 낡은 사회를 없애야 한다"라고 주장했지요.

마르크스는 열심히 일했지만, 항상 경제적으로 힘들었어요. 여러 신문에 글을 쓰며 생계를 이어 갔지만, 형편은 여전히 어려웠죠. 그럼에도 계속 글을 쓰며 자신의 생각을 널리 알리려고 노력했어요.

이 시기에 그는 《자본론》이라는 책을 쓰기 시작했어요. 자본주의 사회와 노동자들이 겪는 어려움을 분석한 이 책은 마르크스 경제학 이론의 기초가 되었어요. 그는 자본주의가 노동자들을 착취하고 그들의 가치를 빼앗는 문제를 지적하며, 이를 해결하기 위한 방법을 찾으려고 했어요.

마르크스는 평생 가난하게 살다가, 1883년 영국 런던에서 무국적자로 세상을 떠났어요. 그의 사상은 많은 사람에게 영향을 미쳤고, 사회주의와 공산주의 운동의 기초가 되었지요. 그의 무덤 앞 비석에는 "모든 나라의 노동자들이여, 단결하라!"라는 유명한 말이 새겨져 있어요.

공산주의의 역사적 배경

프랑스 혁명은 마르크스에게 큰 영감을 주었어요. 마르크스는 정치가 바뀌면 경제도 바뀐다고 생각했어요. 경제적으로 자유롭지 않으면 진짜 자유로운 게 아니라고 믿었죠. 그래서 노동자들이 힘을 모아 자본가와 맞서 싸울 수 있도록 도와주고 싶어 했어요. 더 나은 사회를 만들기 위해서 말이죠.

산업혁명이 일어나자, 많은 농부가 농사일을 그만두고 도시로 이주해 공장에서 일하게 되었죠. 새로운 일자리가 생겼지만, 노동자들은 매우 힘든 환경에서 일해야 했어요. 긴 노동 시간에 비해 임금은 적었고, 일하는 환경도 좋지 않았죠. 마르크스는 노동자들이 힘들게 일하는 이유가, 자본가들이 자신의 이익을 위해 노동자들을 착취하기 때문이라고 생각했어요. 노동자들이 공장을 소유한 자본가에게 의존하게 됨으로써 불공평한 사회 구조가 굳어지게 되었으니까요. 마르크스는 이런 불평등을 강하게 비판하며, 자본주의가 결국 많은 사람에게 고통을 줄 것이라고 주장했어요.

19세기 중반, 유럽에서는 노동자들이 더 나은 일자리와 임금을 요구하며 힘을 합치기 시작했어요. 마르크스는 이런 노동자 운동이 자본주의의 비판과 공산주의의 형성에 중요한 역할을 할 것이라고 생각했어요. 이에 노동자들이 함께 힘을 모아 자신의 권리를 주장해야 한다고 했죠. 이들의 단결과 행동이 자신의 사상을 더 널리 퍼뜨리는 데 도움이 된다고 생각했거든요.

마르크스는 자신의 사상이 유럽을 넘어 전 세계적으로 영향을 미칠

것이라고 믿었어요. 또한 자본주의가 세계적으로 확산됨에 따라 노동
자들이 힘을 모아 맞서 싸워야 한다고 강조했죠. "노동자는 단지 쇠사
슬밖에 잃을 것이 없다"라는 그의 유명한 말은 노동자들이 단결해 자
본주의에 저항해야 한다는 뜻이에요. 이런 생각은 나중에 여러 사회
운동에서 중요한 역할을 하게 됩니다.

　마르크스의 공산주의 사상은 20세기 초 여러 나라에서 실제로 적용
되기 시작했어요. **러시아 혁명*** 이후, 다양한 나라에서 채택되어 정치
적이고 사회적인 변화를 이끌어 내는 데 도움이 되었죠. 하지만 마르
크스의 이론은 나라마다 각각 다르게 해석되고 변형되었어요. 소련에
서는 스탈린 시대 때 마르크스 사상이 국가의 통제를 강화하는 데 사
용되었고, 이로 인해 많은 사람이 고통을 받게 되었어요.

★ **러시아 혁명:** 1917년 노동자와 농민이 중심이 되어 저정 러시아를 무너뜨리고 사회주의 국
　가의 출발을 이끈 혁명.

노동 소외	- 노동자가 자신의 노동 과정과 결과에서 의미와 주체성을 잃는 상태예요. - 마르크스는 자본주의에서 노동이 생계를 위한 수단이 되며 인간이 스스로에게서 멀어진다고 보았어요.
노동자와 자본가	- 노동자는 노동력을 팔아 생계를 유지하고, 자본가는 생산 수단을 소유해 이윤을 얻는 계급이에요. - 마르크스는 이 둘의 관계를 착취가 발생하는 계급 관계로 설명했어요.
자본주의	- 생산 수단이 개인에게 소유되고 이윤을 목적으로 생산이 이루어지는 사회 체제예요. - 마르크스는 이 체제에서 잉여 가치가 자본가에게 돌아가 불평등이 심화된다고 보았어요.
사회주의	- 생산 수단을 사회가 함께 관리해 노동의 결과를 보다 공정하게 나누려는 체제예요. - 마르크스는 이를 자본주의를 넘어서는 과도기적 단계로 설명했어요.
공산주의	- 계급과 사적 소유가 사라지고 공동 생산과 분배가 이루어지는 사회예요. - 마르크스는 인간이 자유롭고 평등하게 자신의 능력을 펼칠 수 있는 최종 단계로 보았어요.

　마르크스의 사상은 오늘날에도 노동과 불평등을 바라보는 관점을 분명하게 합니다. 그는 노동을 생계유지의 수단으로만 이해하지 않았어요. 사람은 노동을 통해 자신의 능력을 펼치고 세상과 관계를 맺으며 스스로를 형성해 간다고 보았지요. 일터에서 내가 하는 일이 내 뜻과 무관하게 흘러가면 성취감이나 자부심이 사라져요. 이럴 때 마르크스가 말한 '노동 소외'가 무엇인지 자연스럽게 느끼게 되지요. 요즘에도 반복 업무, 과도한 성과 압박, 불안정한 고용 속에서 "내가 도구처럼 느껴진다"라는 말을 자주 접할 수 있어요. 이런 감정은 마르크스의 문제의식과 맞닿아 있지요.

　노동 소외를 임금의 많고 적음만으로 설명하기는 어려워요. 내가 만든 결과가 누구에게 귀속되는지, 나는 그 과정에서 어느 정도의 결정권을 가지는지, 노동이 내 삶의 의미와 어떻게 이어지는지가 함께 걸려 있거든요. 어쨌든 마르크스가 노동의 가치를 새롭게 정립한 덕에 오늘날에도 노동의 의미, 직무 만족과 번아웃*, 워라밸**, 노동 시간 단축 같은 주제가 중요한 사회적 논의로 이어지고 있어요.

마르크스는 사회의 갈등이 개인의 태도나 능력에서만 생긴다고 보지 않았어요. 경제 구조가 기회를 어떻게 배분하고, 누가 결정권을 쥐며, 누가 위험을 감당하는지에 따라 사회의 모습이 달라진다고 보았지요. 오늘날에도 주거비와 교육비, 자산 격차, 플랫폼 노동, 프리랜서와 비정규직의 불안정성 같은 문제들은 개인의 노력만으로 해결되기 어려운 구조적 성격을 지니고 있어요.

한편, 마르크스의 이름이 떠올리게 하는 역사적 경험도 함께 살펴볼 필요가 있어요. 어떤 나라에서는 평등을 내세우며 국가 권력이 과도하게 커졌고, 그 과정에서 개인의 자유가 심각하게 침해받기도 했어요. 오늘날 마르크스를 이해하는 방식은 특정 체제를 그대로 따르기보다는, 그가 던진 비판과 질문을 오늘의 제도와 현실에 비추어 다시 생각하는 쪽에 가까워요. 불평등을 줄이면서도 자유와 권리를 지킬 수 있는 조건이 중요해졌기 때문이죠.

이런 점에서 우리가 주목할 지점은 '단결'이라는 구호가 아니라, 함께 살아갈 규칙을 어떻게 설계할 것인지에 있지요. 노동자의 권리를 보장하는 법과 제도, 공정한 임금과 안전한 노동환경, 과도한 노동시간을 줄이기 위한 정책, 기업의 사회적 책임, 조세와 복지의 균형 같은 논의가 여기에 포함돼요. 플랫폼과 자동화가 빠르게 확산되는 오늘날에는 고용 형태가 다양해진 탓에 보호의 사각지대가 생기기도 쉽지요.

★　**번아웃:** 과도한 스트레스와 업무로 인해 몸과 마음의 에너지가 소진된 상태.

★★　**워라밸:** 일과 삶의 균형을 맞추며 건강한 생활을 추구하는 태도.

　사회가 사람을 위해 작동하려면 개인의 선의나 노력에만 기댈 수 없어요. 구조를 점검하고 바꾸려는 집단적 상상력과 참여가 필요하죠. 내가 하는 일이 나를 성장시키는 한편 공동체에도 의미 있게 이어지도록 만드는 조건이 무엇인지 질문하는 순간, 공산주의라는 체제의 성패와는 별개로 마르크스의 철학은 여전히 오늘의 삶을 비추는 기준으로 작동할 거예요.

28

쇼펜하우어와 니체
의지를 대하는 두 가지 삶의 태도

자연계를 근본적으로 지배하는 본체계의 핵심 원리는 '의지'라 불리는 생명 활동이다. 이 생명 활동은 무기물의 세계에서는 '자연력'으로, 식물의 세계에서는 '생명력'으로, 동물과 인간에게서는 '의지'의 형태로 나타난다. 결국 자연계를 움직이는 것은 생명을 유지하려는 맹목적이고 무한한 우주적 활동뿐이다. 우리가 살아가는 세계는 이러한 근원적 의지가 작동하는 '의지의 세계'이며, 동시에 인간의 인식을 통해 개념화된 '표상의 세계'이기도 하다. 따라서 세계는 인식된 표상인 동시에, 끊임없이 갈망하고 투쟁하는 의지의 표현이기도 하다.

《의지와 표상으로서의 세계》, 아르투어 쇼펜하우어

주인은 스스로의 힘을 의지하여 살아가는 사람이다. 이 힘에의 의지는 자유롭게 선택할 수 있는 능력에서 비롯된다. 그러나 모든 사람이 이러한 주인의 삶을 살아갈 수 있는 것은 아니다. 주인처럼 살기 위해서는 스스로 사고하고 자신의 결정을 책임져야 한다. 자유는 타인에 의해 주어지는 것이 아니라, 자신의 선택을 통해 이루어지는 것이다. 그러므로 자유는 태어날 때부터 누구에게나 주어진 권리가 아니라, 스스로 성취해야 할 과제다. 결국 모든 사람이 자유로운 것은 아니다.

《도덕의 계보》, 프리드리히 니체

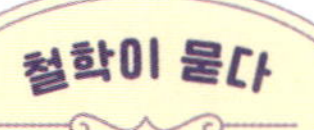

의지를 어떻게 대해야 하는가?

아르투어 쇼펜하우어Arthur Schopenhauer와 프리드리히 니체Friedrich Nietzsche는 모두 인간을 움직이는 가장 깊은 근원을 '의지'에서 찾았어요. 그런데 두 사람이 의지를 바라보는 시선은 매우 달라요. 쇼펜하우어에게 의지가 우리를 끝없는 갈망으로 밀어 넣어 고통을 낳는 힘이라면, 니체에게는 삶을 강하게 만들고 새로운 가치를 창조하게 하는 힘이었어요. 그래서 쇼펜하우어와 니체의 철학은 의지를 제거해야 할 문제로 볼 것인지, 삶을 이끄는 힘으로 다루어야 할 것인지를 생각하게 만들어 주지요. 이 비교를 통해 우리는 의지 앞에서 어떤 태도를 선택하며 살아가야 하는지를 고민하게 됩니다.

쇼펜하우어 – 인간 삶의 본질은 고통

세계는 나의 표상이다. 이 명제는 인식하는 모든 존재에게 적용되는 보편적인 진리다. 그러나 이 진리를 스스로 반성하고 의식할 수

있는 존재는 오직 인간뿐이다. 인간이 인식하는 것은 태양 그 자체
나 대지 그 자체가 아니라, 태양을 바라보는 눈과 대지를 감지하는
손을 통해 형성된 표상이다. 다시 말해, 우리를 둘러싼 세계는 오직
표상으로서 존재할 뿐이다. 그러므로 세계는 표상하는 존재인 인간
과 관계를 맺음으로써만 의미를 갖는다.

《의지와 표상으로서의 세계》, 쇼펜하우어

쇼펜하우어의 철학은 "삶은 왜 고통스러운가?"라는 물음에서 출발
해요. 그는 세상을 이해하는 방식으로 '표상으로서의 세계'와 '의지로
서의 세계'라는 두 가지 관점을 제시했어요. 표상으로서의 세계는 우
리가 실제로 경험하는 세계예요. 우리는 태양 그 자체를 보는 게 아니
라 태양을 보는 우리의 눈과 감각을 통해 구성된 세계를 경험해요. 그
래서 같은 꽃을 보더라도 어떤 사람은 아름답다고 느끼고, 어떤 사람
은 무덤덤하게 느끼는 일이 생기죠. 쇼펜하우어는 이러한 경험이 시
간과 공간 속에서 조직된다고 보았어요. 이에 우리가 살아가는 현실
은 결국 '인식된 세계'라는 점을 강조했지요. 그런데 그가 더 중요하게
본 것은 그 인식된 세계의 바닥에서 작동하는 의지예요. 의지란 무기
물에서는 자연의 힘으로, 식물에서는 생명력으로, 동물과 인간에서는
욕망과 충동으로 나타나는 근원적 에너지예요. 쇼펜하우어는 이 의지
가 비합리적이고 충족되어도 다시 갈망을 만들어 내는 성격을 가졌다
고 보았어요.

우리는 세계의 본질을 의지라고 이해하고, 세계의 모든 현상을 그 의지가 외적으로 드러난 모습, 즉 의지의 객관화로 보았다. 따라서 자유로운 의지를 거부하고 그것을 단념한다면, 의지의 산물인 이 세계의 모든 개별 현상은 무의미해진다. 그렇게 되면 어떤 목적도 사라지고, 끊임없이 이어지는 욕망이나 충동도 더 이상 존재하지 않게 된다. 자아뿐 아니라, 주체와 객체로 구성된 모든 현상도 사라진다. 다시 말해, 의지가 없다면 표상도 존재할 수 없으며, 전체 세계 역시 존재할 수 없게 된다. 결국 남는 것은 아무것도 없는 '무無' 뿐이다. '세계는 나의 표상이다'라는 말은, 끝내 세계가 '무'에 불과하다는 의미로 귀결된다.

《의지와 표상으로서의 세계》, 쇼펜하우어

이에 쇼펜하우어는 인간 삶의 본질을 '고통'으로 설명해요. 우리가 고통스러운 이유는 항상 무언가를 원하지만 그 욕망이 쉽게 채워지지 않기 때문이에요. 원하는 것을 얻지 못하면 결핍은 고통이 되죠. 원하는 것을 얻더라도 만족은 짧고, 또 다른 욕망이 생기면서 고통이 이어지고요. 욕망은 끝이 없고, 삶은 그 욕망에 끌려다니며 흔들리게 되죠. 여기에 이기심이 더해지면 고통은 더 커져요. 각자의 욕망이 충돌하고, 자기 이익을 앞세울수록 관계에는 금이 가고 갈등은 늘어나요. 더불어 나의 욕망을 위해 타인의 욕망을 억누르는 순간, 사회는 불화가 시작돼요. 그 불화가 다시 나에게 돌아오며 고통을 키우고요. 쇼펜하우어에게 의지는 삶을 움직이는 에너지인 동시에 불행으로 끌어들이는 구조적 원인이기도 했어요.

　그래서 쇼펜하우어는 고통에서 벗어나려면 '삶에 대한 의지'를 약화시키거나 부정해야 한다고 말했어요. 그는 이런 삶의 태도를 '의지의 부정'이라고 불렀어요. 이를 위해 세 가지 길을 말했죠. 첫째, 예술은 욕망의 소용돌이에서 잠시 빠져나오게 해요. 음악이나 그림 감상처럼 어떤 대상에 몰입할 때 우리는 당장 나를 괴롭히던 욕망과 경쟁에서 한 걸음 떨어지며 고요를 경험할 수 있어요. 둘째, 동정심은 이기심의 벽을 허물고 타인의 고통을 내 일처럼 느끼게 해요. 타인을 돕는 마음은 욕망 중심의 삶을 느슨하게 만들고 인간적인 관계 속에서 새로운 의미를 열어 줘요. 셋째, 금욕과 자기 부정은 욕망의 뿌리를 다루는 방식이에요. 욕망을 계속 채우는 대신 욕망 자체를 줄이고 내려놓는 훈련을 통해 삶의 고통을 근본적으로 완화할 수 있다고 본 거예요.

니체 - 주인으로 살아가기

　쇼펜하우어와 달리, 니체는 의지를 긍정적으로 봤어요. 그는 "나는 주인으로 살아가고 있는가?"라고 묻고 인간을 움직이는 힘을 '힘에의 의지'로 설명해요. 이 의지는 생존을 위한 최소한의 욕구에서 멈추지 않아요. 더 강해지고 싶고, 더 나은 자신이 되고 싶고, 자기 삶을 자기 방식으로 만들고 싶어 하는 상승의 에너지예요.

　니체는 여기서 도덕을 두 갈래로 나누어 설명해요. 바로 '주인 도덕'과 '노예 도덕'이에요. 주인 도덕은 '좋음/나쁨'을 기준으로 자신을 긍정하고 능동적으로 삶을 만들어 가려는 태도예요. 반면 노예 도덕은

'선/악'을 기준으로 약자가 생존을 위해 만들어 낸 방식이에요. 이에 강자를 원망하고 두려워하며 자신의 힘을 밖으로 펼치지 못하고 내부에서 갈등하는 심리를 키우죠. 니체가 말하는 '주인'은 남을 지배하는 사람이 아니에요. 자기 삶의 방향을 스스로 결정하고 그 결과를 책임지는 사람이지요. 자유는 누가 나에게 주는 선물이 아니라 내가 나를 단련하며 성취해야 하는 과제라고 말하는 이유도 여기에 있어요.

> 양심은 일반적으로 알려진 것처럼 '내면의 신의 목소리'가 아니다. 우리가 품고 있는 잔혹한 충동이 외부로 향하지 못할 때, 그 방향을 바꿔 자신에게 되돌아오는 것이다. 이 글에서는 잔인함이 단지 억제되어야 할 감정이 아니라, 오랜 역사 속에서 무시할 수 없는 문화의 중요한 기반이 되어 왔음을 처음으로 밝히고 있다.
>
> 《이 사람을 보라》, 니체

니체는 '죄와 양심'도 이 틀에서 새롭게 해석해요. 그는 양심을 '내면의 신의 목소리'로 보지 않았어요. 밖으로 향하던 공격성과 힘이 사회의 규칙과 억압 때문에 자기 자신에게 되돌아와 생기는 내적 갈등으로 보았지요. 이 과정에서 사람은 자기 욕망과 충동을 죄로 여기며, 스스로를 벌하고 죄책감에 묶여 점점 더 약해진다고 보았어요. 특히 기독교적 죄의식은 욕망을 죄로 규정하고 고통을 도덕적 가치로 바꾸며 삶을 긍정하기보다 자신을 부정하게 만든다고 비판했어요. 니체가 문제 삼은 것은 '욕망이 있기 때문에 고통이 생긴다'라는 구조 자체가 아니라, 그 고통 앞에서 삶을 부정하고 무기력해지는 태도였어요.

여러분은 "삶이 힘들다"라고 말해요. 그런데 왜 아침에는 기쁘고 자랑스럽다가 밤에는 포기하고 싶어 할까요? 삶은 정말 힘들어요. 하지만 약한 모습은 보이지 말아요! 우리는 모두 사랑스러운 동물처럼 강해요.

한 방울의 이슬에 떨고 있는 장미꽃과 우리 사이에는 어떤 공통점이 있을까요? 맞아요. 우리는 삶을 잘 아는 것이 아니라, 사랑하는 것에 익숙해서 삶을 사랑하는 거예요.

《차라투스투라는 이렇게 말했다》, 니체

니체의 선택은 쇼펜하우어와 정반대예요. 니체는 고통을 피하라고 하지 않아요. 대신 고통을 견디며 그 안에서 자신을 성장시키라고 말해요. 노예처럼 주어진 규칙에 기대어 살지 말고 주인처럼 자기 삶을 주도하라고 요구해요. 그 정점에서 '초인(위버멘쉬Übermensch)'과 '아모르 파티Amor Fati'를 말하지요. 초인은 기존의 드덕과 전통을 그대로 따르지 않고 자기만의 가치를 만들어 가는 사람이에요. 아모르 파티는 '운명을 사랑하라'는 말로, 삶의 어두운 부분까지 포함해 내 삶을 긍정하는 태도지요. 잘 되든 안 되든 그 경험을 재료로 삼아 더 단단해지라는 거예요. 니체에게 의지는 억제해야 할 불씨가 아니라, 길들이고 전환해 창조로 이어져야 할 힘이었어요.

염세주의자 쇼펜하우어

아르투어 쇼펜하우어는 계몽주의와 산업혁명이 겹쳐 있던 시대를 살았어요. 이성과 과학이 인간의 미래를 밝힐 것이라는 기대가 널리 퍼져 있었지만, 그가 마주한 현실은 달랐지요. 산업혁명 이후 사람들은 공장 노동과 경쟁, 불안정한 삶 속에서 점점 더 지쳐 가고 있었어요. 삶은 이전보다 편리해졌지만 더 평온해지지는 않았지요. 쇼펜하우어는 이런 현실 속에서 인간을 이성적인 존재로만 이해하기 어렵다고 느꼈어요.

그는 인간을 끊임없이 무엇인가를 갈망하는 존재로 바라봤어요. 욕망은 삶을 움직이는 동시에 괴롭게 만들기도 한다고 보았지요. 그래서 인간을 이성보다 '의지'에 의해 움직이는 존재로 설명했고요. 이 의지는 목적을 계산하거나 멈출 줄 모르는 힘이어서, 만족보다 결핍과 갈등을 반복해 만들어 낸다고 생각했어요. 이런 관점에서 보면 인간의 고통은 개인의 성격이나 선택 때문이 아니라 삶의 구조 자체에서 비롯된 것이에요.

이 같은 시대 인식 속에서 쇼펜하우어가 선택한 삶의 태도는 분명했어요. 그는 적극적으로 밀어붙이기보다 욕망의 속도를 늦추고 의지를 절제하는 쪽을 택했어요. 고통의 근원과 거리를 두는 것이 삶을 견디는 가장 현실적인 방식이라고 본 거예요. 그래서 그의 철학에는 예술적 관조, 동정심, 금욕 같은 태도가 중요하게 자리 잡았어요. 이는 세상을 바꾸기보다는 세상을 대하는 태도를 조정하려는 선택에 가깝지요.

니체의 아모르 파티

쇼펜하우어의 철학은 젊은 시절의 프리드리히 니체에게 큰 영향을 주었어요. 니체 역시 인간을 움직이는 핵심을 이성에서 찾기 어렵다고 느꼈거든요. 쇼펜하우어의 '의지' 개념을 통해 인간의 내면을 새롭게 바라보게 되었지요.

하지만 니체가 살던 시대는 쇼펜하우어의 시대와 또 달랐어요. 19세기 후반의 유럽은 기존의 종교와 도덕이 빠르게 힘을 잃어 가고 있었거든요. 과학의 발전과 사회 변화 속에서 사람들은 더 이상 전통적인 가치에 기대 삶의 의미를 찾지 않았어요. 니체는 이 상황을 인간이 새로운 선택 앞에 선 순간으로 보았어요. 그는 사람들이 더 이상 외부의 기준에 기대지 않고, 자기 삶을 스스로 만들어 가야 하는 시대에 들어섰다고 생각했지요.

이 지점에서 니체는 쇼펜하우어와 다른 삶의 태도를 선택해요. 의지를 약화시키기보다 다루고 단련해야 할 힘으로 보았지요. 욕망과 본능을 삶의 문제로만 보지 않고 새로운 가치를 만들어 낼 수 있는 가능성으로 이해했어요. 니체에게 중요한 것은 고통을 피하는 것이 아니라 '고통을 포함한 삶 전체를 어떻게 받아들이고 재구성하느냐'였어요.

그래서 니체는 기존의 도덕이 인간을 지나치게 억제하고 있다고 비판했어요. 죄책감과 자기 부정 속에서 살아가는 삶은 인간의 힘을 안쪽으로 접어 두게 만들어요. 결국 삶을 왜소하게 만든다고 본 거예요. 그는 스스로 선택하고 책임지는 삶 속에서 인간이 단단해질 수 있다고 생각했어요. 이처럼 니체의 삶의 태도는 쇼펜하우어처럼 세상과 거리를 두는 방식이 아니에요. 세상 한가운데로 들어가 자신의 삶을 만들어 가려는 선택이에요.

두 철학자의 차이는 시대를 대하는 태도에서도 드러나요. 쇼펜하우어는 고통이 구조적으로 반복되는 현실 속에서 덜 상처 입는 방향으로 삶을 조율하려 했고, 니체는 기존의 가치가 무너진 현실 속에서 삶을 새롭게 구성하려 했어요. 한 사람은 의지를 낮추는 삶을 택했고, 다른 한 사람은 의지를 끌어올리는 삶을 택한 것이죠. 이는 철학적 입장 차이를 넘어 서로 다른 시대가 요구한 삶의 태도이기도 해요.

의지의 부정	- 끝없이 원하는 마음을 줄이고 욕망에서 벗어나려는 태도예요.
	- 쇼펜하우어는 이렇게 살아갈 때 고통을 줄이고 마음의 평온에 가까워질 수 있다고 보았어요.
힘에의 의지	- 자신을 더 강하게 만들고 성장하려는 생명의 에너지예요.
	- 니체는 삶을 적극적으로 창조하게 만드는 힘으로 보았어요.
주인 도덕과 노예 도덕	- 힘과 태도의 차이에서 생겨나는 두 가지 도덕 유형이에요.
	- 니체는 약자가 만든 노예 도덕이 강자의 삶을 억누른다고 보았어요.
초인 (위버멘쉬)	- 기존의 도덕과 가치를 넘어 ㅈ-기만의 삶의 기준을 만드는 인간이에요.
	- 니체는 삶을 긍정하는 새로운 인간상으로 초인을 제시했어요.
아모르 파티	- 주어진 운명을 사랑하며 그대로 받아들이라는 태도예요.
	- 니체는 이러한 태도를 삶에서 가장 중요한 자세로 보았어요..

우리는 끊임없이 선택의 압박을 받으며 살아가요. 더 가져야 할 것 같고, 더 잘 해내야 할 것 같고, 멈추면 뒤처질 것 같은 불안 속에서 하루를 보내지요. 이런 삶의 풍경에 쇼펜하우어와 니체가 말한 '의지'의 문제를 끌고 와 생각해 봅시다. 문제는 '우리가 욕망을 가지고 있느냐'가 아니라, '그 욕망과 어떤 관계를 맺으며 살아가느냐'에 있어요.

쇼펜하우어의 시선으로 오늘을 바라보면, 현대 사회는 욕망을 끊임없이 자극하는 구조 속에 놓여 있어요. 새로운 물건과 더 나은 삶의 모습이 계속 제시되고 사람들은 그것을 따라가며 만족을 기대해요. 하지만 기대했던 만족은 오래가지 않고, 곧 또 다른 결핍이 생겨요. 이 반복 속에서 사람들은 지치고 자신이 무엇을 위해 애쓰고 있는지 혼란스러워져요. 쇼펜하우어는 이런 상황에서 욕망과 거리를 두는 태도가 필요하다고 말해요. 속도를 늦추고 비교를 멈추며 자신에게 정말 필요한 것이 무엇인지 돌아보는 삶이 고통을 줄이는 데 도움이 된다고 보는 거예요.

반면 니체의 관점에서 오늘은 또 다른 의미를 가져요. 그는 사람들이 더 이상 정해진 기준에 기대기 어려운 시대에 살고 있다고 보았어요. '무엇이 옳은지, 어떻게 살아야 하는지'에 대한 답이 외부에서 주어지지 않는 상황에서, 인간은 스스로 선택하고 책임져야 해요. 니체는 이때 필요한 태도가 욕망을 다루는 힘을 기르는 것이라고 보았어요. 실패와 좌절, 불안과 고통을 피해야 할 문제로만 보지 않고 자신을 단련하는 경험으로 받아들일 때 삶이 다시 움직인다고 생각했거든요.

오늘날 자기계발과 성장에 관한 관심이 높은 것도 이런 맥락에서 이해할 수 있어요. 사람들은 단순히 안정적인 삶에 머무르기보다 자신의 가능성을 시험하고 싶어 해요. 니체는 이런 욕구가 삶을 밀어 올리는 힘이 될 수 있다고 보았어요. 다만 남과의 비교나 인정에 매달리는 성장이 아니라, 자신만의 기준을 세우고 그 기준에 따라 살아가는 성장을 강조해요. 이는 어제의 나를 넘어서려는 삶의 태도예요.

도덕의 문제에서도 두 철학은 오늘과 다른 방식으로 연결돼요. 쇼펜하우어는 타인의 고통을 함께 느끼는 동정심이 이기적인 삶을 누그러뜨릴 수 있다고 보았어요. 경쟁과 성과 중심의 사회에서 타인을 적으로만 바라보지 않고 함께 살아가는 존재로 인식하는 태도는 여전히 중요해요. 니체는 여기에 더해 도덕을 맹목적으로 따르기보다 스스로 판단하는 힘을 요구해요. 규칙을 지키는 것에 머무르지 않고 왜 그런 규칙이 필요한지 질문하고, 자신의 삶에 규칙을 적용하며 책임지는 태도가 필요하다고 보았어요.

오늘날 우리는 두 삶의 태도 사이 어딘가에 서 있어요. 때로는 욕망을 줄이며 숨을 고르는 쇼펜하우어의 태도가 필요하고, 때로는 불안과 고통을 감수하며 한 걸음 나아가는 니체의 태도가 필요해요. 중요한 것은 어느 쪽이 옳으냐를 정하는 일이 아니라, 지금의 나에게 어떤 태도가 필요한지를 스스로 묻는 일이에요. 의지를 가라앉혀야 할 때와 끌어올려야 할 때를 구분할 수 있을 때, 우리는 좀 더 만족스러운 삶에 가까워질 수 있을 테니까요.

29

사르트르

계약 결혼과 실존주의

인간은 무엇보다도 미래를 향해 스스로를 내던지는 존재이며, 그 미래를 향한 자기 투신의 과정을 자각하는 존재다. 인간은 주체적으로 자신의 삶을 만들어 가는 기투企投的적 존재다. 결국 인간은 자기 자신을 선택하며 살아가는 존재다.

《실존주의는 휴머니즘이다》, 장 폴 사르트르

나는 스스로 선택하고 책임지는 삶을 살고 있는가?

실존은 본질에 앞선다

실존은 본질보다 앞선다. 인간은 자신이 어떤 존재인지 미리 정해진 것이 아니라, 스스로 구상하고 선택하며 만들어 가는 존재다. 실존이 본질에 앞선다는 말은, 인간이 먼저 세상에 존재한 후에야 비로소 자신의 본질을 형성해 간다는 뜻이다. 실존주의에서 인간은 태어날 때부터 정해진 본성을 지니고 있는 존재가 아니다. 오히려 살아가며 행동하고 선택하는 과정을 통해 자기 자신을 규정하게 된다. 따라서 인간의 본성은 처음부터 주어져 있는 것이 아니라, 후에 형성되는 것이다.

《실존주의는 휴머니즘이다》, 사르트르

장 폴 사르트르Jean-Paul Sartre의 실존주의 철학은 우리가 인간에 대해 생각하는 방식을 아주 다르게 만들어 주는 중요한 생각이에요. 사람들은 "인간은 이성적인 존재다" 또는 "인간은 선한 존재다"라고 생각해 왔어요. 하지만 사르트르는 이 같은 고정된 생각을 부정하고, 인간의 본질은 우리가 스스로 선택하는 것에 따라 결정된다고 말했어요. 어떤 철학이나 신이 인간이 어떤 존재인지 미리 정해 주는 것이 아니라, 각자의 선택을 통해 자신을 만들어 간다는 거예요.

사르트르는 인간을 세상에 '던져진 존재'라고 표현했어요. 이는 우리가 이 세상에 우연히 태어났다는 뜻이에요. 어떤 선택을 하든 그 선택의 결과는 전적으로 우리에게 달려 있어요. 그래서 우리는 자신의 목적과 본질을 스스로 만들어야 하지요. 이 점에서 이 생각은 매우 중요해요.

이 철학은 '즉자'와 '대자'라는 두 가지 방식으로 설명할 수 있어요. 즉자는 스스로를 의식하지 않고, 자신의 존재에 대해 질문하지 않는 존재를 말해요. 돌이나 나무처럼, 그냥 '있는 그대로' 존재하는 방식이죠. 반면 대자는 자신이 무엇인지, 어떻게 살아야 하는지를 끊임없이 묻는 존재예요. 인간은 대자로서 자신의 선택과 행동에 의미를 부여하고, 그 결과에 대해 책임을 집니다. 다시 말해 우리는 이미 정해진 본질에서 출발하는 것이 아니라, 아무것도 정해지지 않은 상태에서 선택을 통해 스스로의 본질을 만들어 가는 존재라는 뜻이에요.

사르트르는 인간이 죽음이 올 때까지 계속 선택하고 결정하며, 그 선택에 대한 책임을 지면서 자신의 삶을 만들어 간다고 보았어요. 죽음을 통해서만 인간의 본질이 최종적으로 정해질 수 있으며, 살아 있는 동안 인간은 언제나 미완의 존재로 남게 된다고 생각했죠. 그래서 인간의 모든 행동을 실패로 바라보기도 했어요. 이는 대자와 즉자가 통합될 수 없다는 그의 생각에서 나온 거예요.

이 생각은 인간관계에 대한 그의 관점에서도 드러나요. 사르트르는 타인과 관계를 맺을 때, 우리는 타인의 시선 속에서 하나의 대상처럼 규정되기 쉽다고 보았어요. 이런 관계 속에서는 서로를 완전히 이해하거나 자유롭게 존재하기가 어렵다고 생각했죠. 그래서 그는 인간관계를 완전한 일치에 이를 수 없는 관계의 한계로 바라보았어요. 이러한 샤르트르의 생각은 "타인은 지옥이다"라는 말로 표현되기도 했지요.

우리는 운명과 삶에서 벗어날 수 없기에, 죽는 순간까지 최선을 다해 살아가야 해요. 사르트르는 '자유'를 통해 주체적으로 사는 것이 회피하며 사는 삶보다 더 좋다고 강조했어요.

인간은 자유롭도록 선고받았다

우리는 자유로운 존재다. 하지만 우리가 자유를 선택한 것은 아니다. 인간은 자유 속에 던져졌고, 자유롭게 존재하도록 운명 지어졌다. 자유에는 자유롭지 않을 자유가 없으며, 따라서 실존하지 않을 자유도 없다. 인간은 자유로 존재하도록 선고받은 것이다. 왜냐하면 인간은 세계 속에 던져진 존재로서, 자신이 하는 모든 일에 대해 책임을 져야 하기 때문이다. 인간은 그 어떤 고정된 이정표나 방향도 가지지 않기에, 매 순간 자신을 새롭게 만들어 나가야 한다. "인간이 인간의 미래다." 인간에게 주어진 것은 스스로 만들어 갈 미래

뿐이다. 그러나 그 길은 언제나 홀로 걸어가야 하는 길이다.

《실존주의는 휴머니즘이다》, 사르트르

사르트르는 인간이 자유를 선택해서 자유로운 존재가 된 것이 아니라 태어나는 순간부터 자유 속에 놓인 존재라고 말해요. 우리는 자유롭게 살 것인지 말 것인지 고를 수 없죠. 다만 언제나 선택해야 하는 존재로 살아가게 돼요. 그렇기에 인간은 자신이 한 모든 선택과 행동에 대해 책임져야 하는 존재예요. 사르트르는 바로 이 점에서 인간을 "자유로 존재하도록 선고받은 존재"라고 표현했어요.

이러한 자유는 축복처럼 보이기도 하지간, 동시에 무거운 부담이 되기도 해요. 인간은 미리 정해진 본질이나 인생의 정답을 갖고 태어나지 않기 때문에 매 순간 스스로 선택하며 자신을 만들어 가야 하죠. 이 과정에서 어떤 선택이 옳은지 미리 알려 주는 기준은 존재하지 않아요. 사르트르는 이 점을 강조하며 인간에게는 '정말로 옳은 선택'이 주어진 것이 아니라, 각자가 '책임져야 할 선택'만이 존재한다고 보았어요.

이처럼 모든 선택의 책임을 혼자 감당해야 한다는 사실은 인간에게 불안과 혼란을 안겨 줘요. 자유롭거 선택할 수 있지만 그 선택이 가져올 결과까지도 온전히 떠안아야 하니까요. 사르트르는 이러한 불안을 인간 실존의 자연스러운 상태로 보았어요. 불안을 우리가 자유로운 존재라는 사실을 자각할 때 생겨나는 감정으로 여겼거든요.

많은 사람이 불안을 피하기 위해 자유를 외면하려 해요. 사회적 역할이나 규칙, 타인의 기대 뒤에 숨으며 "어쩔 수 없었다"라거나 "상황이 그랬다"라는 말로 책임을 미루기도 하죠. 사르트르는 이런 태도를 자기기만으로 보았어요. 인간은 어떤 방식으로든 자신의 선택에 대한 책임에서 완전히 벗어날 수 없다고 말하면서 말이죠.

사르트르는 진정한 자유에 이르기 위해 '회심'이라는 태도가 필요하다고 설명해요. 회심이란 자신을 변명할 수 없는 존재로 받아들이는 태도를 뜻하지요. 자신의 선택을 환경이나 운명 탓으로 돌리지 않고, 온전히 자신의 몫임을 인정하는 과정이에요. 이 과정에서 인간은 자유가 주는 불안 역시 함께 받아들이게 돼요.

사르트르는 인간이 세상에 의미와 가치를 부여할 때 비로소 자유로워진다고 보았어요. 인간은 미리 주어진 의미를 발견하는 존재가 아니라, 자신의 선택과 행동을 통해 의미를 만들어 가는 존재예요. 스스로 가치 있다고 여기는 삶의 방향을 정하고 그에 맞는 행동을 선택할 때, 인간은 자유를 회피하는 존재에서 벗어나 자유를 살아가는 존재가 될 수 있어요. 사르트르에게 자유란 자신의 선택에 책임을 지며 의미를 만들어 가는 삶의 방식이에요.

사르트르의 생애

장 폴 사르트르는 1905년 프랑스 파리에서 태어났어요. 그는 어린 시절 아버지를 일찍 여의고 어머니와 함께 외가에서 자랐어요. 그 덕분에 책과 글쓰기에 둘러싸인 환경에서 성장했지만, 한편으로는 어머니가 사회적으로 제약된 삶을 살아가는 모습을 가까이에서 보게 되었어요. 그는 훗날 이런 경험이 인간의 자유와 조건에 대해 생각하게 만든 배경이 되었다고 회상했어요.

사르트르는 어린 시절 어머니의 한마디를 오래 기억하고 있었어요. 장난치며 떠들던 어느 날, 어머니가 "여기는 우리 집이 아니란다"라고 말했는데, 이 말은 사르트르에게 자신이 어디에도 완전히 속하지 않았다는 느낌을 남겼다고 해요. 이 경험은 그가 자유와 책임 그리고 자신의 존재 의미를 고민하게 만든 계기가 되었죠. 사르트르는 인간이 자유롭게 선택할 수 있는 것과 그 선택에 따른 책임을 탐구하기 시작했고, 이는 실존주의 철학의 기초가 되었어요.

샤르트르는 어린 시절부터 눈에 장애가 있었고, 당시의 의료 환경

1960년대의 시몬 드 보부아르와 장 폴 사르트르
(출처: 라프레스 아카이브)

속에서 완전히 치료받지 못한 채 살아가야 했어요. 그는 이런 신체적 불편함을 안고 평생을 살았는데, 이는 그의 삶에 불안과 고통을 더했어요. 이러한 어려움은 그의 철학적 생각과 작품에도 영향을 미쳤고, 인간 존재의 불완전함과 고통을 탐구하는 계기가 되었어요.

성인이 된 사르트르는 시몬 드 보부아르라는 여성을 만났어요. 두 사람은 서로에게 깊은 사랑을 느꼈고, 보부아르는 사르트르의 삶에서 아주 중요한 존재가 되었답니다. 그들의 관계는 단순한 연애를 넘어서 서로의 철학과 생각을 지지하고 발전시키는 동반자 같은 의미를 가지게 되었어요.

어머니의 삶에서 느낀 바가 많았던 사르트르는 전통적인 결혼 제도가 보부아르를 억압할 수 있다고 생각했어요. 그래서 그는 2년마다 결혼 계약서를 다시 쓰자고 제안했지요. 이는 두 사람의 자유를 존중하면서도 함께 지낼 수 있는 방법이었어요. 이런 특별한 관계는 당시 결혼 제도에 대한 도전이기도 했어요. 사르트르와 보부아르는 평생 동안 이 약속을 지키며 삶을 함께했어요. 그들은 소유하거나 억압하는 것이 아니라, 깊은 신뢰와 존중을 바탕으로 관계를 유지하고자 했어요.

사랑 위로 피어난 철학

보부아르 역시 실존주의와 페미니즘* 철학의 중요한 인물이에요. 보부아르는 현대 사회에서 여성의 권리와 개인의 자유에 관해 깊이 탐구했죠. 여성의 사회적 지위와 존재에 대해 깊이 있게 분석한 보부아르의 책《제2의 성》은 현대 페미니즘에 큰 영향을 미쳤어요. 이 책은 여성들이 남성 중심의 사회에서 어떻게 자신의 정체성을 찾고, 권리를 주장할 수 있는지를 탐구하고 있어요. 보부아르는 "여자는 태어나는 것이 아니라 만들어진다"라는 유명한 말을 남겼어요. 이는 여성의 지위가 생물학적인 것뿐만 아니라 사회와 문화에 의해 결정된다는 점을 강조하는 거예요.

보부아르와 사르트르의 관계는 두 사람의 생각이 어떻게 서로 영향을 주고받았는지를 잘 보여 줍니다. 보부아르는 사르트르의 실존주의 사상을 받아들이면서도, 이를 여성의 경험과 결합해 새로운 시각을 제시했어요. 서로의 글을 읽고 의견을 나누며, 생각을 발전시키는 데 도움을 주었죠. 이들은 서로의 존재를 인정하고 존중하면서 각자의 철학

★ **페미니즘**: 성차별의 원인을 비판적으로 분석하고 성평등한 사회와 인간 존엄의 실현을 추구하는 철학.

적 탐구를 계속해 나갔어요.

사르트르와 보부아르는 늘 곁에 있으면서 마지막 순간까지 함께했어요. 사르트르가 1980년 세상을 떠날 때까지 말이죠. 사르트르의 죽음은 프랑스 전역에 큰 충격을 주었고, 장례식에는 많은 사람이 참석해 그의 업적을 기렸답니다.

용어 정리	
즉자	- 스스로 선택하거나 변화하지 않고, 그냥 그 상태로 존재하는 것을 말해요. - 사르트르는 사물처럼 정해진 모습으로 머무는 존재를 즉자라고 설명했어요.
대자	- 스스로 생각하고 선택하며 자신의 삶을 만들어 가는 존재를 말해요. - 사르트르는 인간이 자유롭게 선택하고 책임지는 존재라고 보았고, 이를 대자라고 설명했어요.
기투	- 내가 선택할 수 없는 상황 속에 이미 던져져 살아가고 있다는 뜻이에요. - 사르트르는 이런 조건 속에서도 선택과 책임은 인간의 몫이라고 보았어요.
자기기만	- 자유롭고 책임 있는 존재임에도 그것을 피하려고 스스로를 속이는 태도예요. - 사르트르는 남 탓이나 상황 탓을 하며 선택을 회피하는 모습을 비판했어요.

사르트르는 "실존은 본질에 앞선다"라고 말했어요. 이 말은 우리가 태어날 때부터 정해진 역할이나 인생의 설계도를 지니고 시작하는 존재가 아니라는 뜻이에요. 우리는 먼저 이 세계에 놓이고 이후의 선택과 행동을 통해 어떤 사람으로 살아갈지를 스스로 만들어 가요. 그래서 삶의 의미는 발견되는 것이 아니라 살아가며 형성되는 것으로 이해할 수 있어요.

오늘날 진로, 관계, 결혼, 가족, 일과 삶의 방식 같은 선택 앞에서 우리는 자주 정답을 찾으려 해요. 사회가 기대하는 모습이나 주변의 기준에 맞추려는 압박도 크게 느끼지요. 사르트르는 이런 상황에서 누군가 대신 선택해 주는 답은 존재하지 않는다고 말해요. 어떤 선택을 하든 그 선택은 나의 것이고, 그 결과 역시 내가 감당해야 할 몫이라는 점을 직면하라고 요구해요.

사르트르가 말한 자유는 가볍지 않아요. 자유는 하고 싶은 대로 편안하게 행동하는 것이 아니에요. 그보다는 선택에서 도망칠 수 없다는 사실에서 자유는 무겁게 느껴지죠. 우리는 "어쩔 수 없었다"라거나 "상황이 그랬다"라는 말로 스스로를 보호하고 싶어질 때가 많아요. 사르트르는 이런 태도를 자기기만으로 보았어요. 환경과 조건이 영향을 미치는 것은 사실이지만, 그 안에서 어떻게 행동할지 정하는 책임은 끝까지 개인에게 남아 있다고 보았죠.

이 관점은 인간관계와 사랑의 방식에서도 드러나요. 사르트르와 보부아르가 전통적인 결혼 제도 대신 계약 관계를 선택한 이유는 관계 속에서도 각자의 자유와 책임을 유지하고 싶었기 때문이에요. 이는 다양한 관계의 형태가 등장하며 결혼과 가족의 의미가 새롭게 논의되는 오늘날의 상황에도 적용할 수 있어요. 함께 살아간다는 것은 서로의 선택을 존중하며 관계를 계속해서 새로 만들어 나가는 과정이니까요.

사르트르는 불안을 피해야 할 감정으로 보지 않았어요. 오히려 스스로 자유로운 존재라는 사실을 자각할 때 자연스럽게 따라오는 감정이라고 보았지요. 미래가 불확실하기에 우리는 어떤 선택을 할 때 흔들리고 망설여요. 사르트르는 이 같은 불안 속에서도 선택하고 책임지는 태도가 인간을 성장시킨다고 보았어요.

오늘날 우리는 끊임없이 선택의 순간에 놓여요. 어떤 가치를 우선할지, 어떤 삶의 방향을 택할지, 어떤 사람으로 살아갈지를 매일 조금씩 결정하죠. 사르트르의 실존주의는 완벽한 선택을 요구하지 않아요. 다만 선택을 타인이나 제도, 운명에 넘기지 말고 자신의 삶으로 끌어안으라고 말해요. 이런 태도 속에서 인간은 자유롭게 살아가는 존재로 나아갈 수 있어요.

30

롤스

정의란 무엇인가?

모든 사람은 사회의 복지를 이유로 자신의 권리를 침해당해서는 안 된다. 정의는 다수의 이익을 위해 소수의 자유를 희생시키지 않는다. 많은 사람이 이익을 얻기 위해 소수에게 희생을 강요하는 것은 정당하지 않다. 따라서 정의로운 사회는 모든 시민의 자유가 동등하게 보장되는 사회여야 한다. 이러한 권리는 정치적 협상이나 사회적 이익에 따라 바뀌어서는 안 된다. 우리가 불완전한 이론을 받아들이는 이유는 더 나은 대안이 없기 때문이다. 마찬가지로 부정의도 더 큰 부정의를 피하기 위해서만 참을 수 있다. 인간의 삶에서 진리와 정의는 가장 중요한 가치다.

《정의론》, 존 롤스

사회에 관한 생각

사회는 사람들이 서로에게 도움을 주고받기 위해 함께 활동하는 공간이다. 사람들 간에는 이익이 일치하는 부분도 있지만, 충돌이 발생할 수 있는 부분도 존재한다. 그러나 혼자 살아가는 것보다 함께 협력하는 것이 모두에게 더 나은 삶을 제공한다는 점에서 공통된 이해가 형성된다. 그렇기 때문에 공동체 속에서 함께 살아가는 일이 중요하다.

《정의론》, 롤스

존 롤스John Rawls는 사회를 사람들이 각자의 이익만을 추구하기 위해 모인 집합으로 보지 않았어요. 사회를 서로의 이익을 함께 고려하며 협력하는 공동체로 이해했지요. 사회는 개인이 자신의 삶을 계획하면서도 타인과 협력해 더 나은 삶의 조건을 만들어 가는 공간이에요.

사람들은 각자 다른 욕구와 목표를 지니기 때문에 이 과정에서 갈등을 겪을 수 있어요. 롤스는 이러한 갈등이 사회에서 피할 수 없는 문제이며 동시에 반드시 해결해야 할 과제라고 보았어요.

사람들의 이해관계가 다를 때 사회적 문제는 더욱 심화돼요. 자연적으로든 사회적으로든 자원이 제한된 상황에서는 분배를 둘러싼 갈등이 생길 수 있잖아요. 일부 개인이 자신의 이익만을 앞세울 때 공동체 전체의 균형이 흔들리기도 해요. 이러한 상황에서 중요한 질문은 '사회의 이익과 부담을 어떤 기준으로 나눌 것인가'예요. 롤스는 이 질문에 대한 답이 곧 정의의 문제라고 보았죠.

정의는 사회 구성원들의 권리와 책임을 조정하고 사회에서 생긴 이익을 공정하게 나누는 기준이에요. 롤스는 정의를 사회 제도 평가의 가장 중요한 원칙으로 제시했어요. 사회가 정의롭다고 여겨질 때, 사람들은 그 사회의 규칙을 받아들이고 신뢰할 수 있다고 말이죠. 정의로운 제도는 모든 사람의 기본적인 권리와 자유를 보호하며 사회가 안정적으로 운영되도록 돕는 역할을 하니까요.

롤스에 따르면, 사회의 운영에서 중요한 기준은 효율성이 아니라 정의예요. 아무리 많은 이익을 만들어 내더라도 소수의 권리가 침해된다면 그 제도는 정당성을 얻기 어려워요. 사회 구성원 모두가 제도를 받아들이기 위해서는 가장 불리한 위치에 놓인 사람들의 권리까지도 함께 고려되어야 하지요. 이러한 원칙 위에서 개인의 권리가 사회의 가장 기본적인 기준으로 자리 잡으면, 사회는 그 위에서 안정되고 조화로워져요.

원초적 입장

정의로운 사회는 모든 구성원의 동의가 전제될 때 비로소 가능하다. 그러므로 정의의 원칙을 도출하기 위해서는 사회적·자연적 우연성을 배제할 수 있는 가상의 출발점을 설정해야 한다. 우리는 사람들이 모여 기본적인 권리와 의무를 정하고, 사회적 이익의 분배 방식을 결정하는 상황을 상상할 수 있다. 이때 누구도 자신의 사회적 지위나 능력, 재능, 출신을 알지 못하는 '무지의 베일' 속에 있다고 가정한다. 이러한 조건에서 선택된 원칙은 어느 누구에게도 우연한 요소가 유리하거나 불리하게 작용하지 않기 때문에 공정하다고 볼 수 있다. 따라서 이와 같은 상황에서 도출된 합의는 정당성을 가지며, 이를 '공정으로서의 정의'라고 부른다. 무지의 베일 아래에서 '원초적 입장'에 선 사람들은 '평등한 자유의 원칙', '차등의 원칙', '기회 균등의 원칙'과 같은 정의의 원칙을 수용하게 된다.

《정의론》, 롤스

'원초적 입장'이라는 개념은 사람들이 공정하게 정의를 세우기 위한 시작점이에요. 이건 실제 사회에서 일어나는 일을 떠나서, 상상의 상황을 만들어서 사람들이 합의한 원칙이 정의롭다고 느낄 수 있도록 하는 방법이에요. 쉽게 말해, 사람들이 어떻게 공정하게 결정을 내릴 수 있을지 고민하는 과정이죠. 이건 단순한 이야기로 끝나는 게 아니라, 실제 사회에서 정의로운 원칙을 만들기 위해 중요한 과정이에요.

이 원초적 입장은 '반성적 균형 상태'라는 과정으로 구체화돼요. 반성적 균형 상태라는 과정은 사람들이 무엇이 합리적이고 좋은지를 깊이 생각하면서 불확실한 부분을 하나씩 제거해 나가는 방법이지요. 이를 통해 사람들은 정의로운 원칙이 무엇인지 판단할 수 있고, 그 원칙이 정말로 정의로운지 확인할 수 있어요. 이 과정은 단순한 합의가 아니라 깊이 있는 생각을 통해 나온 결과로, 사회의 정의를 실현하기 위한 중요한 단계지요.

롤스는 원초적 입장에서, 두 가지 중요한 조건을 통해 공정한 절차가 정당하다고 설명해요. 첫 번째는 '주관적 조건'이에요. 자유롭고 평등한 존재인 사람들이 각자의 생각과 의견을 바탕으로 정의의 원칙을 정해야 한다고 강조하지요. 이 과정에서 사람들은 서로에 대한 동정심이나 시기심 없이 공정하게 생각하며 정의를 느낄 수 있어야 해요. 이처럼 주관적 조건은 개인의 경험과 가치관이 다양할 때 공정한 기준을 세우는 바탕이 돼요.

두 번째는 '인지적 조건'이에요. 여기서 '무지의 베일'이라는 개념이 나와요. 이 베일은 사람들이 서로의 특별한 정보를 알지 못하도록 해서, 사회나 자연의 조건이 개인에게 유리하게 작용하지 않게 만들어요. 이렇게 하면 사람들이 정의의 원칙을 선택할 때, 자신의 배경이나 상황 때문에 특별히 유리하거나 불리하지 않게 되죠. 그래서 공정한 합의를 이끌어 내는 환경이 만들어지는 거예요. 이 과정에서 차단되는 지식은 개인의 특별한 정보나 특정 사회적 상황에 대한 것이에요. 허용되는 지식은 '사회가 정의의 원칙에 따라 운영된다'는 것 같은 일반적인 사실이고요. 이런 식으로 사람들이 편견 없이 공정하게 협상할 수 있도록 도와주고, 불공정한 합의를 막는 데 기여하는 것이지요.

최소 극대화의 원리는 불확실한 상황에서 가능한 여러 선택지 중 각각의 선택이 초래할 수 있는 최악의 결과들 가운데 가장 나은 결과를 보장하는 선택을 의미한다. 원초적 입장은 '무지의 베일' 아래 놓여 있어, 자신이 어떤 사회적 위치에 놓이게 될지, 어떤 재능을 가지게 될지 전혀 알 수 없는 상태다. 이처럼 모든 확률적 예측이 차단된 상황에서는 기대 효용을 계산하여 최선의 선택을 하려는 전략이 타당하지 않다. 기대 효용 극대화는 평균적 이득을 기준으로 삼기 때문에, 불확실한 상황에서 불리한 조건에 놓일 가능성이 있는 사람에게는 매우 위험한 선택이 될 수 있다.

따라서 원초적 입장에서 한번 내리는 선택이 자신뿐 아니라 미래 세대의 운명까지 결정짓는 중대한 결정이라는 점을 고려하면, 가장 나쁜 경우를 고려해 그 속에서도 가장 나은 결과를 보장하는 최소 극대화의 원리를 따르는 것이 합리적인 전략이라 할 수 있다.

《정의론》, 롤스

원초적 입장은 정의의 원칙이 개인의 권리와 의무를 정하는 데 중요한 역할을 하고, 사회에서 생기는 이익을 공정하게 나누는 기초가 돼요. 정의의 원칙을 선택할 때 사용하는 방법 중 하나가 '최소 극대화의 원리'라는 방법이에요. 이 원리는 여러 선택 중에서 최악의 결과를 피하려고 하는 전략이에요. 실제 상황에서는 서로의 감정을 배제하고 공정하게 생각하는 것이 중요해요. 이 원리를 사용하는 이유에는 두 가지가 있어요. 첫째, 평균적으로 좋은 결과를 목표로 하는 게 비합리적일 수 있기 때문이에요. 둘째, 원초적 입장에서 한 번의 선택이 자신과 자손의 미래에 큰 영향을 미치므로 신중한 선택이 필요하기 때문이에요.

정의의 두 원칙

정의의 제1원칙: 평등한 자유의 원칙

모든 개인은 다른 사람들의 동일한 자유와 양립할 수 있는 범위 안에서, 가장 넓은 기본적 자유를 동등하게 누릴 권리를 가진다.

정의의 제2원칙: 차등의 원칙과 공정한 기회균등의 원칙

사회적·경제적 불평등은 다음 두 가지 즈건이 충족될 경우에만 정당화될 수 있다.

(a) 그 불평등이 모든 사람, 특히 가장 불리한 처지에 있는 사람들에게도 최대한의 이익이 되도록 해야 한다.

(b) 그러한 불평등을 초래하는 직책이나 직위는 모든 이에게 공정한 기회가 보장되도록 열려 있어야 한다.

《정의론》, 롤스

　롤스는 정의에 대한 두 가지 중요한 원칙을 이야기했어요. 이 원칙들은 사회가 어떻게 운영되어야 하는지 알려 주고, 사람들의 권리와 의무를 정하며, 사회의 이익을 어떻게 나눌지를 규칙으로 만들어 줍니다.

　첫 번째 원칙은 평등한 자유의 원칙이에요. 이 원칙에 따르면, 모든 사람은 다른 사람들과 함께 자유롭게 살 권리가 있어요. 한 사람의 자유가 다른 사람의 자유를 방해해서는 안 된다는 거예요. 예를 들어 정치적인 의견을 말할 자유, 믿고 싶은 종교를 따를 자유, 그리고 안전하게 살 권리 등이 포함되지요. 롤스는 이런 자유가 법이나 정부의 규칙 때문에 제한받아서는 안 된다고 강조했어요. 이는 사람들이 자유롭게 의견을 표현하고, 민주 사회에서 적극적으로 참여할 수 있도록 돕는 것이죠.

　두 번째 원칙은 차등의 원칙과 공정한 기회균등의 원칙이에요. 이 원칙들은 모든 사람이 중요한 직업에 공정하게 접근할 수 있도록 도와야 한다고 말해요. 혹 사회에서 돈이나 기회가 불평등하게 분배되더라도, 그 불평등이 모두에게 도움이 되어야 한다는 것이지요. 특히 사회에서 가장 힘든 상황에 놓인 사람들에게 최대한의 도움을 주어야만 이 불평등이 괜찮다고 강조해요. 이를테면 경제적으로 가장 어려운 사람들에게 가장 많은 복지 혜택을 주는 거예요. 그다음으로 힘든 사람은 그보다 조금 적은 혜택을 받고요. 이렇게 모든 사람이 공평하게 기회를 가질 수 있도록 돕는 거예요.

　차등의 원칙은 타고난 재능을 모두의 공동 자산으로 간주하고, 그

재능으로부터 얻어지는 이익을 함께 나누는 데 동의함을 뜻한다. 타고난 재능으로 유리한 위치에 있는 사람은, 가장 불리한 이들의 삶의 조건을 개선하는 데 기여할 때만 그러한 혜택을 누릴 수 있다. 어떤 누구도 자신의 선천적 능력이나 노력의 결과를 정당한 출발점으로 삼을 권리를 가지지 않는다.

개인은 사회적 존재로서 혼자서는 만족스러운 삶을 살아갈 수 없으며, 개인의 행복은 사회 협동체에 의 존한다. 이처럼 상호 이익을 도모하는 호혜적 협동체는 구성원들의 능력에 기반하지만, 그러한 능력조차도 다른 이들과의 협력 속에서 비로소 발현될 수 있다. 따라서 사회 안에서 생겨나는 모든 이득은 공동의 결과물로, 모든 구성원에게 일정한 권리를 부여한다. 이 점에서 타고난 능력의 차이는 모두가 공유하는 자산으로 보아야 하며, 이를 통해 과도한 보상을 요구하는 것은 도덕적으로 정당하지 않다.

《정의론》, 롤스

롤스는 사람의 능력이 우연이나 운에 의해 결정된다고 생각했어요. 이로 인해 생기는 이익은 모두가 함께 나눠야 한다고 주장했죠. 재능이나 능력은 개인의 것이 아니라 사회 전체의 자산이라는 거예요. 그래서 불평등을 허용할 수 있는 것은 자원의 분배에 한정된다고 말했어요. 개인의 권리나 정치적인 권리는 어떤 이유로도 불공정하게 나눠져서는 안 된다는 것이죠.

이런 정의의 원칙은 서로 우선순위가 있어요. 첫 번째 원칙인 자유는 가장 중요하다고 여겨져서, 언제나 두 번째 원칙보다 우선해요. 즉, 사회의 이익이나 경제적인 이유로 기본적인 자유를 침해해서는 안 된다는 것이죠. 두 번째 원칙은 사회적 기회가 경제적 이익보다 우선해야 한다는 거예요. 이는 모두에게 공정하게 기회가 돌아가야 한다는 의미예요. 이런 원칙들은 사회가 발전하고 모두가 잘 살 수 있도록 하는 데 중요한 기초가 됩니다.

롤스의 생애와 《정의론》의 집필 배경

존 롤스는 1921년 미국 메릴랜드주 볼티모어에서 태어났어요. 그는 유복한 중산층 가정에서 성장했지만, 유년기에 두 명의 형제를 잃는 비극을 겪으면서 인간의 고통과 운명에 다해 깊이 고민하기 시작했습니다. 청년기에는 프린스턴대학교에서 철학을 전공했으며, 제2차 세계 대전 중 군 복무를 마친 뒤 학문적 길로 들어섰지요.

롤스가 철학을 공부하던 시기, 미국 사회는 경제 대공황과 전쟁, 산업화와 인권 운동이라는 격변을 겪고 있었어요. 이런 사회적 변화는 롤스의 사고에 깊은 영향을 주었죠. 그는 사회의 구조가 어떻게 개인의 삶을 규정하고, 정의로운 사회란 무엇인가를 평생의 화두로 삼게 됩니다.

1971년 출간된 롤스의 대표작 《정의론》은 정의란 무엇이며 공정한 사회란 어떤 모습인가를 철학적으로 깊이 있게 분석했어요. 전통적인 사회 계약론의 흐름을 계승하면서도 현대 자유민주주의 사회의 문제를 해결할 수 있는 새로운 기준을 제시하지요.

　롤스는 토머스 홉스, 존 로크, 장 자크 루소 등 근대 사회 계약론자
들의 사상을 바탕으로 사람들이 공정한 사회 규칙에 동의할 수 있는
'원초적 입장'을 상상했어요. 이 가상의 상황에서 자신이 어떤 사회적
위치에 태어날지 모르는 '무지의 베일'을 쓴 사람들은 모두에게 공정
한 원칙을 선택하게 된다고 보았지요. 그렇게 선택한 원칙을 '정의의
원칙'이라고 불러요.

　롤스가 철학 활동을 하던 20세기 중반은 미국과 서구 사회 전반에
서 인종 차별, 성차별, 빈부 격차가 큰 사회 문제로 떠오르던 시기였어
요. 시민권 운동과 여성 해방 운동, 복지국가 논의 등 정의와 평등을
둘러싼 사회적 논쟁이 활발했죠. 롤스는 이러한 상황에서 철학이 실천
적 역할을 해야 한다고 믿었답니다.

기본적 자유를 강조한 자유주의자

　롤스는 자유주의 전통을 이어받았지만, 모든 사람에게 같은 규칙과
기회를 부여해 각자가 능력과 노력에 따라 경쟁하도록 하는 형식적 평
등만으로는 사회의 불공정함을 해결하기 어렵다고 보았어요. 실질적
으로 불리한 조건에 놓인 사람들을 배려하고, 사회가 그들에게 더 많
은 기회를 제공해야 한다고 강조했죠. 이는 개인의 권리와 사회의 책
임이 균형을 이루는 '정의로운 사회'에 대한 그의 비전이었어요.

　롤스는 고전적 자유주의와 차별화되는 '진보적 자유주의'의 기초를
놓은 철학자로 평가받고 있어요. 그는 모든 사람이 '기본적 자유'를 누
려야 한다는 원칙을 지키면서도 사회적 약자의 상황을 개선할 수 있는

정책과 제도는 정당화될 수 있다고 주장했어요.

하버드대학교에서 수십 년간 철학을 가르치며 수많은 제자와 독자들에게 영향을 준 롤스는 말년에도 《정치적 자유주의》, 《공정으로서의 정의》 등의 책을 집필하며 자유와 정의의 균형 문제를 지속적으로 탐구했어요.

2002년 11월 심장병으로 세상을 떠난 이후에도, 롤스의 사상은 정치철학과 도덕철학의 고전으로 자리매김하고 있어요. 불평등, 인권, 정의에 대한 논의에서도 반드시 언급되는 기준점이 되고 있지요. 현재 우리나라의 사회 체계도 롤스의 철학에 큰 영향을 받아 구성된 것이 많이 있답니다.

<table>
<tr><th colspan="2">용어 정리</th></tr>
<tr><td>정의</td><td>- 사회의 규칙과 제도가 모두에게 공정하게 적용되는 상태를 말해요.
- 롤스는 정의를 사회 제도의 가장 중요한 기준으로 보았어요.</td></tr>
<tr><td>원초적 입장</td><td>- 사람들이 자신의 조건을 모른 채 공정한 규칙을 정하는 가상의 상황이에요.
- 이 상태에서는 모두에게 불리하지 않은 원칙을 선택하게 된다고 보았어요.</td></tr>
<tr><td>무지의 베일</td><td>- 자신이 어떤 위치에 놓일지 모른 채 사회 규칙을 정하게 하는 생각이에요.
- 이렇게 하면 누구에게도 불리하지 않은 원칙을 선택하게 돼요.</td></tr>
<tr><td>반성적
균형 상태</td><td>- 가장 불리한 사람에게 가장 큰 이익이 돌아가도록 정해야 한다는 원칙이에요.
- 롤스는 이를 통해 사회 전체가 더 공정해진다고 보았어요.</td></tr>
</table>

　롤스는 정의를 '사회의 기본 규칙이 얼마나 공정하게 설계되어 있는가'의 문제로 보았어요. 법과 제도, 교육과 고용, 세금과 복지 같은 틀이 누구에게 유리하게 작동하는지에 따라 한 사회의 정의가 결정된다고 본 거예요. 그래서 롤스의 정의는 개인의 도덕성보다 먼저 사회의 구조를 점검하게 만들어요.

　요즘 우리가 자주 마주하는 논쟁도 롤스의 질문으로 다시 볼 수 있어요. 청년 주거 지원, 교육 기회의 격차, 취업 시장의 공정성, 의료와 돌봄의 접근성 같은 문제는 "열심히 하면 된다"라는 말로 정리되기 어려워요. 출발선이 다르면 노력의 의미도 달라지니까요. 롤스가 말한 공정한 기회균등은 누구나 경쟁에 참여할 수 있어야 한다는 주장에 머무르지 않아요. 경쟁에 들어가기 전, 공정한 조건을 함께 만들자는 요청으로 이어져요.

　롤스가 이야기한 '무지의 베일'은 오늘날의 공정함을 점검하는 간단한 기준이 될 수 있어요. 정책이나 규칙을 볼 때 내가 어느 집에서 태어날지, 어떤 성별과 건강 상태를 지닐지, 어떤 지역에서 자랄지 모른다고 가정해 보세요. 그 상태에서도 받아들일 수 있는 제도라면 공정에 가까워져요. 반대로 특정한 배경을 가진 사람에게만 안전한 규칙이라면 그 사회는 취약한 사람을 비용으로 삼고 있을 가능성이 크죠.

롤스는 불평등을 전면 부정하지 않았어요. 다만 불평등이 정당화되려면 가장 불리한 처지의 사람들에게도 이익이 돌아가야 한다고 봤지요. 이 관점은 세금, 복지, 임금 격차, 교육 지원, 장애인·노인·아동 돌봄 정책처럼 분배가 걸린 논의에서 중요한 기준이 돼요. '성장이 먼저'라는 주장과 '분배가 먼저'라는 주장이 부딪힐 때, 롤스는 성장의 열매가 어디로 흘러가며 그 흐름이 가장 약한 사람의 삶을 실제로 개선하는지 점검하도록 만들어요.

롤스는 다수결이 곧 정의가 된다고 보지도 않았어요. 다수가 원한다는 이유로 소수의 기본적 자유가 흔들리면 그 사회는 이미 위험한 길로 들어섰다고 본 거죠. 그래서 표현의 자유, 양심의 자유, 신체의 안전, 공정한 재판 같은 기본권은 어떤 협상에서도 쉽게 거래될 수 없다고 강조했어요. 혐오와 배제, 낙인과 차별이 퍼질 때 롤스의 기준은 '누가 불편해지느냐'보다 '누구의 기본권이 흔들리느냐'를 먼저 보게 하죠.

오늘날 롤스를 읽는 이유는 간단해요. 정의를 감정의 문제를 넘어서 설계의 문제로 바꾸어 주기 때문이에요. 내가 가장 약한 위치에 놓여도 견딜 수 있는 규칙인지, 기회가 실제로 열려 있는지, 불평등이 가장 불리한 사람의 삶을 개선하는지, 다수의 편의가 소수의 권리를 침해하고 있지는 않은지 묻는 순간, 우리는 사회를 더 공정하게 만드는 시스템을 구축할 수 있어요.